广东商业银行重组

宋　海　王仁曾　曾　力　著

中国金融出版社

责任编辑：刘　钊
责任校对：李俊英
责任印制：丁淮宾

图书在版编目（CIP）数据

　广东商业银行重组/宋海，王仁曾，曾力著 . —北京：中国金融出版社，
2018. 12
　ISBN 978 - 7 - 5049 - 9638 - 1

　Ⅰ . ①广…　Ⅱ . ①宋…②王…③曾…　Ⅲ . ①商业银行—银行重组—研
究—广东　Ⅳ . ①F832. 765

　中国版本图书馆 CIP 数据核字（2018）第 147166 号

广东商业银行重组
Guangdong Shangye Yinhang Chongzu
出版
发行　中国金融出版社
社址　北京市丰台区益泽路 2 号
市场开发部　（010）63266347，63805472，63439533（传真）
网 上 书 店　http：//www. chinafph. com
　　　　　　　（010）63286832，63365686（传真）
读者服务部　（010）66070833，62568380
邮编　100071
经销　新华书店
印刷　保利达印务有限公司
尺寸　169 毫米 ×239 毫米
印张　23
字数　250 千
版次　2018 年 12 月第 1 版
印次　2018 年 12 月第 1 次印刷
定价　49. 00 元
ISBN 978 - 7 - 5049 - 9638 - 1
如出现印装错误本社负责调换　联系电话（010）63263947

目　　录

第一章　我国银行体系的历史演进

广东商业银行重组，是 21 世纪头十年我国银行体系改革的重要组成部分。研究和总结广东商业银行的重组过程，需要准确地把握新中国银行体系的历史演进过程，特别是改革开放以来我国银行业从高度集中的"大一统"体系到中央银行体制的转变，再到逐步适应社会主义市场经济体系的多层次、多元化商业银行体系的转变。正如著名经济学家吴敬琏所言，"从计划经济到市场经济转轨的一个核心内容，就是按照市场经济的要求重建金融体系"[①]。这是广东商业银行重组最重要的大背景。

第一节　改革开放前的银行体系

近代以前，我国并没有西方意义上的现代银行。近代以来，随着西方金融机构纷纷来华开展业务，当时的清政府才认识到，金融机构关乎整个国家的安全，因为财政经济的崩溃往往是一个国家崩溃的第一步，我国必须拥有自己的商业银行。1897 年，在

---

① 吴敬琏. 当代中国经济改革教程［M］. 上海：上海远东出版社，2010.

盛宣怀的倡导下，中国通商银行成立，标志着我国第一家民族资本银行正式诞生。1905年，清政府设立户部银行，这是我国最早的由官方开办的国家银行。1911年辛亥革命以后，我国银行业有了进一步发展。但是，由于当时我国资本主义商品经济不发达和帝国主义侵略，我国银行业发展畸形。在国民党统治的后期，以中央银行、中国银行、交通银行、中国农民银行以及中央信托局、中央合作金库等为代表的官僚资本金融垄断体系控制了国民经济的命脉。在国民党统治时期的革命根据地，人民金融事业逐步发展壮大。1932年成立的苏维埃国家银行，后改组为陕甘宁边区银行，为夺取革命胜利发挥了重要作用。1948年，在华北银行、北海银行、西北农民银行的基础上合并组建了中国人民银行，并发行人民币，中华人民共和国成立后成为中央银行，标志着新中国国家银行体系正式开始建立。

1949年中华人民共和国成立后，中国人民银行还被赋予了国家金融产权唯一代表的地位。国民党统治时期的"四大银行"中，中央银行和农民银行随国民党迁到台湾，中国银行和交通银行为新中国所用，中国银行仍作为经营外汇业务的专业银行，后来并入了中国人民银行，成为中国人民银行的一个职能部门。交通银行则在1954年分拆组建了中国人民建设银行，其他业务也并入了中国人民银行。此外，国家还于1951年组建了中国农业银行，作为办理支农拨款和贷款并扶持农村信用合作的专业性银行，后来中国农业银行在机构重组中曾三度并入中国人民银行，又三度重新设立。而国民党统治时期的私营银行，则在 1952 年被重组为统一的"公私合营银行"，随后在 1955 年并入中国人民银行储蓄部。至此，新中国建立了"大一统"的金融体系，中国人民银行既承担发行人民币、组织和调节货币流通的中央银行职责，又承担统一管理国家金融机构和金融运作的职能，同时又是开展存款、贷款、汇兑和外汇业务的商业性银行。这种高度集中统一的国家银行金融体制，与那段时期实行的计划经济体制是相协调、相一致的。

第二节　改革开放后我国银行业体系的演进

一、从国家银行到中央银行体制的转变

自 1979 年开始，为了适应新的经济发展需要，我国银行业体系适时进行了调整，开始从国家银行金融体制向中央银行体制转变，我国银行业机构及其业务开始朝多元化方向发展。1979 年 2 月，国务院发布《关于恢复中国农业银行的通知》，中国农业银行恢复成立，以加强对国家农村经济的扶持。1979 年 3 月，经国务院批准，对中国银行进行了大刀阔斧的改革：将中国银行从中国人民银行中分设，直属国务院领导，同时行使国家外汇管理总局的职能，统一经营和管理全国外汇业务，更好地适应了当时改革

开放和国际金融业务发展的新形势。自 20 世纪 80 年代初开始，中国建设银行也开始了一系列改革，不断拓展银行职能，先后增加了外汇业务、信用卡业务、住房抵押贷款等多种业务，以适应我国经济金融体制不断发展的需要。此外，全国各地陆续出现城市信用合作社，银行业金融机构数量不断增加。面对新的经济发展形势和数量不断增加的金融机构，迫切需要一家专门的中央银行来加强对金融机构的集中管理，中央银行体制改革由此应运而生。1982 年 7 月，国务院批文公告，明确中国人民银行是我国的中央银行，是国务院领导下统一管理全国金融事业的国家机关，对金融业实施统一管理和综合协调。由此开始了我国中央银行体制改革之路。1983 年 9 月，国务院进一步明确由中国人民银行行使中央银行职能，并详细规定了中央银行的十项职责。1984 年 1 月，中国工商银行成立，承接原来由中国人民银行承担的工商信贷和储蓄业务并进行专业经营，中国人民银行开始专门行使中央银行职能，专职负责研究和实施国家宏观经济金融政策，通过加强对金融机构资金调节和国家信贷总量控制，实现货币稳定。

二、新金融体制下，银行业并购重组浪潮不断涌现

1993 年，国务院颁布《关于金融体制改革的决定》，进一步强化中国人民银行关于金融调控、金融监管和金融服务的职能，标志着我国中央银行体制逐步开始强化和完善，逐步向现代新金

融体制转变。新金融体制下，我国金融业迅速发展，银行业金融机构数量大幅增加。截至 1997 年底，我国共有 74 家城市商业银行实现营业，标志着我国建立了四大国有商业银行和十余家股份制商业银行为主体、数十家城市商业银行共同发展的银行体系。但快速发展的背后，不免暗藏危机。正如著名经济学家吴敬琏所言，"随着 20 世纪 90 年代中期经济过热和金融机构迅猛发展，金融系统中积累了许多问题。"

20 世纪 90 年代中期，为有效抑制经济过热，国家采取了强烈的紧缩调控措施，虽然在一定程度上抑制了经济过热，但也暴露出了不少发展中的问题。1997 年 7 月，亚洲金融危机爆发，使这些问题更充分、更明显地暴露出来。政府不当干预及银行业金融机构本身经营不善、内部控制薄弱、信贷欺诈违规现象大量出现，导致银行不良资产居高不下，全行业在世纪之交已经陷入事实上资不抵债的窘境。尽管由于国家信用支持，全行业范围的支付危机并没有爆发，但一些中小银行金融机构的零星支付风险却时有发生。例如，1998 年 6 月 21 日，成立仅 2 年 10 个月的海南发展银行被中国人民银行宣告关闭，成为新中国金融史上首起因支付危机而关闭的省属国资商业银行。这些零星的支付风险直接威胁到了中国金融体系的安全。据不完全统计，20 世纪 90 年代，我国银行业坏账高达 3 万亿元，政府不得不成立四大资产管理公司剥离四大国有商业银行的不良资产，并先后发行 2700 亿元特别国债及动用巨额外汇储备向四大国有商业银行注资。

据中国人民银行 2003 年开展的关于国有商业银行不良资产成因的一项调查显示，国有商业银行不良资产的成因主要在于计划和行政干预过多、信贷过度投放到国有企业及商业银行内部管理不到位，其中，由于计划与行政干预而造成不良的约占 30%，政策上要求国有银行支持国有企业而国有企业违约造成不良的约占 30%，国家安排的关、停、并、转等结构性调整造成不良的约占 10%，地方干预，包括司法、执法方面对债权人保护不力造成不良的约占 10%，而由于国有商业银行内部管理原因造成不良的约占 20%[①]。

从国际环境来看，20 世纪 90 年代掀起了第五次全球企业并购浪潮，全球化、跨国化、金融一体化成为新的热点名词，资本流动突破国别限制，加剧了各国银行业金融机构在全球范围内的竞争，加速了国际银行业的并购重组趋势。大银行通过兼并收购中小银行，迅速壮大资本实力，在全球范围内迅速占领金融资源，以期更大的发展。不仅如此，大型商业银行之间也通过实施并购，强强联合，迅速发展成为能提供所有金融服务的"金融超市"，展现出分割甚至垄断国内市场、抢夺国际市场的强劲态势。1996 年至 2000 年，国际银行业并购重组达到高潮，如图 1.1 所示。

由此可见，20 世纪 90 年代中期，我国银行业到了改革的关键期。一方面，自身积累多年的问题和包袱得以充分显现，改革迫在眉睫却难以独自开展。另一方面，国际银行业的并购浪潮席卷

---

① 石静雅. 商业银行全面风险控制与监管体系研究：国际经验比较及在中国的应用 [D]. 天津：南开大学，2010.

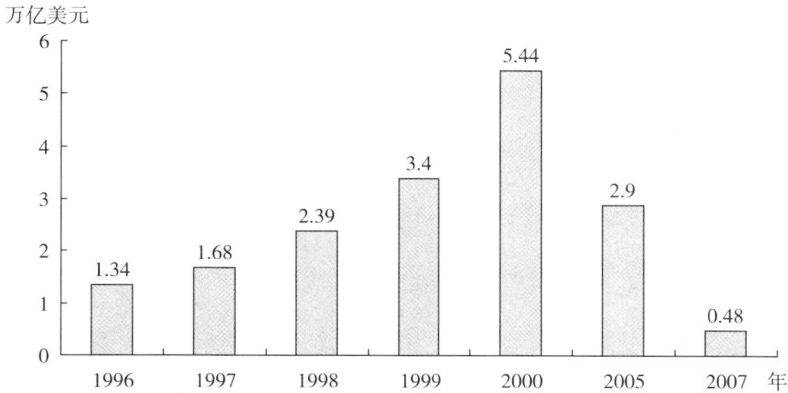

万亿美元

图 1.1　1996—2007 年国际银行业并购情况

全球，外资银行机构的涌入，进一步加大银行业竞争态势。我国银行并购重组成为当时改革的必然产物。

1998 年 8 月 20 日，财政部宣布用 30 年长期特别国债向工行、农行、中行、建行四家国有独资银行注资 2700 亿元。1999 年，为收购、管理、处置四大国有商业银行剥离的不良资产和最大限度地保全资产、减少损失、化解风险，财政部全额财政拨款成立了华融、东方、信达、长城四家资产管理公司，收购四家国有商业银行剥离的 1.4 万亿元不良资产。庞大的四大国有商业银行已然走上"改革—引资—上市"的战略重组道路。据朱盈盈等人不完全统计，1996 年至 2007 年，我国共发生了 25 起国内银行引入境外战略投资者的事件，如表 1.1 所示①。

---

① 资料来源：朱盈盈，曾勇，李平，何佳. 中资银行引进境外战略投资者：背景、争论及评述 [J]. 管理世界，2008（1）；作者称，根据各银行年报、相关报章杂志及公开资料整理计算而得。

表 1.1　1996—2007 年中资银行引进境外战略投资者一览表

序号	中资银行	时间[1]	境外机构	协议出资额（万美元）	入股比例（%）	持股数量（亿股）
1	光大银行	1996－01	亚洲开发银行 ADB	1900	3.29	0.92222
2	上海银行	1999－09－09	国际金融公司 IFC	2561	5	1
		2001－12－29	汇丰银行	6257	8	2.08
			香港上海商业银行	2347	3	0.78
			国际金融公司（增持）	2467	2	0.82
3	南京银行	2001－11－28	国际金融公司	2700	15	1.81
		2005－10－12	法国巴黎银行	8500	19.20	2.31705
4	上海浦东发展银行	2003－01－01	花旗银行	6753	5[2]	1.8075
5	西安市商业银行	2003－06－27	国际金融公司	324.74	2.50	
			加拿大丰业银行 BNS	324.74	2.50	
6	兴业银行	2003－12－17	香港恒生银行	2080	15.98	6.3909
			新加坡政府直接投资公司 GIC	6500	5	1.5996
			国际金融公司	5200	4	1.9995
		2004－05－29	美国新桥投资集团	15000	17.89	3.4810
7	深圳发展银行	2005－09－28	通用电气金融财务（中国）有限公司 GECF	10000	7.3[3]	1.53

续表

序号	中资银行	时间[1]	境外机构	协议出资额（万美元）	入股比例（%）	持股数量（亿股）
8	民生银行	2004-07-02	国际金融公司	2313	1.08	0.560439
		2004-10-16	新加坡淡马锡控股全资子公司亚洲金融 AFH	11000	4.55	2.36
9	交通银行	2004-08-06	汇丰银行	174700	19.90	77.75
10	济南市商业银行	2004-09-08	澳洲联邦银行 CBA	1730	11	1.235955
11	北京银行	2005-03-25	荷兰国际集团 ING	21485.89	19.90	10
		2005-05-25	国际金融公司	5400.83	5	2.51378
12	杭州市商业银行	2005-04-21	澳洲联邦银行	7760	19.91	2.5
		2006-08-24	亚洲开发银行	2709.89	5	0.66
13	中国建设银行	2005-06-17	美洲银行	250000	9.10	174.8
		2005-07-01	新加坡淡马锡控股全资子公司亚洲金融 AFH	146600	5.10	99

续表

序号	中资银行	时间[1]	境外机构	协议出资额（万美元）	入股比例（%）	持股数量（亿股）
14	南充市商业银行	2005－07－08	德国投资与开发有限公司 DEG	357.69	10	
			德国储蓄银行国际发展基金 SIDT	119.23	3.30	
15	中国银行	2005－08－18	苏格兰皇家银行集团 RBS	310000	10	209.43
		2005－08－31	新加坡淡马锡控股全资子公司亚洲金融 AFH	310000	10[5]	104.71
		2005－09－27	瑞士银行 UBS	50000	1.55	3.38
		2005－10－01	亚洲开发银行	7500	0.24	0.5067
16	渤海银行	2005－09－06 签署发起人协议	渣打银行	12300	19.90	9.9950
17	华夏银行	2005－10－17	德意志银行	23146.26	9.90	4.16
			萨尔奥彭海姆银行	9520.63	4.08	1.71
18	天津银行	2005－12－06	澳新银行 ANZ	11000	20	4.95625
19	宁波银行	2006－01－10	新加坡华侨银行	7063.98	12.20	2.5

续表

序号	中资银行	时间[1]	境外机构	协议出资额（万美元）	入股比例（%）	持股数量（亿股）
20	中国工商银行	2006-01-27	高盛集团 安联集团 美国运通	258220 100000 20000	7 2.50 0.50	164.76 64.33 12.76
21	广东发展银行	2006-11-16	花旗投标团	308218.92	85.59[6]	
22	上海农村商业银行	2006-11-21	澳新银行	25200	19.90	7.5
23	中信银行	2006-11-22	西班牙毕尔鄂维兹卡亚对外银行 BBVA	6434.53	5	15
24	重庆市商业银行	2006-12-21	香港大新银行 美国凯雷投资基金	12917.25	17 7.99	5
25	青岛市商业银行	2007-07-12	意大利联合圣保罗银行	13748.54	19.99	4

注：（1）如未特别指出，表中所列时间均为正式签署协议的时间。（2）因上海浦东发展银行2003年增发3亿股新股，资金到位时花旗银行实际持股比例稀释为4.62%。（3）引入GECF后，外资持股合计占深圳发展银行总股本的23.87%。RBS实际出资16亿美元，认购5.16%股份；其余4.84%则由美林集团和李嘉诚基金会认购，但RBS对全部10%股份拥有控制权。（5）淡马锡最终只获批购买5%中国银行股份，实际出资15亿美元。（6）花旗投标团成员的持股比例分别为：花旗集团，中国人寿集团，国家电网公司各占20%的股份，中信信托占12.85%，普华投资占8%，IBM信贷占4.74%。

11

第三节　加入世界贸易组织后我国银行业
监管的全面升级

1999 年 11 月 15 日，中美就中国加入世界贸易组织（WTO）签订了双边协议。2001 年 11 月 10 日，世界贸易组织第四届部长级会议在卡塔尔首都多哈举行，会议以全体协商一致的方式，审议通过了中国加入世贸组织的决定。在所有缔约国中，美国对我国加入世贸组织在金融开放方面的要价最高。按照中美双边协议，我国银行业务对美国开放的过程可以分为四个阶段：一是（立即）对在华外国客户提供国际金融服务；二是（一年后）可对中国企事业单位、社会团体等提供国际金融服务；三是（两年后）允许外资银行提供对公人民币金融服务；四是（五年后）允许外资银行从事个人人民币金融服务。需要指出的是，根据世贸组织的有关规定，一缔约方给予任何另一缔约方的待遇，也适用于其他加入该组织的任何第三方。这就是说，中国给予美国的待遇也将无条件地给予任何加入世贸组织的缔约国。随后，我国政府有关部门宣布，自 2006 年 12 月 11 日起，中国向外资银行全面开放金融市场，取消外资银行经营人民币业务的地域和客户限制，外资银行可以在我国境内的所有城市经营人民币业务，享有我国国民待遇。由此可见，我国加入世贸组织 5 年后，外资银行将与国内银行直接竞争，争夺市场。这无疑将对我国银行业发展带来重大影响。

对刚刚经历改革发展的初期阶段、羽翼未丰、实力尚欠的国内商业银行来说，加入世贸组织所面临的挑战和机遇都是空前的。面对成熟老到的外资银行的进入和竞争，它们业已形成和习惯的行业垄断环境将不复存在。截至 2004 年 10 月末，来自 19 个国家和地区的 62 家外资银行在我国内地设立了 204 家营业机构和 223 家非营业性代表处，资产总额高达 5533 亿元人民币。据不完全统计，2001—2006 年，外资银行在我国内地的总资产几乎翻了一番，实现盈利 7.26 亿美元，外资银行办理的国际结算量和国际收支量占总业务的 40% 以上。

外资银行的大量涌入，虽加剧了我国银行业的竞争，但外资银行直接参与我国经济建设和金融发展，也带来了先进的管理经验，一定程度上有利于提高我国银行业的整体素质和服务水平，从根本上改变我国银行业粗放经营、质量效益差的状况，加快了我国银行业的健康发展。为了适应加入世贸组织后中资、外资银行共同发展、共同竞争的新要求，我国对银行业的监管相应进行了全面升级。一是在陆续出台《外资金融机构管理条例》《中外合资投资银行类机构管理暂行办法》《关于外资金融机构在中国设立常驻代表机构的管理办法》等一系列银行国际化监管法规的基础上，颁布了一系列统一适用于中资、外资银行的监管制度，如《银行贷款损失准备计提指引》《贷款风险分类指导原则》《商业银行内部控制指引》等，实现对中资、外资银行的并轨监管。二是参照《巴塞尔新资本协议》等国际银行业监管文件精神，建立以风险监管为核心的监管法律法规框架，例如，修订了《中国人民银行法》《商业银行法》，强调商业银行必须加强风险管理和内部控制建设；相继颁布《商业银行不良资产监测和考核暂行办法》《商业银行集团客户授信业务风险管理指引》《商业银行表外业务风险管理指引》等规章制度，加强对商业银行的风险监管，提高商业银行的风险管理能力。

2003 年 4 月，中国银行业监督管理委员会（简称中国银监会）正式成立，标志着国内银行业监管进入新的历史时期。所有银行业金融机构的设立、变更、终止、监管、处罚等各类事项都由中国人民银行移交给中国银监会集中管理。同时，十届全国人大制定了《中华人民共和国银行业监督管理法》，并相应修改了《商业银行法》和《中国人民银行法》等相关法律法规，明确了中国银监会对银行业的监管职能，从法律上赋予了中国银监会对银行业的监管权力。中国银监会的成立为我国银行业监管运行秩序带来了新的突破，其自成立以来便开始全面梳理和修订银行业相关监管规章制度，成立第一年便颁发了 18 项监管规章制度，积极推进我国银行业改革。2003 年 8 月，中国银监会明确提出商业银行的资本充足率要求："各股份制商业银行应当在 2005 年末以前达到 8% 的最低资本要求，并从 2004 年起对上市银行按季度考察，必须在所有时点上都满足 8% 的最低要求，否则，中国银监会将暂停它的机构和业务市场准入。"① 2004 年 3 月 1 日,中国银监会正式发布《商业银行资本充足率管理办法》,要求"商业银行资本充足率不得低于百分之八,核心资本充足率不得低于百分之四",正式将资本充足率、核心资本充足率纳入商业银行风险监管指标。2005 年 11 月,中国银监会发布了《中国银行业监督管理委员会非现场监管报表指标体系》,标志着以资本充足率、核心资本充足率为核心,包括五级分类口径的不良贷款率、拨备覆盖率、杠杆率、大额风险集中度比例控制、流动性比率等指标在内的风险监管指标体系得以正式建立,实现了我国银行业监管的全面升级。

---

① 时任中国银监会副主席唐双宁在股份制商业银行监管工作会议上的讲话,引自 2003 年 10 月 18 日《经济观察报》。

第二章 重组前的广东商业银行体系

第一节 改革开放以来的广东经济发展

一、广东省的经济发展成就

金融活动在特定的经济体系中运行，并与之相伴相生、相互依赖、相互影响。我们所研究的广东商业银行重组事件发生在21世纪头十年，了解这场影响深远的重组活动发生之前的广东经济金融发展状态及其来龙去脉，是我们更好地认识这一重组事件的基础。

广东省位于岭南亚热带气候圈，得天独厚的自然条件很适合人类生存与经济发展。但是，自古以来岭南地区并不是中华文明的核心区域，也不是全国性的政治经济中心。就占地面积来讲，广东省土地面积 17.98 万平方公里，约占全国的 1.86%，在全国34 个省级行政区中排第 15 名。表 2.1 列出的常住人口数值变化，清晰地反映了改革开放以来广东经济、社会、文化发展所带来的人口吸引力的增强以及人口数量的急剧增加。在中华人民共和国成立初期的 1952 年，广东省人口数量不足 3000 万人，只占全国人口总数的 5.1%；到了改革开放元年的 1978 年，广东省占全国人口的比重也只是 5.3%，与 1952 年相比并没有太大的变化。但是到了 2000 年，广东省的常住人口数量扩大到了 8600 万人，占全国的比重上升到了 6.8%；到了 2016 年底，广东省人口数量达到 10999 万人，占全国的比重达到 7.9%，已经是连续多年的全国人口第一大省了。

与人口数量激增密切相关的就是改革开放以来广东省经济规模和发展水平在全国排名的持续上升。表 2.1 显示，在中华人民共和国成立初期的 1952 年，广东省的地区生产总值仅占全国的 4.3%，到了改革开放元年的 1978 年也只是占到 5.1%，在全国处于第 5 位；但是借助于率先的改革开放，广东省经济总量在全国的比重和地位不断攀升，仅仅用了十年时间，在 1988 年便成为中国第一经济大省并保持至今；占全国经济总量的比重已多年保持在 10% 以上。

表 2.1　　　　　广东省在全国经济地位的变化

年份	年末常住人口			GDP			人均 GDP			
	数值（万人）	占全国比重（%）	在全国排名	现价当期值（亿元）	占全国比重（%）	在全国排名	广东（元）	全国（元）	与全国比值	在全国排名
1952	2910.45	5.1	8	29.52	4.3	7	101.41	119	0.85	19

年份	年末常住人口			GDP			人均GDP			
	数值（万人）	占全国比重（%）	在全国排名	现价当期值（亿元）	占全国比重（%）	在全国排名	广东（元）	全国（元）	与全国比值	在全国排名
1962	3575.38	5.3	7	72.39	6.2	3	204.03	218	0.93	10
1978	5064.15	5.3	6	185.85	5.1	5	368.74	385	0.96	10
2000	8650.03	6.8	3	10741.25	10.7	1	12885.4	7942	1.62	5
2016	10999.00	7.9	1	80854.91	10.9	1	74016.0	53980	1.37	7

资料来源：《广东统计年鉴（2017）》《广东统计年鉴（2000）》《中国统计年鉴（2001）》、中经网统计数据库，其中排名情况由各省数据计算得出。

二、各领风骚的华南地区两大中心城市

由于省内粤东、粤北、粤西地区和珠江三角洲地区经济社会发展水平和速度存在较大差距，广东省的人均GDP水平在改革开放后虽然超过了全国平均水平并居于较前的位置，但并不是名列前茅。而华南地区的两大中心城市广州和深圳在人均GDP方面的表现却异常抢眼。特别是深圳，作为中国最成功的经济特区和高科技产业聚集地，深圳的人均GDP已多年保持全国城市第一名。在中国四大一线城市中，广东省占据两席，这不能不说是作为改革开放排头兵的广东省在近四十年来所取得的重大发展成就。1952年广州市以5.39亿元的GDP总规模在全国城市中排名

第 7 位，1978 年这一排名下降到了第 8 位。但是此后，广州市的 GDP 总规模和人均水平逐渐超越排在前面的城市，并在 1992 年成为仅次于北京、上海的中国内地第三大城市。而深圳则后来居上，不仅人均 GDP 多年来位居全国第 1，GDP 总规模也在 2017 年超越广州成为全国第 3 位。

第二节　世纪之交的金融风波

一、金融风波的前情

伴随着在改革开放中的敢为人先、先行先试和地区经济的超常规高速增长，与国际经济活动的联系日益紧密，高度依赖外资和出口，使广东经济的脆弱性也不断加剧。金融体系中风险的不断积累最终在东南亚金融危机的风暴中浮出水面，演变成大规模的支付危机。这场世纪之交的金融风波，是 21 世纪初广东商业银行重组的逻辑起点。

20 世纪 80 年代初广东经济的快速起飞，首先依靠的是毗邻港澳和东南亚地区众多海外华人的商业合作优势，香港和东南亚地区低附加值的出口加工工业大规模地向珠江三角洲地区转移，形成与香港"前店后厂"的格局。大量的内地廉价劳动力涌入广东，大笔的外国直接投资也向广东汇集。1996 年，广东省的外贸依存

度达到 150%，而其中出口相当于 GDP 的 86%，而这中间近 80%
是靠"三资"和"三来一补"企业实现的①。到了 1997 年亚洲金
融风暴波及香港的时候，广东省这种高度外向型的经济体系注定
会受到严重的影响。

在改革开放先行先试地区的广东经济快速增长的时候，无论
是境外的资金还是国内其他地区的各种生产要素，都有来广东参
与这场财富盛宴的创造和分配的冲动。而伴随我国经济体制的改
革，传统的计划经济模式的金融体系也逐渐溶解，越来越多地出
现市场配置资源的因素。得金融改革风气之先，广东省不仅出现
了在国内仅次于中国国际信托投资公司（现中信集团）规模的广
东国际信托投资公司（以下简称广国投），各种地方国际信托投资
公司、城市信用社、农村金融基金会等非银行金融机构，都像雨
后春笋般地冒了出来。这时候，两股"热钱"涌入广东，一是来
自国际金融市场的"热钱"，通过广国投、粤海等省属企业在境外
多次大量发债借钱，广东省各级政府所属的 40 多家国投、在香港
上市的红筹和上千家"窗口公司"，通过各种渠道从国际金融机构
借钱。据统计，到 20 世纪 90 年代末，广东省官方登记的借款总
额高达 180 亿美元。二是来自国内其他地区的"热钱"，涌入珠三
角地区分享广东经济快速增长的盛宴。这两股"热钱"共同推动
了广东投资泡沫的不断膨胀，而这可能是我国在长期计划经济时
代之后，第一次出现的大规模经济泡沫，各方的应对经验显然是

①　根据《广东统计年鉴（1998）》计算。

20

不足的。各种编故事高息揽储的非法集资事件层出不穷，这其中有许多就是穿着各种马甲的"庞氏骗局"，而各种腐败与渎职行为却为之保驾护航。

二、支付危机蔓延全省

1997 年夏，东南亚金融风暴刮起，香港、澳门和广东的房地产市场投机泡沫相继破裂。各种投机炒作机构资金链的断裂，使背后的金融机构遭受严重的财务危机。东南亚金融危机随后便袭击香港，与香港唇齿相依的广东金融体系受到严重冲击。

在实体经济方面，东南亚金融危机使香港的贸易和出口加工订单严重缩水，继而使珠三角地区的出口加工工业从外商投资、贸易和加工订单三个方面受到冲击。据统计，1997 年 7 – 12 月，深圳宝安 73 家出口加工企业，订单比 1 – 6 月下降 4.9%，价格下降 5.3%。1998 年，深圳和东莞 92 家主要向东南亚出口的企业，订单平均减少 30%，日本订单减少 20%。1998 年第一季度，江门对泰国、印度尼西亚的出口分别减少 35.4% 和 11.2%。广州对东南亚、韩国的出口分别减少 25% 和 78%。出口减少自然带来外商直接投资的下降。1997 年，广东省实际利用外资增长率只有 2.2%，深圳甚至出现了 1.9% 的负增长。1998 年 1 – 2 月，东莞外资新项目比上年同期下降一半。结果，广东省经济增长速度从 1993 年的 22.3% 下降到 1997 年的 10.6%。

出口加工工业全面萎缩，造成经济景气急剧恶化的严峻现实，让金融游戏中所有超常规高额回报的神话，从根基上丧失了依据。国际国内的债权人，开始担心投资一去不返，纷纷要求马上还钱。这是广东省陷入支付危机的转折点。疑虑造成的存款大转移，使广东全省大大小小苦苦支撑的各类非银行金融机构靠提高贴水借新债还旧债的把戏再也玩不下去了。接着，挤提在许多机构和项目上频繁发生。一些机构发生支付困难，采取限制提款的临时措施，造成更大范围的信用动摇，引发更广泛、更急切、更大规模的挤提，形成更严重的支付困难，最终演化成为一场自我验证、自我强化的信用危机。进入 1998 年以后，一场支付危机很快向广东全省的金融机构蔓延。

早在 1996 年，位于江门的恩平建设银行支行和农村信用社先后发生严重挤提。1997 年 5 月，湛江、揭阳等地的农金会出现支付危机。到 1998 年，湛江、茂名、汕头、汕尾农金会普遍发生支付危机。各地国投则从个人存款到外债，从证券营业部到委托发行的企业债券，全线告急。先是限制取钱，从每天几千元降到几百元，后来连十块钱都拿不出来，这诱发了大规模的挤提，系统性风险在一定程度上爆发了。在汕头，大规模的挤提波及国有商业银行。在花都，一家城信社遭到群众围堵，拿不出钱就断水断粮，乃至发生暴力殴斗。地方中小金融机构的信用支付危机普遍蔓延全省。大规模的挤提发生了 60 余次，多次演化成严重的社会骚乱。愤怒的存款人在广东省政府门口"安营扎寨"，聚众请愿、抗议。

三、"三步走"化解金融危机

亚洲金融风暴的大火，燃烧到香港。在香港岌岌可危之际，不仅广东的支付危机遍地燃烧，并且明显展现出通过全国各地资不抵债的国投、红筹、城信社、农金会、其他非银行金融机构以及国有银行的地方分支机构，向坏账累累的整个金融体系蔓延的可怕前景。1997年12月，中央调时任中国建设银行行长王岐山来广东，担任省委常委、常务副省长，广东省委成立了"化解金融危机五人领导小组"及其各种工作组，开展了为期三年的艰苦卓绝的"救火"工作。在中央政府的支持下，广东省采取了"砍树救林"的策略，实施了化解广东支付危机"三步走"措施，化解了弥漫全省的支付危机，这就是：（1）广国投破产；（2）粤海重组；（3）关闭800多家中小金融机构。

广国投在当时是仅次于中国国际信托投资公司（现中信集团）规模和地位的企业，在国内外拥有很大的影响力，曾经为广东经济发展做出了重要贡献。因此，当1998年10月广东省政府做出广国投破产清算的决定时，引起了国际、国内金融界的巨大反响，很多人都无法理解。这是当时中国历史上最大的破产案，也是"砍出一条防火道，阻止大火向森林蔓延"的迫不得已的决定。1999年1月10日，广国投申请破产正式走上法律程序。当时披露广国投的资产总额为 214.71 亿元，负债总额为 361.65 亿元，资产负债率为 168.23%，资不抵债差额为 146.94 亿元。资产的追偿率只有 30% 左右，债务的追偿率只有 18%。国际债权人被告知，广国投的贷款，90% 已经逾期；超过 80% 的股本投资所在的公司，或者已经破产，或者"正处于困难中"。2000 年 10 月 31 日，第三次债权人会议实现的偿债只是经过验证的债务总额的 3.38%。据估计，广国投最终能够收回的资产，为确认债务的 34%①。广国投破产是中国首宗非银行金融机构破产案，是当时法院受理的涉及金额最大的破产案件，涉及世界上 130 多家债权人。广国投的破产清算向国内外金融市场宣示，中国国有企业由政府兜底债权债务的历史已经终结，按照市场经济原则改革金融市场和金融企业的时代已来临。

1998 年夏末，债权人急切追讨债务，粤海集团度日如年。到同年 9 月，粤海集团只能靠广东省政府的短期资助来支付需要紧急偿还的债务。在欠下的 46 亿美元外债中，1999 年 1 月到期 6.8 亿美元，1-4 月到期 11.7 亿美元。负债比率高达 74%。粤海集团已经山穷水尽，活不下去了。同年 10 月 8 日，广东省政府决定，在广国投破产的同时挽救粤海集团。10 月 26 日，官方宣布，粤海集团的债务将通过重组解决。对粤海集团采取与广国投截然不同的策略，这主要是考虑到粤海集团旗下的两个公司——粤海

---

① 舒箐，王烁，南洲. 广信兴衰始末 [J]. 财经，1999（3）；广国投破产清算组. 广东国际信托投资公司第三次债权人会议破产清算工作报告 [R].

投资和广南控股对稳定香港股市的重要性。重组粤海集团的决定，一方面使中国政府避免将国有企业的债务视为主权债，另一方面给香港股市吃一粒定心丸——会找到一条途径，保持资不抵债的红筹公司继续运行。广东省政府对粤海集团重组给予了十分的诚意，将东深供水项目这个优质资产注入粤海集团，相当于使国际债权人减少债务高达 20.1 亿美元。

在第一步和第二步通过广国投破产、粤海集团重组化解国际债权人的支付危机之后，解决数量巨大、影响面十分广泛的国内债权人的支付危机问题，就提上了议事日程，这就是处理广东省内其他国投、城信社、农金会等中小金融机构的支付危机问题。1999 年 11 月 23 日，广东省成立以王岐山为组长的"广东省地方中小金融机构和农金会金融风险处置工作协调小组"。广东省向中国人民银行"一揽子"借款 380 亿元；同时，中国人民银行向其广州分行增拨 70 亿元再贷款额度，专项用于解决中国人民银行自办地方金融机构的遗留问题。用这 450 亿元，到 2000 年 10 月，不到一年时间内，广东省政府对 147 家城信社的 1063 个分支机构，16 家国投及 14 家办事处、国投下属 48 家证券营业部，以及 843 家农金会实施停业整顿。

第三节　重组前的广东商业银行体系

1998 年，海南发展银行关闭。这对深处东南亚金融危机造成

25

的严重支付危机旋涡之中的广东省居民造成了相当大的心理影响。人们突然发现自己的血汗钱存在小银行、投资于地方非银行金融机构是如此不安全，这使广东省引发了一场存款从地方非银行金融机构向四大国有商业银行的大规模转移。直到现在，广东本地上了年纪的人想起这个事件，仍然记忆犹新，喜欢把钱存到四大国有商业银行的偏好也一直持续到现在。而这可能是造成本地城市商业银行在 21 世纪初资不抵债危机的一个重要原因。

1995 年 9 月 7 日，国务院发布《关于组建城市合作银行的通知》，决定自 1995 年起在 35 个大中城市分期分批组建城市合作银行，允许地方财政以一部分预算资金参股城市合作银行，入股的最高比例为总股本的 30%。同时，人民银行又规定单个企业入股比例不得超过总股本的 10%，个人不超过 2%，以改善城信社时期的结构不合理问题，并规定城市合作银行的主要任务是为本地区经济的发展融通资金，特别是为城市中小企业的发展提供资金。考虑到随着城市合作银行的不断发展，城市合作银行已经不具有"合作"性质，1998 年 2 月，《国务院办公厅关于组建城市商业银行工作中城市信用合作社公共积累归属问题的通知》正式将城市合作银行统一更名为城市商业银行。

按照国家的统一部署，广州市的 46 家城市信用合作社于 1996 年 9 月合并组建了广州城市合作银行；1998 年 7 月，广州城市合作银行又更名为广州市商业银行。汕头市的 13 家城市信用社在 1997 年 2 月合并组建了汕头市城市合作银行，并于 1998 年 5 月更名为汕头市商业银行股份有限公司。珠海市的 11 家城市信用合作社于 1996 年 12 月 28 日改制设立珠海城市合作银行，并于 1998 年 6 月更名为珠海市商业银行股份有限公司；1999 年 10 月，斗门县 4 家城市信用合作社的 11 个营业网点并入珠海市商业银行并改建成下辖分支机构。湛江市的 6 家城市信用社于 1998 年 1 月 8 日合并组建湛江市城市合作银行，并于同年 4 月更名为湛江市商业银行。东莞市于 1997 年开始对辖区内的 38 家城市信用社进行整顿清理、重组改制，两年后，1999 年 9 月 8 日，东莞市商业银行宣告成立。

尽管东南亚金融风暴和广东地区支付危机的各种后遗症尚未完全解决，停业整顿过后，各地的城市信用社纷纷通过合并重组换上了城市商业银行的名头重新进行运营。但城市商业银行的企业制度和企业行为、金融改革中的法治环境建设、中央与地方的金融关系等问题并未得到进一步解决，这就为后来上演的城市商业银行普遍的资不抵债危机和股份制导向的重组改造埋下了伏笔。而成立于 1988 年的广东发展银行则与这些城市商业银行不仅在规模上不在一个数量级，而且在出身、体制、生态等方面与上述城市商业银行有明显的区别。但是，就东南亚金融风暴带来的对广东地方金融机构的严重影响、所发生资不抵债危机来讲，广东发展银行比广东其他的地方金融机构有过之而无不及，因而也成为 21 世纪头十年广东商业银行重组中最重要的一员。

第三章 广东发展银行重组

第一节 广东发展银行的成立与早期发展

一、广东发展银行的成立

沐浴改革开放的春风、搭乘国家金融体制改革试点的顺风车，1988 年 9 月 8 日，广东发展银行（以下简称广发行）在珠江之畔的美丽花城广州成立，并在起义路一号大楼举行了隆重的成立仪式，这标志着全国第一家股份制地方商业银行正式开业①。与交通银行、招商银行、中信实业银行、深圳发展银行、福建兴业银行一起，成为中华人民共和国成立后组建的第一批股份制商业银行②，这同时也是改革开放以来我国银行业体系改革的标志性事件之一。

---

① 关晓蕾，孙佳琳. 丘振兰：广发银行筹建始末［J］. 大经贸，2010（9）.

② 其中交通银行属于复名重建，中信实业银行于 2005 年更名为中信银行，福建兴业银行于 2003 年更名为兴业银行。

广发行成立的初衷，是"适应广东综合改革试验区发展需要，探索金融改革新路子"。成立之时的广发行，注册资本金 15 亿元人民币，发起股东 55 家，包括广东省各级财政单位、省内各家专业银行①和国内大型企业集团。其中，实际控制方广东省财政厅直接和间接控制着广发行近 50% 的股份，在随后的发展过程中，广发行的股权结构逐渐发生变化。至 2001 年，广发行股本金增加到 35 亿元，股权结构变得相对分散，股东数目超过 900 户，广东省每个地、市政府都持有广发行的股份。据 2003 年公司年报显示，广发行前三大股东分别为山东联大集团、上海申华控股实业股份有限公司和江苏苏钢集团有限公司，由广东省政府全资控股的粤海企业（集团）有限公司为其第五大股东，前十大股东合计持有公司 50.12% 的股份②。

二、"多级法人"治理体系

与同时期成立的其他股份制商业银行一样，广发行在其成长

---

①　在 1994 年以前，中国工商银行（1984 年 1 月分设）、中国农业银行（1979 年 2 月恢复）、中国建设银行（1979 年 8 月独立）和中国银行（1979 年 3 月分设）这四家大型国有商业银行，不仅行使商业银行的职能，还承担各自特定领域的政策性金融业务，因此被称作"专业银行"。1994 年国家实行金融体制重大改革，这四大国有商业银行的政策性业务被剥离出去。2004 年，四大国有商业银行开始实施股份制改造，"专业银行"的名称彻底退出历史舞台。

②　本章所引用的数据，除特别注明外，均来自历年《广东发展银行年报》《广东金融业概览》《广东统计年鉴》《中国金融年鉴》《中国统计年鉴》和广东省政府金融办公室、中国人民银行广州分行、中国银监会广东监管局的相关报告。

与发展的初期,是一家国有股占绝对地位、业务活动深受政府行政干预的商业银行。自 1988 年成立之日起,广发行即带着浓重的政策性、行政性和试验性色彩,系"全民"性质的股份制金融企业。在 1995 年以前,广发行一直实行"多级法人"的管理体制(治理结构),分支机构在当地自筹资金,以此向总行参股,由总行有偿拨付营运资金,实行自主经营,总行对各分支机构控制力微弱。这种由各市县财政局和四大专业银行分支机构掌握着当地广发行控制权的管理方式,导致广发行没有形成真正的法人治理体系,与现代股份制商业银行管理体制相距甚远。甚至在一些地方,广发行一度充当地方政府"二财政"的角色。这种情形一直延续到 1995 年后,广发行才统一了股权和法人,形成统一的管理体系①。

三、以支持广东地方经济发展为己任

广发行成立于地方,其股东也源自周边地区,因此其股东资源、资金等也来源于地方,正是在这种"生于斯、长于斯、强于斯"的背景下,广发行自成立以来,就一直"以支持广东地方经济发展为己任"。1988 年至 1998 年的十年间,广发行吸收的存款几乎全都用于当地,十年间累计发放贷款 2000 多亿元,其

---

① 李若虹.改革创新　持续发展　感恩社会——广东发展银行二十年发展历程〔J〕.南方金融,2008(12).

中90%的贷款用于广东地方经济建设，支持的项目涉及能源、交通、房地产、投资、珠宝、传媒、通信、贸易、高科技、环保等多个行业。这种向政府主导项目倾斜的信贷政策，在2000年之后才逐步转变，2002年，广发行新上任的领导层确立了"培育优良债务人"的经营理念，明确了将信贷重点转移到中小民营企业的战略，但是依然不改广发行服务地方经济发展的初衷。

四、收购"中银信托"事件

1996年10月，中国人民银行决定由广发行收购中银信托投资公司（以下简称中银信托），开创了我国地方股份制商业银行战略并购非银行业金融机构的先河。被收购前的中银信托，当时已经严重资不抵债。广发行在当时资本金只有35亿元的情况下，临危受命，收购了被中国人民银行接管一年的中银信托①，承接其30多亿元债权债务，承担股东的清偿责任，自身实际背负了40亿元的债务，由此造成当时广发行核心资本充足率降到3%、资本充足率降到4%、不良资产率将近20%的严峻形势，经营发展步履维艰。同时，此事件被认为是开启了中华人民共和国成立后中国金融机构市场退出的先河，而承担"试验"的广发行，

---

① 中银信托投资公司成立于1988年6月。由于投资失误、违法经营、管理混乱，造成连年亏损，大量资产流失，以致资不抵债，破产倒闭。中国人民银行于1995年10月宣布对中银信托投资公司实行接管。

借此获得了地区性银行向全国扩张的机会。当年，广发行得到了中国人民银行的批准，获得在北京、南京、杭州、昆明、大连五地建立分行的机会，连同早前已设立的郑州分行，正式奠定了广发行全国性网络布局的基础，结束了广发行长期"偏安于广东一隅"作为地方性商业银行的时代。省外分行的设立，也为当时在全国银行发展初期的大背景下的广发行带来了显著的收益，开拓了外部发展空间，在一定程度上解救了广发行的危机。

第二节　广东发展银行危局

2000 年后，中国银行业进入高速发展时期，位于中国经济最开放地区广东省的广发行当然也不例外。2003 年至 2004 年，广发行的业务规模迅速扩大，尤其以省外业务为甚，营业网点遍布全国各地。业务规模的快速扩展，确实在当时缓解了历史遗留问题所带来的困境，特别是一段时间出现的省内各分支行的支付困难问题。但是，由于管理模式粗放，即使资产规模迅速增长，广发行也未能在短时间内解决诸如盈利能力低、业务创新能力弱等银行前期发展过程中所遭遇的问题，反而使资本充足率等主要监管指标迅速走向恶化。截至 2004 年底，广发行的不良贷款率达到17.43%，不良贷款拨备不足3%，资本充足率不足4%，核心资本充足率不足3%，财务经营及主要风险指标状况位列国内股份制商业银行末位。此时，距离中国政府向世贸组织承诺的金融市场全面对外开放、国家银行监管当局要求国内商业银行资本充足率和拨备覆盖率达标的最后期限（2006 年 12 月 11 日）只剩下不到两年时间。在此背景下，广发行将战略重组提上议事日程，于 2005 年 5 月正式启动战略重组。

一、破茧重生时不我待

经中国人民银行和广东省政府批准组建的广发行，是特定时代背景下中国经济金融改革的产物，成立伊始就带有浓重的行政色彩，其成立的初衷是"适应广东综合改革试验区经济发展需要，探索金融改革新路子"。但是，实际的发展常常事与愿违，功能定位于"金融试验田"和"地方经济助推器"的广发行，自成立之初开始，其治理架构、体制设计和机构布局等方面就偏离了现代银行制度的轨道，公司治理制度先天不足，为日后的发展埋下了诸多隐患。尽管名义上广发行"成立时就实行了股份制的公司治理模式"[①]。但实际上，广发行并没有摆脱中国改革开放早期大型国有企业只在形式上实行股份制的通病，没有建立起符合现代银行制度的公司治理架构，应该说这是造成后来重重危机的重要原因，也为后来广发行被迫走上重组之路埋下了伏笔。

在信贷政策方面，1988 年至 1998 年的十年间，广发行一直实

---

① 李若虹. 改革创新　持续发展　感恩社会——广东发展银行二十年发展历程［J］. 南方金融，2008（12）.

行倾向性的信贷政策，累计发放贷款2000多亿元，主要投向政府主导型的行政项目，直到2002年后才转以确立"培育优良债务人"的思路，改变信贷政策，将投向重点明确转移到中小民营企业。可见，广发行未能幸免于中国改革开放早期商业银行组建和发展过程中的通病，再加上多级法人体制等积弊，广发行逐渐形成沉重的历史包袱，一面是坏账高企而拨备甚低，一面是资本严重不足而偿付堪忧。

在管理体制方面，自1992年至1995年，广发行为适应社会主义市场经济发展的需要，理顺总分行产权关系，加强对分支机构的管理，实行一级法人体制的重大变革，并根据新出台的《中华人民共和国公司法》等有关规定，规范了组织体制，初步完善了股东大会、董事会制度，增设了监事会。统一法人后，全行实行统一领导、分级核算、综合考核、统一派息、效益挂钩的财务管理体制。但是如前文所述，在1995年以前，广发行实质上一直实行的是"多级法人"管理体制，总行对各分支行控制力微弱，各分支机构实际控制权掌控在地方政府等机构手里，充当地方政府的"二财政"角色。例如，政府曾行政指派广发行在珠海西区设立支行，该支行在当地累计吸储5亿元，其贷款全部用于当地市政项目建设，而总行无任何支配权。1998年，珠海市政府将面积达5平方公里的一块土地划给广发行，作为坏账补偿①。这种情况在当时已是相对比较好的解决方式，众多其他分支机构的贷款

---

① 卢彦铮，龙雪晴. 广发银行重组一波三折［J］. 财经，2005（17）.

实际上早已是"有借无还、有去无回"。在"为地方经济发展出力"的口号之下，除汕头、深圳、东莞几家分行保持盈利外，广发行省内各分支机构的效益日益衰减，坏账丛生、亏损严重。至20世纪末，广发行的坏账已趋百亿元规模，历史形成的包袱已十分沉重。

在早期收购非银行金融机构方面，如前文所述，1996年广发行在政府有关部门的安排下，收购了被中国人民银行接管一年的中银信托。正是因为此举，广发行获得了在省外设立多家分支机构的机会，开始走向全国。但是，此次"走出去"付出的成本实在太大，代价其实相当高昂。收购中银信托不仅是一种商业行为，更是一项重大的政治任务。在收购前，中银信托已被中国人民银行托管、停业整顿一年，交给广发行时，负债很大，资产却所剩无几。据当时的新闻媒体报道称，中银信托"交到广发行手里时，渣都没有了"。为偿付中银信托所欠下的债务，广发行实际拿出的资金远不止表内摊销的20亿元，而是高达40亿元。在收购中银信托后，广发行也不时受命为广东省内其他金融企业整顿埋单。1998年12月，根据中国人民银行和广东省政府的决定，广发行又正式托管了恩平城市信用社，后来也曾短期托管濒临破产的汕头市商业银行。

遭遇如此种种事端的广发行，财务状况、经营发展等每况愈下。截至2002年底，广发行五级分类口径下不良贷款近357亿元，不良贷款率达到28.23%。伴随着省外异地分支机构规模的不断扩大，广发行的资产规模、存款总额、贷款总额、利润总额等持续提升，得益于此，不良贷款得到部分稀释，至 2003 年底，广发行的不良贷款率同比下降了近 10 个百分点，降为 18.53%。但是，其资本充足率不足问题依然未得到有效解决，至 2003 年底，资本充足率只有 3.87%，核心资本充足率仅为 2.59%，远低于监管要求。2004 年，广发行的不良贷款又开始飙升，至年底其不良贷款率较年初上升了 4 个百分点，为 22.7%。根据《银行家》研究中心中国商业银行竞争力评价课题组的研究报告所发表的数据①，2004—2005 年，广发行的资本状况、资产质量、盈利能力、流动性状况、财务状况在 16 家全国性商业银行中都是表现最差的一类，其中财务状况更是位列国内各家股份制商业银行之末。图 3.1a 显示了 2005—2006 年两年中 16 家全国性商业银行的资本充足率状况，如图所示，仅广发行和中国农业银行的资本充足率为负值，2006 年重组后广发行的资本充足率也仅仅达到 8% 的要求；图 3.1b 显示了 2005—2006 年两年中 16 家全国性商业银行的不良贷款率状况，如图所示，2005 年广发行的不良贷款率仅次于中国农业银行，超过 15%；图 3.1c 和图 3.1d 显示了 16 家全国性商业银行（分上市和非上市）的资产收益率情况，如图所示，2004—2006 年三年中广发行的资产收益率不仅与当时已经上市的 11 家全国性商业银行相距甚远，在 5 家非上市的全国性商业银行中也仅

① 《银行家》研究中心中国商业银行竞争力评价课题组.2006—2007 年全国性商业银行财务评价分析［J］.银行家，2007（9）.

好于中国农业银行。

　　与此同时，作为后起之秀的浦东发展银行、民生银行、华夏银行等的资本金比例均达到了监管当局的政策规定和要求，纷纷上市。受制于不良贷款以及资本金等问题，广发行上市这一重大事项一直无法提到议事日程，并在引入外资战略投资者等方面又落后一步。随着中国银行业全面开放竞争期限逼近、监管达标大限将至，广发行的破茧重生刻不容缓，改革重组势在必行。

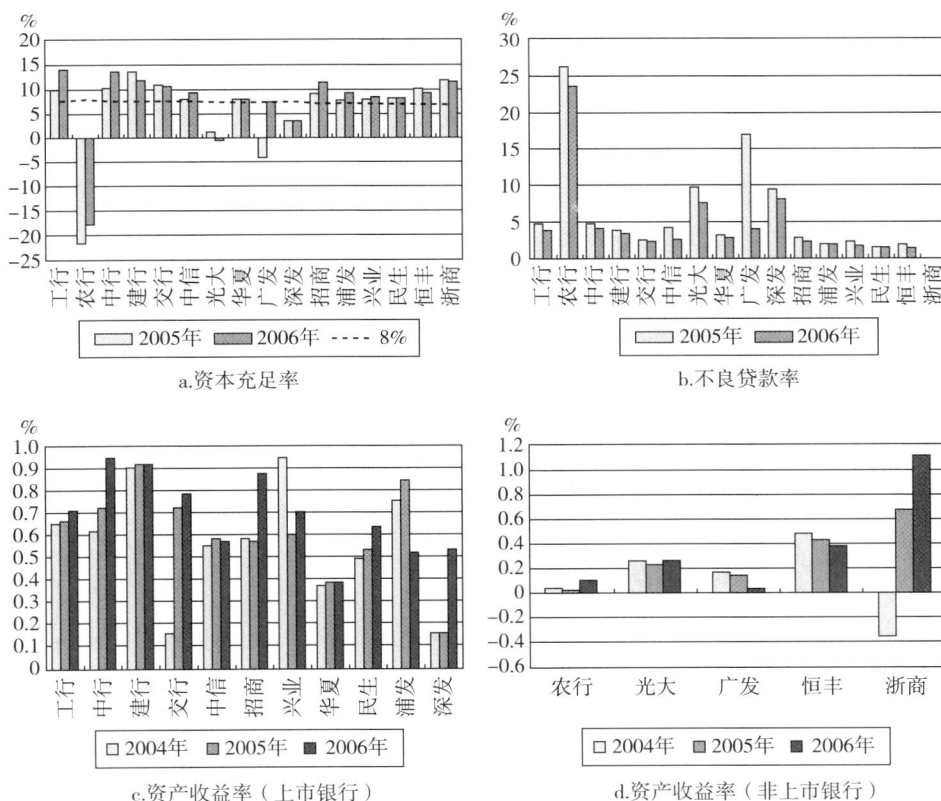

a.资本充足率

b.不良贷款率

c.资产收益率（上市银行）

d.资产收益率（非上市银行）

图 3.1　2004—2005 年广发行与其他全国性商业银行的部分财务指标比较

二、具备独特的竞争优势

  尽管广发行有其自身法人治理、体制设计等方面的先天不足，并且其经营和发展存在着诸多问题和困难，但是得益于广发行所处的地理位置和时代背景，在正式启动战略重组后，就立即吸引了国内外众多战略投资者，据不完全统计，先后有 40 多家国内外潜在投资者表达了投资意向，这也从一个侧面说明了境内外投资者都意识到投资广发行是一个重要战略机遇。自改革开放以来，中国国民经济保持高速发展，庞大而又快速增长的国内金融市场以及逐渐完善的监管环境等都是吸引国内外投资者参与投资中国商业银行的重要原因。在广发行改制重组前的"十五"时期，中国的国内生产总值（GDP）由 2001 年的 109655.2 亿元增长到 2005 年的 184937.4 亿元，年平均增长 13.4%；全社会固定资产投资由 2001 年的 37213.5 亿元增长到 2005 年的 88773.6 亿元，年平均增长 21.9%；人民币储蓄存款余额由 2001 年的 73762.4 亿元增长到 2005 年的 141050.99 亿元，年平均增长 17%。而广东省作为中国改革开放的先行先试地区，地理位置独特，外向型经济发达，经济金融发展充满活力，"十五"时期增长势头高于全国平均水平。地区生产总值由 2001 年的 12039.25 亿元增长到 2005 年的 22557.37 亿元，年平均增长 16%；全社会固定资产投资由 2001 年的 3536.41 亿元增长到 2005 年的 7164.61 亿元，年平均增长

17.2%。人民币储蓄存款余额由 2001 年的 19428.49 亿元增长到 2005 年的 35783.57 亿元，年平均增长 16.5%。据中国金融发展战略总体研究课题组的报告显示，"十五"时期，中国金融调控和服务成效显著，金融业发展势头良好，金融改革迈出重要步伐，金融业对外开放进一步扩大，金融监管力度加大，金融法制进一步完善，金融资产质量和经营效益进一步改善①。与此同时，广发行自身多年的发展和探索也积累了诸多独特的竞争优势，可归纳为以下三个方面。

一是机构布局立足广东、面向全国，区域优势显著。广发行本着"打好基础，向外倾斜，办出特色"的发展方针和"城市化"的战略定位，在北京、上海、大连、郑州、南京、杭州、昆明、沈阳、武汉、广州、深圳、珠海、汕头、东莞、宁波、温州、无锡等中国东部沿海地区和经济发达城市先后设立了多家分支机构。截至 2006 年 9 月末，广发行在全国共拥有 27 家直属机构、502 家营业网点，其中位于广东省内的营业网点最多，达 339 家，初步形成了城市化、全国性商业银行的格局，区域优势显著。同时，广发行已与境内外 900 多家中外银行建立了代理行关系，连续多年入选"全球银行 500 强"和"中国企业 500 强"。

二是业务种类齐全，中小企业贷款业务及信用卡业务在业内领先。经过多年的探索与发展，广发行已经获准开办银行业绝大

---

① 中国金融发展战略总体研究课题组. 中国金融发展战略总体研究［EB/OL］. http：//www. sdpc. gov. cn/zjgx/t20070424_ 131243. htm.

多数业务，并已按照公司业务、个人业务、信用卡业务、国际业务、同业业务和资金业务六大类别建立了现代化银行的管理体制和组织架构。广发行积极配合国家产业政策，加大对能源、基础设施建设、高新技术等项目的投入和支持，扶持了广深铁路、中国石化集团、上海港务局、广东交通投资公司、广东移动通信公司、南方航空、中国华润集团、TCL 集团、柯达公司、东莞玖龙纸业等大型企业项目，并获得了良好的回报。从 2001 年开始，广发行针对中小企业不同发展阶段的需求特点，推出了"民营 100"专项金融服务方案，为中小企业提供融资、结算、存款、担保、理财、咨询顾问、外汇业务、信用卡业务等全方位、立体化的金融服务，推动中小企业发展，为各地经济繁荣做出了积极贡献。此外，广发信用卡一直是中国信用卡领域的领跑者，开创了国内信用卡业务的十几个第一，成为中国信用卡最有影响力的品牌之一，形成了以真情卡、南航卡、标准卡为主体，以白金卡、商务卡等高端信用卡产品及其他各类联名卡为补充的产品结构，涵盖了市场上绝大多数目标客户群。广发信用卡在全国范围内拥有数百万用户，获得国际信用卡组织 Visa 和 MasterCard 授予的几十项殊荣和嘉奖。2005 年，广发信用卡在同业中率先实现盈利。

三是勇于创新，开拓进取，屡获殊荣。广发行拥有一支德才兼备、业务精通、服务优良的客户经理、理财师、信用证专家等专业化人才队伍，在发展传统业务的同时，金融业务创新不断，金融产品层出不穷。广发行在发展中曾创下我国银行业的多个第一：第一家实行贷款限额下的资产负债比例管理的银行、第一家向境外扩展并在境外设置分支机构的股份制商业银行、第一家收购非银行金融机构的银行、最早批准开办离岸业务的银行之一、第一家发行标准信用卡的银行、第一家实现全国实时通存通兑的银行、第一家开发手机钱包的银行、第一家明确定位于为民营企业服务的银行、第一家推出家庭财富管理的银行。

单从 2005 年前后中国银行业的情况来看，广发行是一个拥有全国性网络、规模适中且尚未上市的股份制商业银行。全国性的机构网点布局、富于创新的传统、突出的优势产品以及一支专业的员工队伍，是广发行的价值所在，也是为战略投资者团队所看重的。无论是与当时同样处于改革之中、规模庞大的四大国有商业银行相比，还是与规模小、网络只限于本地的诸多城市商业银行相比，广发行对战略投资者的吸引力都是不言而喻的，竞争优势明显。

第三节　开创"边扫屋子边请客"的重组模式

涉及广发行的历史遗留问题，特别是广东省各级政府在其中的责任认定、特定历史背景下监管者所承担的责任、国家对外开放政策的具体界限、广发行自身的未来发展空间、战略投资者对重组结果的预期等方方面面复杂、交织的利益权衡和博弈，广发行的重组模式选择问题注定不是一道简单的选择题，其推行过程也注定不会是顺风顺水、一蹴而就的。《财经》杂志记者于宁、季敏华在广发行引资重组事件尘埃落定之后发表评论："中国引资史上惊心动魄的一役，折射出政府主导下市场化重组的复杂面相，也将对今后的开放规则产生深远影响。"[①] 正因为如此，广发行在摸索中前进，全面开创了独具特色的"边扫屋子边请客"的重组模式。

一、重组的三个阶段

从正式启动重组到最终签署战略投资协议，广发行改革重组历时近两年时间（2005—2006 年），大致经历了三个阶段。

一是重组工作的启动阶段。2005 年 3 月，广发行内部成立了由全部行领导参加的改革重组专项工作组，下设执行小组，其小组成员包括各业务部门的负责人。5 月，广发行宣布改革重组工作正式启动。6 月，广东省政府委托毕马威（KPMG）进入广发行进行审计，并聘请中银国际和德意志银行作为财务顾问。与此同时，法律、评估等其他中介机构也正式进驻，开始对广发行进行尽职调查、审计以及评估等专项工作。

二是潜在战略投资者筛选阶段。在这一阶段，先后有 40 多家国内外潜在的战略投资者表达了投资意向，重组工作组对其进行初步筛选，并于 2005 年 7 月择优向其中 20 多家发出了正式邀请。

① 于宁，季敏华. 热战广发行［J］. 财经，2006（24）.

通过向投资者发放投资意向书和信息备忘录，经过投资者演示、管理层演示、投资者多轮尽职调查和提交重组方案及报价、广发行聘请的专家委员会评比筛选等环节，最后保留了3家投资者团队进入最后一轮竞投阶段。2005年12月28日，经过多方斡旋，花旗等3家投资者团队向广发行递交了最后报价书。

三是最终战略投资者确定阶段。经过大半年多轮的沟通和谈判，2006年8月31日，花旗等3家投资者团队向广发行提交了具有法律约束力的最终要约。按照"报价选高不选低、条件选好不选差、报价和条件要完美结合、对广发行未来持续发展有利"四个方面的标准，重组工作组对3家投资者团队进行了综合比较和分析，并选择花旗投资者团队首先进行最终签约性谈判，另外两个团队作为备选团队。按照既定程序，在限定的时间内，广发行和花旗投资者团队完成了谈判。2006年11月16日，广发行与花旗投资者团队签署了股份认购协议及相关附属协议①。

二、重组模式的选择

国内商业银行重组上市进程中，引进境外战略投资者被认为

---

① 关于签约仪式当天会场的景况，《财经》杂志记者于宁、季敏华在《热战广发行》一文中有比较详细的描述（《财经》2006年第24期）。尽管法国兴业银行和中国平安保险（集团）股份有限公司未能最终竞标成功、完成签约，但广发行负责人在事后的新闻发布会上，对这两家机构的积极响应和参与给予充分肯定，认为它们的工作一直是主动的和充满诚意的，为推进广发行重组做出了很多努力。

是必不可缺的一个环节。外资机构从审慎原则出发，往往要求首先解决不良贷款问题，在一个"洁净"的财务报表上再谈价格。已经上市的五大国有商业银行重组，皆为先例。具体方式是政府承担历史遗留问题，先行剥离不良资产并充实资本金，再来引进战略投资者。但是，在广发行重组中，政府的态度跟以往相比发生了微妙的变化——让潜在战略投资者先提交重组方案，通过比较，试探其底线，再决定政府对银行历史遗留问题如何承担责任。这意味着，引进的战略投资者将参与处置和消化广发行数百亿元的不良资产。

2005年9月下旬，在未确定引资规模也未提交经过外部审计的财务报告的情况下，中外近20家意向投资者，向广发行重组财务顾问提交了"备选方案"，对尚未进行不良资产剥离、政府注资口径也不明朗的广发行先行报价。意向投资者依据广发行提交的财务数据，对其资产质量进行初步判断，并就银行盈利能力、政府和投资者持股比例、上市融资预期等问题提出各自的设想，报出各自可能的投资额度，被选中的投资者，将获准做进一步的尽职调查，根据银行资产质量进行最后定价。采取这一策略无疑是冀望于在财务重组中，最大限度地利用市场资源，但这一策略同样带来了另一个问题，即外资最终占股比例存在着极大的不确定性，若投资金额根据每股定价平摊，超出最终可配发的股份数或超出外资持股比例限制，将给重组带来政策难题——股权比例限制问题。因此，当时有关方面也准备向监管部门寻求特批，以使外资投资者可突破最高持股比例 25% 的监管限制，甚至希望可以使一家战略投资者的持股比例达到 51%，使广发行成为一家合资银行。

作为地方性商业银行的广发行，历史包袱沉重，之前也曾希望遵循既往重组逻辑，力争国家与地方两级政府共同解决历史遗留问题，再行引入外部战略投资者。而当时另辟蹊径的做法，则堪称"国家和地方"未能达成共识之下的"穷则思变"，这种情况导致审计报告的"议而未决"以及外界媒体的大量猜忌性报道。时间到了 2006 年 9 月底，本应出台的重组审计报告并未最终完成，尽管负责审计的毕马威会计师事务所已基本完成对银行的清查摸底，大部分审计人员也已离开广发行，并且分别以中国会计准则和国际会计准则编制了两份关于广发行重组的审计报告，但都尚未获得相关部门签字提交。看似接近尾声的审计工作迟迟未能完成，这是因为审计师仍在等待"国家和地方"明确表达各自对历史问题的责任，以决定如何对既往形成的大量政策性贷款做会计处理。

相比已完成重组的中行、建行和交行，广发行的情况不尽相同——前者为国家控股银行，中央对历史形成的行政性或政策性贷款态度明确，在改革进程中，划拨巨资予以支持。但是自成立之初，广发行就是隶属于广东省的"土生土长"的地方金融机构。在 1996 年之前，广发行主要为广东省地方经济建设提供金融服务，在股权结构上，广东省财政实际持有其 50% 以上的股权。因此，已成为全国性商业银行的广发行，在很大程度上仍被认为是位于广东的区域性商业银行。

在此背景下，广发行的重组，根据广东省政府和监管部门的政策导向，最终确定是一边由中央和地方共同扶持，一边同时引进战略投资者的"边扫屋边请客"的重组模式。对于重组模式的选择，主要考虑广发行当时所面临的客观现状：一是广发行存在的主要问题是不良贷款比率高、资本充足率低、盈利能力低下。如果要在监管部门要求的时限之前完成对前述问题的整改，就不得不考虑时间成本问题，因为背负不良贷款的重大包袱，广发行的发展速度缓慢，要在对外开放的最后时限前完成重组，就必须尽快解决问题，尽快达到我国银行业监管要求。二是在对重组方案的具体分析过程中需充分考虑利益相关方对广发行已有不良贷款的历史责任认定。

在此特定的现实背景下，广发行选择的重组模式摒弃了以往中国商业银行引进战略投资者的重组模式——"先打扫屋子再请客"，而采用在不剥离不良资产的情况下，将持股比例、控股权、管理权等向投资者敞开，通过公开竞价，由战略投资者自行组合不同的附加条件，并由此提出多方共赢的优化方案——"边打扫屋子边请客"模式。由广发行开创的"边扫屋边请客"的重组模式具体采取了以三方互动、同步完成的方式，即剥离不良资产、弥补历史亏损和增加资本金这三个环节同步展开。这一重组模式，一方面实现了交易时间的缩短，另一方面形成了政府、投资者团队、老股东等多方共同弥补损失的格局，创造了由新进战略投资者团队承担部分历史亏损弥补责任的国内先例。

三、广东省政府在重组中的作用

在广发行重组过程中，广东省政府虽然不干预其选择投资者团队等具体业务工作，但是在政策指导、营造公平的外部环境等方面发挥着至关重要的作用，真正做到了"有为"和"不为"的有机结合，正所谓"有所不为才能有所为"。

第一，弥补资金缺口。作为中国改革开放的最前线，广东省有其优越的地理位置和政策优势，广东省政府以雄厚的财力和物力，成为广发行改革重组的强大后盾，为广发行重组提供了必要的资金支持。更重要的是，广发行成立于广东，崛起于广东，为广东省地方经济建设做出了巨大的贡献，与此同时，广东省政府的各级领导也充分认识到金融改革和创新对地方经济发展的战略意义，因此对广发行的改革和重组倾注了大量心血，并提供了充分的资金支持。广发行整个重组过程中弥补亏损和补充资本金所需资金高达500多亿元，除了战略投资人入股溢价和不良资产处置两个来源外，剩下300多亿元的资金缺口，由广东省政府注资弥补，广东省政府通过减持南方电网的部分股权，筹集资金300多亿元，顺利弥补了广发行重组的资金缺口。

第二，委托处置不良。广发行的重组，摒弃了以往中国商业银行先剥离不良资产再引资的"先打扫屋子再请客"的重组模式，而是采取了不良资产处置和引入外部战略投资者同时进行的"边扫屋子边请客"的重组模式。在广发行剥离不良资产并引资的过程中，广东省政府发挥了重要的指导作用，将广发行高达563亿元的不良资产委托粤财控股公司处置清收，并要求粤财控股公司在两年左右时间内处置回收92.16亿元现金。令人欣慰的是，至2008年11月末，粤财控股公司累计回收现金94.19亿元，圆满完成了广东省政府交办的现金回收任务。正是由于广东省政府的组织安排，通过这种委托处置的方式，广发行才得以快速实现对不良资产的有效剥离，确保重组进程的顺利推进。

第三，规范引资工作。在广东省政府的领导下，广发行的引资行为依法合规，坚持做到公平、公正、公开。具体说来主要包括：一是投资者团队的选择程序公开。在历时两年多的重组过程中，广发行一直保持高度的公开性和透明性，从最初的被广泛邀请有投资意向的40多家投资者参与广发行的引资工作，到最后确定一家投资者团队，都是在广东省政府的监督和引导下进行的，按照公开的程序和既定的原则标准执行。二是投资者团队的选择机会公平。根据广东省政府的指导思想，广发行在引进投资者团队方面制定了一系列统一的原则、标准和准入条件等，保证所有参与竞投的意向投资者都是在同一衡量标准和条件下竞争，确保机会公平。三是投资者团队的选择结果公正。严格按照"报价选高不选低、条款选好不选差、报价和条款要完美结合、对广发行未来持续发展有利"四个方面的标准进行综合比较分析，保证选择结果的公正。

第四，营造政策环境。广发行重组完全是一个以该行自身为主体、按照市场化原则运作、符合银行重组商业规则和国际惯例的商业行为。从广发行对外宣布重组开始，就吸引了诸多海内外投资者积极参与，这与广东省的市场经济发展是分不开的。改革开放后广东省经济金融的快速发展，得益于广东省政府创建了一个宽松的市场经济政策环境，同时广东省政府也是一个依法行政、讲究信用的政府，为广发行的改革、重组和发展营造了良好的服务环境。

四、重组引资的特色和亮点

广发行的重组与引进战略投资者等事项从头到尾之所以引起了社会各界的高度关注，除了广发行本身资产标的较大外，更重要的是引资行为具有自身的特色和亮点：一是坚持重组引资"公平、公开、公正"的三公原则，确保意向投资者选择结果的公信力。二是购股价格处于国内较高水平，从最初的40多家直至最终选定一家团队，最终购股价格的模拟交易市净率达到2.27倍，高于国内绝大多数非上市商业银行引入战略投资者的购股价格。三是创造了由新引进的战略投资者团队承担部分历史亏损弥补责任的国内先例。四是股权出售比例最高，出售

比例达 85.5888%，在国内商业银行中为最高，由新引进的战略
投资者团队掌控银行控股权和经营管理权也是国内首例，对公
司治理改革进行了新的大胆尝试和探索。五是获得战略投资者
的多方面技术支持，在引入资金的同时，着力引入世界一流团
队，确保能引进先进的经验和技术，以实现经营管理能力和水
平的全面提升。

第四节 广东发展银行的财务重组

财务重组是指对陷入财务危机但仍有转机和重建价值的企业，
根据一定程序进行重新整顿，使该企业得以复苏和维持的做法，
是对已经达到破产边界企业的抢救措施。财务重组是广发行进行
重组的基础和前提。由于广发行数据披露方面的原因，无法取得
1996 年之前的数据，但是广发行的不良贷款大多是由 1996 年之前
的广东省内贷款造成的，所以对 1996 年之后财务数据的分析，同
样可以看到广发行在快速发展的情况下对不良贷款占比的稀释力
度。通过表 3.1 可以看到：广发行从走向全国之后的 1997 年开
始，无论是在利润总额、存款余额、资产规模，还是在贷款余额
方面都出现了逐年递增的态势。至 2004 年底，短短七年时间，公
司的资产规模较 1997 年增长了 2.87 倍，存款余额较 1997 年增长
了 4.5 倍，贷款余额较 1997 年增长了 4.19 倍。这样的快速增长是
在公司做大存贷款总量，进一步稀释不良贷款比率的战略下取得

的。但是，总资产的增长，并未带来净利润的同步增长，如表 3.1
所示，到了 2004 年以后，广发行的净利润出现断崖式下降，特别
是 2005 年和 2006 年，净利润分别为 -6.92 亿元和 -6.24 亿元，
结果令人触目惊心。在此背景下，广发行已无路可退，必须要进
行改革重组。

表 3.1　　　　　广发行重组前历年财务状况　　单位：亿元

年份	净利润	总资产	贷款额	存款额	年份	净利润	总资产	贷款额	存款额
1997	2.28	896	416	546	2002	4.59	2192	1264	1849
1998	2.7	1069	480	666	2003	5.6	2827	1874	2316
1999	2.15	1219	552	759	2004	1.3	2943	2167	3002
2000	3.58	1509	674	1119	2005	-6.92	3454	1655	3063
2001	4.25	1912	996	1599	2006	-6.24	3739	2170	3191

经过重组，广发行的核心指标得到极大改善，其中，净资产
达到 125 亿元以上，核心资本充足率达到 6% 以上，不良贷款率降
到 5% 以下，不良资产率降到 4% 以下，贷款损失准备充足率达到
100%，资产损失准备充足率达到 100%，完全达到最新核心监管
指标的要求。其他主要财务指标也得到了极大改善，净利润由
2006 年的 -6.2 亿元上升为 2007 年的 26.7 亿元，利润总额由
-0.48 亿元上升为 50 亿元，每股收益由 -0.05 元上升为 45 元，
其他财务指标变化情况具体如表 3.2 所示。

表 3.2 广发行 2004—2007 年的主要会计数据和财务指标

单位：人民币千元

项目	2004 年	2005 年	2006 年	2007 年	2008 年
主营业务收入	12580884.00	13763788.00	14789160.00	22106032.00	34904606.00
利润总额	796353.00	(137590.00)	(475637.00)	4992015.00	3083631.00
净利润	130381.00	(691752.00)	(624352.00)	2668156.00	2784008.00
总资产	294337638.00	354444570.00	373908069.00	437523325.00	546015349.00
总负债	329830406.00	341892125.00	361139094.00	422096137.00	526413634.00
存款余额	300185518.00	306282877.00	319066416.00	352735392.00	404654710.00
贷款余额	216663744.00	165478184.00	216991381.00	248386345.00	311698506.00
股东权益	(35492768.00)	3552445.00	12768975.00	15427188.00	19601715.00
每股收益（元）	0.04	(0.19)	(0.05)	45.00	37.00
每股净资产（元）	(9.90)	0.99	1.12	0.23	0.24
调整后的每股净资产（元）	(9.90)	0.99	1.12	1.35	1.72
经营活动产生的现金流量净额	14482027.00	16476216.00	(42129577.00)	(5770636.00)	4453873.00
每股经营活动产生的现金流量净额（元）	4.04	4.60	(3.69)	(0.51)	0.39

注：括号内为负值。

资料来源：广发行官网披露的历年年度报告。

广发行核心财务指标的改善，具体通过以下三个途径实现：

（1）剥离转让不良资产。根据重组后的发展现状来看，可以确定地说，广发行此次改革重组对不良资产的处置在国内银行业中是最彻底、最干净的，不但处置了信贷类不良资产，而且把非信贷类不良资产也纳入处置范围。如前文所述，与其他银行重组完全由政府注资不同，此次广发行的资产剥离，由广东省政府委托粤财控股承接处置，总不良资产包高达563亿元。粤财控股用了近两年时间，清收了94.19亿元现金，超额完成广东省政府交办的任务，使广发行不良资产得以顺利处置，为后来广发行正式重组奠定了坚实的基础。

（2）平衡新、老股东利益，共同弥补部分累积亏损。广发行老股东同意将历年累积的资本公积和盈余公积全部用于弥补亏损，并以其持有股份的原始入股金额按照新引进投资者的认股价格重新计算持股量。同时，新引进的投资者团队花旗集团也同意帮助广发行弥补以前年度历史累积的部分亏损。

（3）政府注资弥补重组所需部分资金。除了剥离不良资产，以及老股东和战略投资者弥补的损失外，政府也弥补了重组所需的部分资金。同时，战略投资者还在风险管理、内部审计和控制、公司治理、财务管理等主要领域提供支持和协助，使广发行的资本充足率、资产质量、拨备覆盖率等核心监管指标在短时间内得到显著改善。

第五节　广东发展银行的资产重组

与大多数商业银行重组一样，广发行重组的重要原因之一就是由于坏账产生的不良资产太多。不良资产的重组问题，是广发行需要解决问题的重中之重。广发行的不良资产主要是成立早期阶段遗留下来的，产生的原因主要是坏账积淀、政策性贷款以及收购其他金融机构。要实现广发行的重组以及未来稳健运营，必须彻底解决这些历史遗留问题，甩开包袱，轻装上阵。经过两年多艰苦卓绝的努力，通过自身清收压降、引进战略投资者团队、剥离不良资产等手段，广发行完成了巨额不良资产的处置，实现了资产重组。广发行整个资产重组成本高达 500 多亿元，其资金来自以下三个方面：第一个资金来源是竞标团队溢价入股，花旗竞标团队出资 242 亿元，产生了约 135 亿元溢价。第二个资金来源是不良资产处置，即打包转让不良资产 560 多亿元给粤财控股，获取 92 亿元现金。除了这两个来源外，广东省政府通过转让南方电网部分股权的方式解决了剩下 300 亿元的包袱。本节就广发行资产重组相关情况做简要说明。

一、通过自身清收压降不良资产

第一，加大清收不良处置力度，化解存量不良资产。2004 年至 2006 年重组期间，广发行时刻都没有停止清收不良资产工作，采取常规清收、诉讼追收、资产重组、项目盘活、公开拍卖、挂牌转让、打包出售等多种方式清收处置不良资产。在坚持清收处置不良资产集体审批的原则下，持续提高不良资产处置的透明度，有效防范和规避了道德风险和决策风险。2004—2006 年的三年时间内，广发行的不良资产收现率都在50%以上。

第二，建立有效的风险防范机制，遏制新增不良贷款。重组期间，广发行主要通过以下几个方面，在化解存量不良贷款的基础上，极力遏制新增不良贷款：一是从宏观和微观层面上建立和完善早期预警机制，做到尽早控制风险，并通过风险管理业务流程的再造，有效防范和控制经营管理过程中的各类风险。二是加强贷后管理，建立分行权限内授信的抽查与复查制度以及新发生不良贷款报告制度，通过制定并实施《不良贷款保全责任制度》《新发生不良贷款责任追究暂行办法》《授信责任认定及处罚暂行办法》等管理制度和办法，明确各级信贷、资产管理人员对不良贷款的责任，落实"一把手"贷款质量责任制。三是严格按照信贷资产的潜在损失率提取准备，利用经济手段严把新增贷款质量关，遏制新增不良贷款，提高信贷资产质量。

二、通过打包出售剥离不良资产

由于诸多原因，2003年末广发行资产规模达3010亿元，其中贷款总额1910亿元，不良贷款比率高达22.84%，虽然较2002年末的34.01%已大大减少，但仍高居国内股份制商业银行之首。此外，广发行的不良贷款损失拨备覆盖率只有7.01%，资本充足率只有3.87%，远低于8%的监管要求。截至2005年6月末，广发行的不良资产高达 650 多亿元，按照中国银监会不良资产率不得高于 4% 的监管要求，重组后的广发行可保留 100 亿元左右的不良资产，还有 560 多亿元的不良资产需要处置。为了满足中国银监会的有关标准，广东省政府决定将总金额为 563 亿元的不良资产包进行剥离，并对外公开转让。

（一）省政府委托粤财控股清收处置

广东省政府原打算将广发行的不良资产包转让给四大资产管理公司，但是谈判并不顺利。据悉，当时四大资产管理公司的报价及相关条件与广东省政府的期望相去甚远。为了能够保证竞标及时完成，2006 年 2 月底，广发行将约 560 亿元的不良资产全部剥离给广东省政府所属的粤财控股，由其进行处置。为了顺利推进广发行改革重组进程，同时尽可能地弥补改革重组成本，2006 年广东省政府第十届第 99 次常务会议决定，将广发行不良资产包剥离给粤财控股，并要求粤财控股用两年左右时间处置回收 92.16 亿元现金。12 月 31 日，粤财控股与广发行签订了《不良资产转让协议》，接受了广发行不良资产包。

为确保完成广东省政府下达的现金回收任务，粤财控股按照"高起点、规范化、建一流"的要求组建了资产管理公司。2006 年 9 月 14 日，广东粤财资产管理有限公司（以下简称粤财资产）正式成立，专门负责广发行不良资产包的接收、管理与处置工作。由于粤财控股此前并没有处置不良资产的经验，对不良资产的处置、管理方法也不熟悉，因此在广发行不良资产处置过程中遇到了种种困难。粤财资产成立后，迅速从外资机构、四大资产管理公司、银行、政府机关、专业中介机构等引进了一批专业人才，组建了一个专业化、年轻化、知识化的处置团队。此外，粤财控股还把粤财资产作为改革创新的试点，按照市场化、专业化、规范化的要求运作，并在学习借鉴四大资产管理公司经验的基础上形成了自己独特的处置方式。在不良资产处置过程中，总结出了"四个切实，四个绝不"的资产处置要求。这一要求同时也是后期顺利完成现金回收任务、实现国有资产保值增值、形成依法依规干事氛围的重要基础。

截至 2008 年 11 月 4 日，广发行不良资产包累计处置回收现金 94.19 亿元（不含广发行尚未移交的 1.07 亿元），圆满完成了广东省政府交办的现金回收任务。这期间，粤财资产共处置资产 1103 户，处置资产金额总计 175.34 亿元；总体回收率为 57.55%，高于业内平均水平；处置回收费用率为 4.29%，低于业内平均水平；年度回收现金总额也高于一些资产管理公司驻粤机构。广发行不良资产的成功处置，不仅弥补了省政府重组广发行的成本，为广发行的重组画上了圆满的句号，而且使粤财控股打出了品牌，赢得了声誉，为公司下一步的发展奠定了坚实的基础。2009 年 1 月，广东省政府以粤府〔2009〕2 号文的形式在全省范围内对粤财控股进行通报表彰："粤财控股克服时间紧、任务重、不良资产处置难度大等种种困难，坚持依法依规和公平、公开、公正处置不良资产，全力以赴开展工作，不断提升业务水平和管理能力，按时出色地完成省政府交办的现金回收任务，为广发行成功改革重组做出了重大贡献①。"

（二）重组前的股权回收处置

重组改制，首先要进行的是省内各级行政事业单位持有的广发行股权的清理规范。同样，受省政府委托，粤财控股肩负起了这项工作。据时任粤财控股董事长梁棠介绍，当时广发行的股权分布甚广，除了广东各级财政有参股外，省内各商业银行等企业和部分个人也都有持股。此外，虽然由于不良资产摊销等原因，广发行很少向投资者分红，但当时投资普遍预期，重组改制后，广发行下一步就可能要上市，上市之后的二级市场溢价，是所有投资者眼中的一块肥肉，这使不少老股东拒绝出售其持有的股份。为尽快回收股权，粤财控股专门成立广发行重组工作领导小组及工作组，回收股权并不进行统一定价，工作人员一家一家进行谈判，在这一过程中，各级持股的政府部门对回收工作支持力度很大。据统计，截至 2006 年 4 月末，粤财控股就全面完成了广东省内政府部门、非营利性事业单位共 109 家股东和个人股东 1444户、合计 3.39 亿股股权的收购，占广发行重组前总股本的 9.5%，为广发行重组扫除了一大障碍。

---

① 卢轶，黄应来．"烫手山芋" 2 年变现 94 亿是怎样做到的？［N］．南方日报，2009 - 12 - 07.

三、引进国内外战略投资者

在银行业的重组与改革中，引进投资者是改善公司股权结构、提升公司治理机制的重要手段。近十多年来，国内许多城市商业银行的改革和重组中都成功引入了战略投资者和财务投资者。广发行按照"边打扫屋子边请客"的重组模式，边剥离不良资产边引进战略投资者。

自2004年启动重组后，经过几个月的清产核资，2005年3月，广发行引入战略投资者事宜提上议事日程。根据清产核资结果，广发行不良贷款净损失300多亿元，这样的数据让广发行看似一个"烫手山芋"，但即便如此，广发行依然受到热捧。战略引资意向一出，众多国内外的"追求者"闻风而动。当时，平安集团一度被传为入股大热门，并被预言要为其打造金融控股集团的战略再下一城。然而，竞争实在太过残酷，与广发行洽谈的战略投资者达40多家，广发行陷入"海选"车轮大战中。经过多轮艰苦谈判和筛选，入围者所剩寥寥。2005年11月，花旗集团、新加坡星展银行（DBS）、法国兴业银行、荷兰银行、平安保险等递交了竞标书。作为全球最大的金融机构之一，花旗集团在此轮中国银行业引入海外战略投资者的浪潮中，并未占到太多便宜。此次入股广发行，花旗集团是最后一个入围。不过在那时，据有知情人士透露，花旗集团因出价高，有望在最后的角逐中胜出，而之前呼声很高的 DBS 出价较低，可能会出局。广发行股权争夺战由此逐渐形成"三足鼎立"之势，三股力量共同角逐广发行 85% 的股权。以花旗集团为首的竞标团出价 241 亿元人民币，花旗计划持股 40%；以法国兴业银行为首的竞标团出价 235 亿元，法国兴业银行持股 24%；平安集团团队出价 226.1 亿元。按照上述竞标方案，花旗集团和法国兴业银行都将打破单个外资持有金融机构股权 20% 的上限。

出乎意料的是，2006 年 4 月 18 日，中国银监会给广东省政府的一份公函，使花旗集团和法国兴业银行陷入了尴尬境地。中国银监会认为，突破外资持股上限会带来"麻烦"，因此希望能在目前监管条例准许的范围内（单家外资对中资银行的持股上限为 20%，多家上限为 25%），继续广发行重组流程并引入合格境外投资者。无奈之下，花旗集团和法国兴业银行只能调整竞购方案。花旗集团必须把原来打算持有的 40% 股份退出约 20% 给其合作者，新的投资者中国人寿乘机进入；法国兴业银行持股的比例从 24% 下调至 19.9%，减持的股份由宝钢和中石化集团持有。平安集团一度被传已退出竞争，但事实上，平安集团丝毫未放弃努力。在新一轮竞标中，为增加竞争筹码，平安集团在新的标书上附加了一项特别承诺，即以现金形式赠予广东省政府数十亿元人民币，助其解决广发行坏账。加上此次捐赠的数十亿元后，平安集团为竞购广发行控股权所出的报价将由之前的 226 亿元，增加到 236 亿元以上。

最终，2006 年 11 月 16 日，花旗竞标团宣布与广发行签署战略投资与合作协议。花旗集团与 IBM 信贷、中国人寿、国家电网、中信信托、普华投资等共出资 242.67 亿元，认购重组后的广发行 85.5888% 的股份。其中，花旗集团持有的股权为 20%，中国人寿为 20%，国家电网为 20%，中信信托为 12.8488%，普华投资为 8%，IBM 信贷为 4.74%。

四、通过政府注资化解不良

如前文所述，广发行 500 多亿元的重组成本，除了剥离不良资产收回现金和战略投资人入股溢价这两个来源外，广东省政府还需要解决 300 多亿元的包袱。考虑到当时广东省财政无法一次性拿出大笔资金注资广发行且不宜为此举债，广东省政府在积极争取中央与广东省共同分担资金缺口的同时，努力通过转让广东省所持南方电网公司部分股权的方式解决出资资金问题。经过多方努力争取，在国务院的协调下，政府弥补广发行重组财务缺口所需资金 300 多亿元由以下渠道解决：一是人民银行再贷款债务抵销 10 亿元；二是由财政部与广东省政府设立共管基金，从 2007 年起至 2011 年 5 年共返还广发行缴纳的所得税 100 亿元；三是由广东省政府向中国人寿保险集团转让南方电网公司的部分股权筹集资金 300 多亿元。至此，在国务院和国家有关部门的大力支持下，在广东省委、省政府的英明决策和领导下，广发行重组资金缺口问题得到妥善解决。

第六节　广东发展银行的业务流程重组

近十多年来，我国商业银行的机构数量和资产规模快速增长，市场环境和相关政策因素发生了明显变化，以信贷资产扩张为基本特征的传统业务发展模式失去了生存土壤，业务创新成为商业银行发展的重要推动力量。在广东省这样一个经济发达程度国内领先、金融业竞争异常激烈的环境下，广发行不得不加大业务重组的力度，大力发展资本节约型业务。

一、公司业务

在早期阶段，广发行在很多地方充当地方政府的"二财政"角色，信贷政策偏向政府行政性、政策性和指令性贷款方面，其公司业务以大宗授信为主，直到2002年信贷政策重心才转向中小微企业方面。重组成功后，广发行在公司业务发展方面投入了很大的精力，持续完善公司业务模式，成立了大中型对公授信客户专业营销团队，进一步加强专业化和差异化服务，巩固和发展优质客户群体。同时，广发行在总行层面成立了中小企业工作小组，设计并制定了一系列适合中小企业发展特点的信贷政策；持续完善中小企业信贷业务试点方案，并于重组后的第一年即2007年在东莞分行开展中小企业信贷业务试点，为广发行拓展中小企业客户、开展中小企业工作提供了宝贵经验。

此外，重组后的广发行，充分利用股东资源，加强与股东的战略合作。2007年，通过与股东花旗集团、中国人寿、国家电网、中信信托等签订战略协议，强化战略合作，增强协同效应，进一步拓展业务领域和收入来源，增强综合服务能力。同时，广发行高度重视与金融同业的业务合作，积极推动第三方存管业务，与证券公司、基金公司的合作平台进一步扩大。2007年累计引进11家基金公司的59只基金产品，仅银基通代销手续费收入就为2006年的11.4倍。

二、个人业务

在重组前，广发行的个人业务主要体现在个人存贷款方面，在个人理财产品以及银行卡业务上产品较少且缺乏创新。改革重组后，广发行创新推出银行寿险、薪加薪系列产品，为客户提供多种零售银行产品和服务。同时，进一步加强品牌形象建设，薪加薪系列产品、网上基金定投分别荣膺"财经风云理财产品杰出创新奖""2007年优秀金融产品奖"。在业务考核力度、客户经理队伍建设、零售支行试点、重点业务突破等方面均取得了长足发展；在个人业务方面，营销能力明显提升。2007年，广发行个人贷款余额（不含信用卡）增长119亿元，增幅为51.73%；个人理财业务增收 2.37 亿元；贵宾客户增加 27700 户，增幅为 78.69%。同时，个人业务中的信用卡业务方面，在改组基础上，进一步细分市场，充分挖掘潜在客户需求，积极创新产品并开发信用卡新功能。2007 年全年新增信用卡 170.6 万张，同比增长 50%，总发卡量突破 500 万张大关。2007 年，信用卡实现营业收入 11.8 亿元，税前利润 9000 万元。得益于此，广发行信用卡通过了 ISO 质量体系认证，并获得 "2007 年中国最值得信赖的十佳银行卡" "中国最佳客户服务管理人奖" "中国最佳客户服务奖" 及 "亚太最佳客户服务中心奖" 等多个知名奖项。

三、国际业务

作为我国最大、历史最悠久的对外通商口岸和最主要的对外开放城市之一的广州市，其企业和个人对国际业务的需求一直比较高，再加上广发行利用沿海城市及澳门等机构网点的优势，为广发行国际业务的发展提供了有利条件。重组后，广发行推出了国际贸易汇款融资、信保押汇、出口退税款优化等创新产品，建立贸易融资授信绿色通道，促进国际结算和贸易融资业务取得较大幅度的增长。2007 年，广发行全行国际结算累计 321.47 亿美元，同比增长 18%；贸易融资余额 65.47 亿元人民币，同比增长 79%。结售汇业务保持持续稳步增长，2007 年结售汇总额达到 219.3 亿美元，同比增幅 16.7%。同时，进一步加强外汇资产负债管理，保证充裕的外汇资金备付头寸，在有效规避汇率和利率风险的同时，努力创造汇兑和利差收益。总体而言，广发行的国际业务经过多年发展，特别是经过重组后的重新整治，已经形成齐全的业务体系和高度专业化的业务流程，为广东省对外贸易企业和个人提供了优质的国际业务服务。

四、运营基础

重组后，广发行进一步加强科技及运营基础建设与管理，在灾难备份中心、柜面终端系统、新数据中心等重点项目建设方面取得重大进展，为银行业务连续运营提供了可靠的保障。2007 年，广发行正式启动科技规划咨询项目，加强核心银行系统建设、技术架构规划和 IT 治理，为银行科技事业的战略发展奠定良好基础。同时，实施流程分析和改造计划，推进业务流程改制的梳理工作。

第七节　广东发展银行的管理重组

管理重组是指当外部环境、股权结构及其组织机构等发生重大变化时，重新选择确定一种科学合理的提高企业竞争力和发展能力的管理模式或管理体系的过程。广发行重组是从困难环境中起步的，由于多级法人的管理体系不够完善、监管措施不到位、发生了违规账外操作等恶性事件。在历史教训面前，广发行在重组过程中十分重视企业的管理重组，对战略发展管理、公司治理架构、风险管理体系等各方面进行了全面彻底的变革和重组。

一、战略发展管理重组

重组前的 2002 年，广发行实现了"两个突破、两个转变和一个提升"——全行资产总额和负债总额双双突破 2000 亿元大关，经营理念和工作作风有了较大转变，社会形象得到提升。之后，广发行通过实施"梯度发展战略"，着力加速全国布点，致力通过开设物理网点的方式走向全国。这一战略规划，一直保持在重组过程中。2004—2006 年，广发行一方面出于避免倒闭的考虑，另一方面计划利用网点分布全国的优势，期望发展成为比较有竞争力的全国性商业银行，因此引入了以花旗集团为首的投资者团队，期望通过学习和借鉴先进的管理经验、产品研发和经营管理水平等来提高银行的经营效率。

2006 年 12 月，广发行顺利完成重组，引进了花旗战略投资者团队，新进入团队获得了广发行的控股权和经营管理权。正如时任广发行高层所言，改革重组不仅要"引资"，而且重在"引智"和"引技"。不虚此言，广发行以引进境内外战略投资者为契机，在完善公司治理和内部控制等一系列管理建设的基础上，对广发行的战略发展实施重组，转变理念，为未来发展描绘了蓝图。在重组后的 2007 年，广发行召开了第三次董事会，审议通过了《广发行五年发展战略规划（2007—2011 年)》，明确了广发行的发展目标——以企业价值最大化为目标，通过快速且高质量的业绩增长，将广发行打造成为一家以客户为中心，管理规范、经营稳健、特色鲜明、信誉卓著、服务卓越、跻身于国内中型股份制商业银行前列的商业银行。根据该规划，广发行未来主攻方向是个人银行业务和理财业务，同时在信用卡和中小公司银行业务方面，致力于打造成为一个全国性的强有力的竞争者。同时，该规划的短期目标是实现业务规模等指标的增长；中期目标是经过 2~3 年的发展，使主要经营指标达到国内股份制商业银行的平均水平；长期目标是力争 3~5 年后让广发行成为行业领军企业。

二、公司治理重组

良好的公司治理是商业银行持续稳健发展的基石，公司治理涉及商业银行前台、后台业务运行和管理架构等方方面面，总行对分支机构的管理体系，对全行的市场营销体系、风险管理体系、财务管理体系、人力资源管理体系具有重要影响。广发行利用此次重组引进国内外先进战略投资者的机会，对公司治理进行有效重组，进一步完善并强化公司治理建设。

（一）构建现代银行标准的公司治理体系

广发行在改革重组过程中，严格按照现代银行的公司治理标准，构建完善了公司内部组织结构。2006 年 12 月 18 日，广发行召开了临时股东大会，会议选举产生了广发行新一届董事会——第五届董事会。通过重组，广发行修订了《公司章程》，建立了由股东大会、董事会、监事会和高级管理层组成的"三会一层"公司治理架构，形成了相互独立、相互制衡和相互协调的运行机制。同时，广发行建立健全了各级党组织、工会组织，成立了包括股东大会、董事会、监事会、高级管理层和党委会、工会在内的决策与管理组织架构，董事长和党委书记由一人兼任。董事会下设战略、审计、提名等 5 个专门委员会；高级管理层下设资产负债管理、信贷审查等 11 个专门委员会，具体组织架构情况详见图 3.2。至此，通过重组，广发行成功构建了职责边界清晰、组织机构健全的现代银行治理体系。

（二）制定完善的规章制度体系

在重组过程中，广发行对公司经营管理中涉及的各项规章制度进行了全面梳理、补充和完善，特别是全面修订和完善公司治理、全面风险管理、内部控制等方面的制度。据统计，改革重组以来，广发行共新建、修订《公司章程》《董事会议事规则》《股东大会议事规则》《关联交易管理办法》等各类制度文件 1000 多份，进一步完善了规章制度体系。

（三）建立健全内部控制体系

重组后，广发行在构建现代标准的公司治理体系过程中，按照相互制衡的原则设置内部机构及部门，明确划分部门、岗位、

```
                              股东大会
  战略委员会
  审计委员会
  风险管理与关联        董事会              监事会
  交易控制委员会
  薪酬与考核委员会
  提名委员会
```

```
                                        信贷审查委员会
  高级管理层委员会                        财务审查委员会
  资产负债管理委员会                      信贷政策委员会
  内部控制与合规委员会     高级管理层     集中采购委员会
  协调与整合委员会                        技术合作与协助委员会
  技术领导委员会                          保密委员会
```

营业部	清算中心	信贷管理部	办公室	分行 直属支行 代表处
票据中心	个人银行部	资产管理中心	人事部	
公司银行部	金融同业部	财务会计部	党委办公室	
信用卡中心	国际业务部	信贷审查部	监察室	
资金部	科技部	规划与管理部	保卫部	
稽核部	电子银行部（筹）	合规部（筹）	总务部	

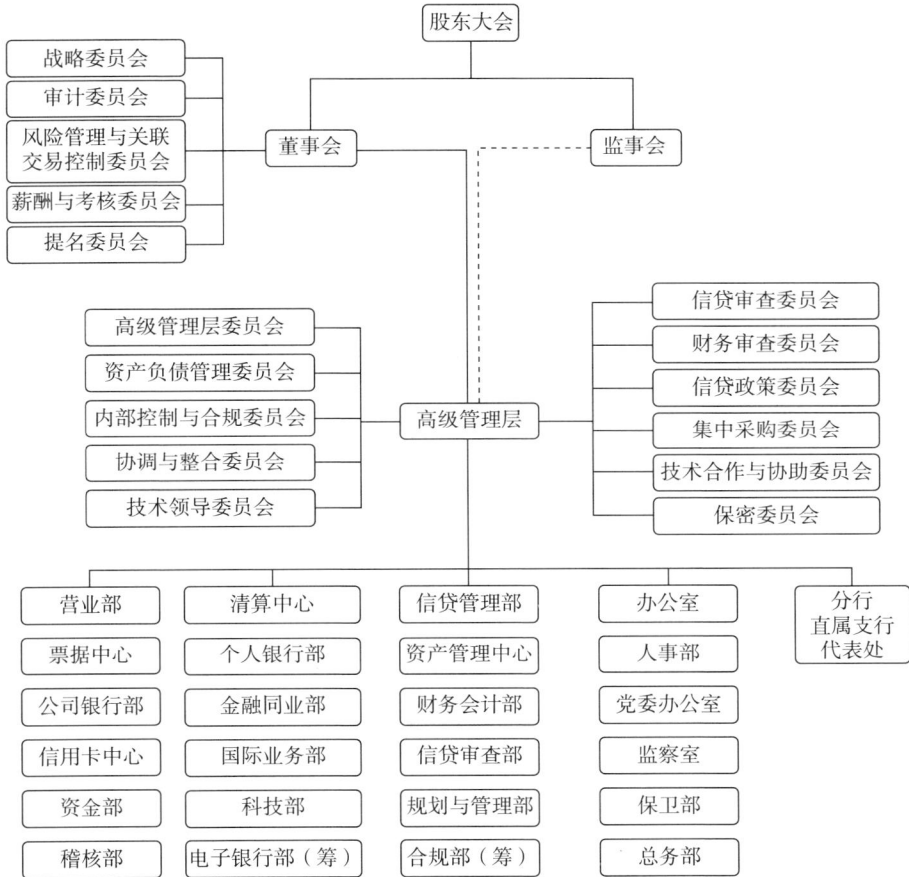

图 3.2 重组后广发行的组织结构

上下级之间的职责，积极推进稽核制约的内部控制机制。加强各类风险的识别与控制，建立了渗透到各项业务过程和各个操作环节，覆盖所有部门和岗位的内部控制制度和业务操作规程，并随着业务的发展变化不断加以更新、改进。同时，积极贯彻银监部门关于案件专项治理等内控管理要求，制定并完善了各类内部控制管理制度，并采取多项内控措施强化管理。通过开展各业务条线的专项检查、实施独立的稽核监督与评价、及时进行整改落实以及严格实行问责制，有效促进全行内控水平的提高。

三、全面风险管理重组

重组后的广发行管理层深刻认识到，正是因为历史不良资产给广发行带来了巨大的危害性，导致坏账丛生，最后不得不进行重组，因此新组建的广发行必须十分注重风险管理体系的建设。改制后，广发行进一步健全完善全面、独立和相对集中的全面风险管理体系，在风险管理组织、风险管理流程、风险管理科技系统等方面予以改进和调整。广发行在董事会下设风险管理与关联交易控制委员会，同时聘任了风险管理总监协助行长对全行风险管理进行监督和决策，强化了各内部管理委员会的职能。

（一）信用风险管理

商业银行的信用风险是指借款人因为各种原因未能及时、足额偿还银行贷款而违约所造成银行损失的可能性。重组后，广发行以推进"一个架构、三个机制"的建设为核心，逐步构建包括公司信贷、个人信贷、同业授信、市场及流动性风险在内的全面、独立的信用风险管理组织架构，并重点狠抓以下几项工作：一是逐步加强了信贷业务结构调整，健全客户准入及退出机制；二是逐步优化审批流程，建立贷后年度审查机制；三是逐步强化问题信贷资产的识别和风险控制，并不断完善信贷资产风险客观计量和合理补偿机制。由此实现了全行各级信贷风险管理部门对授信流程的管理、客户信用等级评定、授信监测及现场检查、信贷管理系统维护、授信项目审查、不良贷款处置、抵债资产和债务催收诉讼管理等信贷业务全流程的风险控制。

（二）流动性风险管理

重组后，广发行高度重视其流动性风险管理，从上至下认真贯彻一级法人治理原则，逐级负责本级的流动性风险管理任务。在总行层面，流动性风险管理主要由资产负债管理委员会负责，由其决定流动性管理政策并按月监测流动性风险指标，同时授权资金部和国际部分别管理本外币流动性，以确保流动性的有效管理。在日常经营过程中，广发行采取的措施主要包括：一是紧盯市场，每日切实匡算头寸，保持全行备付金充足；二是持续监控总分行备付金比例等流动性监测指标和全行现金性资产与其他生息资产的结构变化，确保满足本行未来流动性需求；三是建立全方位多层次的流动性管理屏障，夯实负债业务基础，提高核心存款比重，保持良好的市场融资能力；四是健全信贷风险管理，建立流动性风险预警系统、流动性应急预案等。得益于此，改制后的次年，广发行流动性风险管理效果显著：截至 2007 年末，广发行外币、本币存贷比分别为 56.98% 和 68.66%；人民币和外币流动性比例分别为 36.46% 和 168.18%；人民币超额备付金比例为 6.31%；人民币拆入和拆出比例分别为 0.04% 和 1.37%，均符合监管要求。

（三）市场风险管理

重组后，广发行按照监管政策并结合自身实际，建立了全新的市场风险管理体系，包括高级管理层直接领导、强调系统和制度建设、独立的风险控制和稽核审计机构、量化的风险限额和授权管理、及时真实的风险报告和信息披露等基本内容。在市场风险管理体系架构建设上，广发行增设了专门的市场风险管理处室，专职负责全行市场风险的管理、监控等职能。

（四）操作风险管理

重组后，广发行进一步完善了全行操作风险管理的组织框架，在原有的内部控制委员会基础上成立了"内部控制与合规委员会"，协调统筹全行操作风险的管理，并成立合规部和电子银行部，持续强化风险控制和管理职能。管理措施方面也推陈出新：一是持续加强规章制度建设，细化各项业务操作规程，确立以"风险管理"为核心，优化管理与业务流程，推进前、中、后台业务分离，强化岗位监督和制约；不断提高自动化控制，提高"技防"水平，降低人为操作风险。二是狠抓落实案件专项治理工作，积极推进案件问责机制建设；加强对员工从业行为的监督和管理，有效防范操作风险。三是加大信息科技建设力度，持续进行科技创新，建立了总行电脑中心、灾备中心和总控中心，启动实施了新数据中心工程项目，开发了多项用于控制操作风险的信息系统，实施了重大信息项目由总行统一研发。四是积极推进内审体制垂直管理改革，进一步加强常规稽核、专项稽核等各类检查，确保实现对分支机构 100% 的检查覆盖率。五是持续加强员工岗位培训，进行依法合规教育，倡导良好的职业操守并弘扬合规文化。

第八节　广东发展银行重组前后的经营绩效对比分析

一、基本财务指标对比分析

自 2007 年即重组后的第一年开始，广发行持续实现盈利（净利润及年增长率见图 3.3，基本每股收益与加权平均净资产收益率见图 3.4），其中，2007 年实现净利润 26.82 亿元，实现扭亏为盈；2011 年实现净利润 95.86 亿元，同比增长 54.89%，净利润增长速度在股份制商业银行中名列前茅，拨备覆盖率近几年也逐步提高（见图 3.5）。广发行各项业务平稳发展，盈利持续增加，监管指标达到规定要求（见图 3.6）。与此同时，广发行开始了全国网点扩张的步伐，2009 年 10 月 20 日，作为广发行重组以来新建的第 1 家异地分行——长沙分行开业，年底天津分行的设立也获得监管部门批准。据公开资料显示，自 2003 年广发行武汉分行开业以来，连续六年间广发行没有省外扩张动作。经过几年的发展，该行公司治理趋于完善，信用风险、流动性管理能力进一步加强，并积极筹划公开上市。

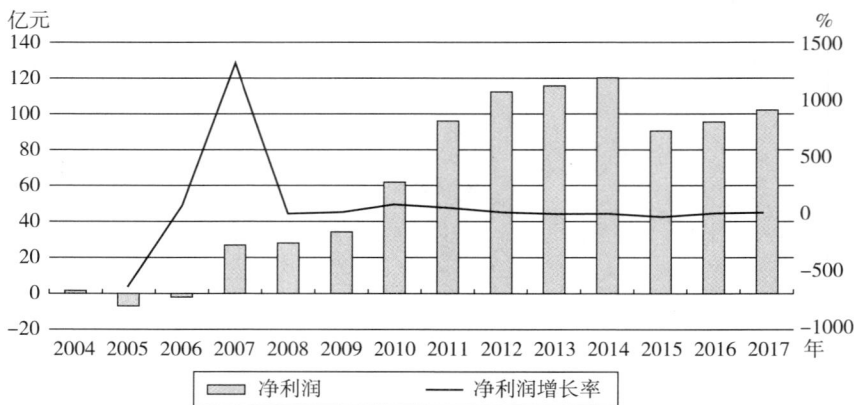

图 3.3　广发行 2004—2011 年净利润与存款减贷款的余额值

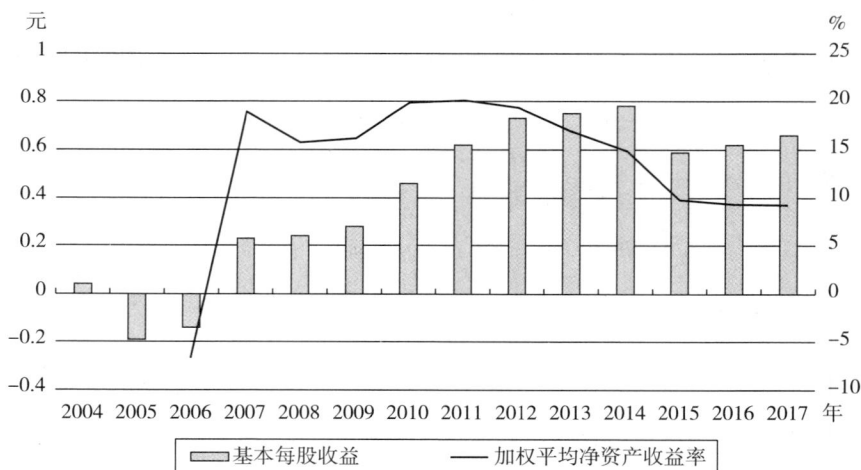

图 3.4　广发行 2004—2011 年股权净利率与每股收益值

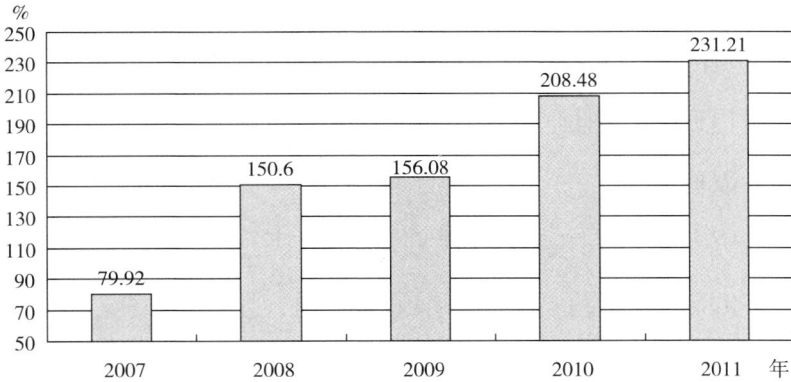

图 3.5　广发行 2007—2011 年拨备覆盖率

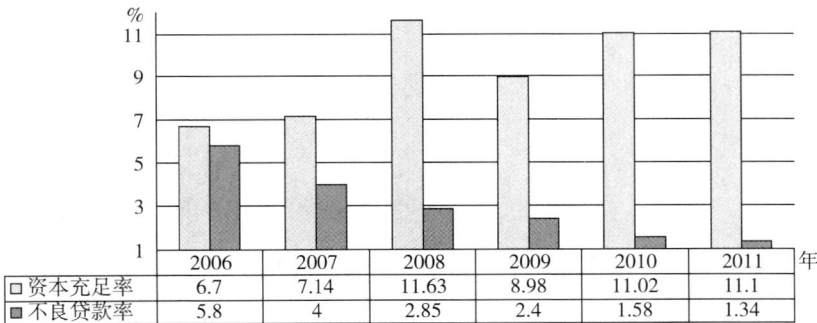

图 3.6　广发行 2006—2011 年资本充足率与不良贷款率

　　重组后的广发行，资产、负债、所有者权益等财务指标以及资本充足率、拨备覆盖率等监管指标持续向好。截至 2011 年末，广发行全行总资产为 9189.82 亿元，总负债为 8662.76 亿元，股东权益为 527.06 亿元，分别比年初增长 12.84%、12.28% 和 22.91%；各项贷款余额为 5401.63 亿元，同比增长 15.71%；各项存款余额为 7425.38 亿元，同比增长 18.08%，资本充足率为

11.1%，核心资本充足率为 8.05%，加权平均资产收益率为 20.06%。在各项业务快速发展的同时，广发行资产质量和抗风险能力大幅提升，中间业务收入也有了大幅增长。重组更名之后的广发行，以国际化的精英管理团队，紧紧围绕"建设一流商业银行"的战略目标，注重战略规划的贯彻执行，坚持"调结构、打基础、抓创新、促发展"，强化风险控制，坚持又好又快可持续发展，取得良好经营业绩。

二、统计学显著性检验

为进一步明晰重组效应，我们尝试运用统计学分析工具对广发行重组前后的经营业绩进行显著性检验。根据财务管理的相关理论，企业的经营状况主要体现在盈利能力、偿债能力、营运能力和成长能力四个方面。商业银行作为金融企业，同样适用一般企业的经营绩效评价标准。据此，结合 2004 年《企业绩效评价操作细则（修订）》及银行的财务特征，采用衡量广发行的盈利能力、偿债能力、营运能力和成长能力等相关会计比率指标来分析其重组前后绩效情况，数据来源于广发行各年度报告，选定资产净利率、股权净利率、流动比率、总资产周转率、净利润增长率等 9 个财务指标进行研究，具体指标见表 3.3。

表 3.3 广发行重组前后绩效评价指标体系

指标类型	指标名称	符号	指标计算公式
盈利能力	资产净利率（ROA）	X1	净利润/平均总资产
	股权净利率（ROE）	X2	净利润/平均股东权益
	销售净利率	X3	净利润/平均主营业务收入
偿债能力	流动比率	X4	流动资产/流动负债
	资产负债率	X5	总负债/总资产
营运能力	营运资金周转率	X6	主营业务收入/（平均流动资产 – 平均流动负债）
	总资产周转率	X7	主营业务收入/平均总资产
成长能力	资本保值增值率	X8	年末股东权益/年初股东权益
	净利润增长率	X9	（本年净利润 – 上年净利润）/ 上年净利润

这里采用广发行在重组前一年、重组当年、重组后五年共七年（即 2005—2011 年）的主营业务收入、净利润、流动比率、股东权益等财务指标数据。使用单样本 t 检验来对广发行的盈利能力、偿债能力、营运能力、成长能力等指标在重组前后的差异进行显著性分析，采用 SPSS17.0 软件，具体统计结果见表 3.4。

表 3.4 广发行重组前后营运绩效差异的显著性检验结果

指标类型	绩效指标	重组前一年值（2005 年）	重组当年值（2006 年）	重组后五年均值（2007 — 2011 年）	均值差异显著性检验 P 值
盈利能力	资产净利率	− 0.002	− 0.002	0.007	0.000**
	股权净利率	0.043	− 0.077	0.180	0.000**
	销售净利率	− 0.053	− 0.044	0.209	0.007**

指标类型	绩效指标	重组前一年值（2005 年）	重组当年值（2006 年）	重组后五年均值（2007—2011 年）	均值差异显著性检验 P 值
偿债能力	流动比率	0.888	0.888	0.958	0.042 *
	资产负债率	0.990	0.966	0.957	0.003 **
营运能力	营运资金周转率	− 0.204	− 0.408	0.277	0.685
	总资产周转率	0.043	0.041	0.042	0.919
成长能力	资本保值增值率	− 0.100	3.594	1.354	0.001 **
	净利润增长率	− 6.306	− 0.097	− 0.733	0.008 **

注：显著性检验采用单样本 t 检验，P 值是双侧检验的结果，＊＊和＊分别表示在 0.01 和 0.05 水平下显著。

从表 3.4 的统计结果中可以看出：反映盈利能力与成长能力的财务比率指标均显著提高（在 0.05 水平下单侧检验也能通过），引进战略投资者重组后确实提高了广发行的盈利能力与成长能力；反映偿债能力的流动比率在 0.05 水平下显著提高，资产负债率在 0.05 水平下也显著降低，表明重组后确实调整了广发行的资产构成，流动资产大幅增加，引资后的负债率降低；但反映营运能力的营运资金周转率与总资产周转率指标在银行重组后没有出现显著性的变化，这是需要战略投资者进一步改进的地方。随着广发行规模的不断扩大，要逐步提高营运管理能力，以实现更大的利润。

第九节　广东发展银行改革重组的经验与启示

一、自身主动作为是改革重组成功的前提

广发行改革重组的成功得到了诸如地方政府、银监部门、股东等外部多方的支持和助力，但是深究其因，重要的前提依然是广发行自身的主动作为。自 2005 年启动重组开始，针对当时存在的突出问题，广发行领导班子通过深入调研，在广东省政府、人民银行和中国银监会的支持下，提出了一整套行之有效的改革重组的指导思想、重组原则、工作目标等，从成立重组领导工作小组、制订重组方案、聘请外部中介机构、引入战略投资团队等，广发行全身而动，上至董事长、行长，下到网点基层员工，动员一切力量，众志成城，为广发行改革重组贡献自己的力量，为重组成功保驾护航。

二、地方政府支持是改革重组成功的基础

在广发行化解历史遗留风险及改革重组的过程中，地方政府特别是广东省政府的全力支持是广发行重组成功的重要基础。广东省人民政府作为中国改革开放先行先试地区的大省政府，拥有

雄厚的人力、财力和物力，是广发行改革重组的强大后盾。在这一点上，相较于中国其他经济欠发达省份的商业银行，广发行拥有了得天独厚的条件。更重要的是，广东省政府各级领导充分认识到金融改革和创新对广东地方经济发展的战略意义，同时也认可广发行从成立伊始就对广东省地方经济发展做出的巨大贡献，因此，广东省政府对广发行的改革重组倾注了大量心血，关心程度超过任何一家企业和单位。如前文所述，在广发行的重组过程中，除了给予各类政策倾斜和支持外，广东省政府委托其控股企业粤财控股处置广发行的500多亿元的不良资产包，同时，广东省政府还通过减持南方电网的部分股份和粤电力股权等筹集资金解决了广发行300亿元左右的包袱等，通过一系列方式支持广发行的重组，是其成功重组的基础。

三、引入先进的战略投资团队是改革重组成功的关键

如前文所述，在广发行的改革重组过程中，引入先进的战略投资团队这一壮举发挥了重要的作用，是其重组成功的关键。与其他商业银行先剥离不良资产再引资的方式不同，广发行采取的是边剥离不良边引资的重组模式，即战略投资者投入的资金需要承接相关的不良损失。其后，以花旗集团为首的战略投资团队，出资242.67亿元，以溢价130亿元认购重组后广发行85.59%的股份，并获取广发行的控制权和管理权。根据合作协议，花旗集

团向广发行在风险管理、财务控制、信息技术、公司治理、内部控制等八个方面提供必要的支持和协助，不但助其成功重组，同时带来一流的经营管理体系。正是由于先进战略团队的介入，重组后的广发行策马扬鞭，轻装上阵，一路向上。

四、科学监管是改革重组成功的保障

银行业是经营风险的行业，同时也是特许经营行业，宽严适度的监管环境对银行的经营和发展极为重要。如果监管过严，通过限制银行机构的业务经营范围、金融创新、产品价格来保证金融市场的稳定，就会限制金融功能的发挥，这是不可取的。但是监管过于粗放和宽松也是不行的，与其他企业不同，银行业是社会经济循环发展的枢纽，风险的积聚和传染极为迅速，其影响范围也极广，正是由于这一要求，银行业亟须科学监管，即监管要做到"有为"和"无为"的有机结合。这一点结合广发行的历史发展与现实情况可以更加直观地反映出来，由于过去监管过于粗放，加上历史遗留下来诸多问题，使危机爆发，广发行一度面临破产倒闭的境地。在两年多的重组过程中，监管部门给予了许多政策支持，但更为重要的是科学监管发挥了至关重要的作用，正是在这种有法可依的环境下，广发行在从引资到不良资产剥离的各个环节中充分发挥了自主能动性，逐步甩开历史遗留包袱，成功重组。

附录

广发行历任董事长、行长任职时间表

	姓名	任职时间	离职原因
董事长	杨德元	1988.7—1989.6	不详
	伍池新	1996.1—1999.8	不详
	李若虹	1999.8— 2009.6	工作调动
	董建岳	2009.6—2016.8	中国人寿接管
	杨明生	2016 年 9 月至今	
行长（总经理）	伍池新	1988.7—1996.1	任董事长
	李若虹	1996.1—1999.8	任董事长
	刘志强	1999.8—2000.8	工作调动
	张光华	2002.9—2006.12	董事会换届
	辛迈豪	2006.12—2010.6	董事会换届
	利明献	2010.6—2016.8	中国人寿接管
	刘家德	2016 年 9 月至今	

第四章 广州市商业银行重组

第一节 广州市商业银行的发展历程

广州市商业银行是我国首批成立的城市商业银行之一，由广州市人民政府控股。其发展过程经历了从城市信用社、信用联社到城市合作银行、城市商业银行，再转变到跨区域经营的股份制商业银行的一系列过程。1996年9月，广州市在46家城市信用社的基础上组建了广州城市合作银行。1998年7月，广州城市合作银行更名为广州市商业银行。2009年9月，广州市商业银行更名为广州银行股份有限公司，简称广州银行。

一、合作银行时期（1996—1998年）

我国城市合作银行的前身是城市信用社，产生和发展于20世纪80年代中后期。当时，经过改革开放初期的发展，我国的经济重心由农村转移到了城市，城市个体私营企业与小集体企业发展迅速。为了更好地适应经济发展的需求和服务个体私营企业与小集体企业，城市信用社应运而生。经过一些年的发展和蜕变，有相当多的城市信用社已经失去合作金融组织的性质，实际上已办成小型商业银行。为规避风险，形成规模，1995年国务院决定，在城市信用社清产核资的基础上，通过吸收地方财政、企业入股组建城市合作银行。1996年，广州市作为国家金融体制改革的试点城市，开始组建城市合作银行，其组建的基础正是广州市的46家城市信用社。经过几个月的改造和组建，广州城市合作银行于1996年9月17日挂牌成立。

二、历史风险暴露时期（1998—2000年）

在城市信用社基础上组建而成的广州城市合作银行，继承了信用社的全部债权和债务。同时，由于组建改造时间较短，原来信用社遗留的一系列问题并未得到解决，存在较大的风险隐患。1997年亚洲金融风暴来临，严重冲击了作为沿海开放城市的广州市经济运行秩序。受此影响，广东省内部分商业银行和城市信用社发生了挤兑事件，当地的金融秩序受到重创。到了1998年底，广州城市合作银行更名为广州市商业银行股份有限公司。但此时广州市商业银行下属的穗丰、汇商两家支行发生了重大违规经营事件并被媒体曝光。一时间，广州市商业银行的信用度急剧下降，银行生存面临重大危机。面对这种情况，广东省政府连续注资，中国人民银行特许全额动用存款准备金和大量再贷款进行紧急支持。然而情况并未得到好转，广州市商业银行的亏损进一步扩大，员工大量流失，市场份额急剧下降，社会信用度日益走低，甚至一度面临挤兑危机。到 2000 年底，银行已濒临破产。

三、改革重组时期（2001—2005 年）

广州市商业银行面临的危机引起了各方的高度关注。2000 年 9 月，根据国务院主要领导的批示精神，广东省政府和广州市政府出台了支持广州市商业银行发展的"八项措施"，包括派驻现场监管小组、调整领导班子、处置和化解金融风险等一系列措施，对广州市商业银行进行重组。在监管部门和地方政府的支持下，广州市商业银行确立了"以发展的办法解决历史遗留和今后的生存问题"的工作思路，大刀阔斧地进行改革重组。经过几年的发展，广州市商业银行的经营状况得到了明显改善，管理控制能力显著增强，职工素质和能力明显提升，社会信誉也重新建立起来。到 2005 年底终于实现了扭亏为盈，改革重组初见成效。

四、高速发展时期（2006 年至今）

2006 年以来，广州市商业银行经历了一个高速发展的时期，企业经济效益迅速提升，并保持着良好的发展势头。2009 年 9 月，中国银监会批准广州市商业银行正式更名为广州银行股份有限公司，同时第一家异地分行——深圳分行也获批组建。2011年6月，南京、佛山分行正式成立，标志着广州银行迈向了区域性银行的发展道路。2013年6月，中山分行获批筹建。之后，惠州、江门、肇庆、东莞、横琴、南沙、广州、清远分行相继成立。广州银行现有122个机构网点，其中分行13家，支行108家。

近年来，广州银行各项业务发展速度远高于广州地区同业平均水平，截至2016年底，注册资本83亿元，资产总额4445.07亿元；资本充足率11.46%，核心资本充足率10.98%，不良贷款率、不良资产率低于1.5%，拨备覆盖率超过150%，是国内资产质量最好的银行之一，各项监管指标均达到中国银监会的要求。2016年，该行实现利润38亿元，日均利润1000多万元，经营管理绩效不断提升。

第二节　广州市商业银行重组的历史背景

与我国的许多城市商业银行一样，由于城市信用社时期在经营体制、内部管理等方面存在严重缺陷，广州市合作银行在成立之初就先天不足、举步维艰，聚集了大量的风险隐患。1998—2000年，亚洲金融危机爆发，海南发展银行、广国投相继倒闭，广州市商业银行下属的两家支行重大违规账外经营行为相继暴露，将该行推向了生死边缘，一度濒临破产倒闭。

一、"四大危机"全面爆发

(一)支付危机

1996—1998 年,主要违规经营有广州市城市合作银行下属的穗丰、汇商两家支行账外经营、非法高息集资,凤凰信用社非法高息集资及账外经营等。截至 1998 年 6 月,发现违规账外经营总额达到 75 亿元,同时还有汇商支行账外经营 39.45 亿元以及新中国大厦 29.17 亿元的巨额不良贷款。这些违规经营不仅使分支行经营出现困难,也使整个广州市商业银行经营收入减少,流动性困难。而当这些账外经营、高息集资款项到期时,由于这些资金已经通过拆借、贷款等形式发放出去了,而且很多成了呆账、不良贷款,就使银行无力应对存款人的兑付需求,面临着挤兑风险。媒体暴露这些案件后,引起社会恐慌,存款急剧下降,大量存款被提走,在人民银行存款准备金全额动用的情况下,还要靠中央银行再贷款和同业高息拆借来维持支付。

由于违规操作产生了大量不良资产,造成资金沉淀,同时由于业务停滞,没有新的资金流入,广州市商业银行出现了严重的流动性危机,资金周转困难。当时广东省汕头地区发生了银行挤兑事件,对广东省的其他商业银行造成了不好的影响,加剧了广州市商业银行的挤兑风险。当时人民银行准备了 70 亿元再贷款,用于随时可能发生挤提时老百姓储蓄存款兑付。但业内人士对这笔再贷款的用途并不看好，认为这并不能解决广州市商业银行面临的流动性风险问题，最多作为银行破产清算时弥补储户损失的资金而已，将其形象地比喻为"买棺材可以，抓药不行"。

（二）财务危机

1998 年，广州市商业银行的总资产只有 200 多亿元，其中生息资产仅为 23%，当年实际亏损 7 亿元，累计亏损达 23 亿元之多。每天靠中央银行再贷款和高息拆借保"开门"，资金头寸缺口 40 多亿元。两年后，这种情况并未得到改善，反而愈演愈烈。到 2000 年底，全行资产 270 亿元，但其中能正常生息的资产仅 70 亿元左右。这 70 亿元的资产不仅要维持较高的负债成本，还要承担银行的巨大财务开支，使广州银行的财务风险问题进一步加剧，随之而来的是资本充足率不足、拨备覆盖率低下等一系列问题。截至 2001 年末，全行资产 314.72 亿元，不良资产 219.52 亿元，不良资产率达 69.75%；贷款余额 98.4 亿元，不良贷款 75.41 亿元，不良贷款率达 76.64%。这些数据表明，广州市商业银行在重组前几年已经严重资不抵债，财务危机已经到了十分严峻的程度。

（三）信贷危机

在广州市商业银行风险爆发之后，银行经营面临着重大的困难，信贷业务几乎中断。由于客户对银行经营失去信心，随同业务骨干一同流失，银行很难吸收到新的存款，银行各项业务逐渐萎缩，市场占有份额急剧下降。再加上广州市商业银行自身管理存在漏洞，组织结构松散，客户服务不到位，在硬件设施上，由于银行缺乏资金，硬件升级停滞，网点稀少，设备落后。这些都加剧了银行在经营方面的困难程度，使经营风险问题日益突出。

（四）信心危机

银行是风险经营企业，公众形象和公众认可程度关乎银行的生存和发展。由于之前违规操作事件所带来的恶劣社会影响，那个时段公众对广州市商业银行的认可程度非常低，银行的信誉遭受了巨大的损失。而在银行内部，面对当时复杂的局面，领导班子束手无策，消极等待救兵，员工队伍涣散、人心浮动，业务骨干纷纷调离。留下的员工对银行的发展前景也非常悲观，这种悲观的情绪通过银行工作人员传递到了社会公众身上，银行的信誉度进一步降低。储户普遍认为广州市商业银行会破产倒闭，差点发生类似于汕头商业银行的挤兑事件。监管当局派驻特别监管小组，密切注视风险动态，将资金头寸日报、支付动态周报、资产负债旬报当天送达各级领导案头。

二、内部管理问题重重

以 46 家城市信用社、信用联社整合而来的广州城市合作银行，在经营体制、内部管理方面遗留下来的历史积弊一直没有得到解决，组织结构不合理，银行制度不完善。随后，在广州城市合作银行向广州市商业银行的过渡期间，又爆发了诸多违规经营的事件，使内部管理问题进一步加剧。

（一）公司治理结构存在严重缺陷

现代商业银行最典型的组织形式是股份有限公司制度，其内部组织机构一般包括决策机构、执行机构和监督机构三个部分。具体来说，决策机构包括股东大会、董事会以及下属各个委员会；执行机构包括行长以及行长领导下的各委员会、业务部门；监管机构主要是监事会和内部稽核部门。但当时广州城市合作银行成立时间尚短，内部管理框架还没有完全形成。对如何采取现代公司治理模式以及如何管理公司都处于探索阶段。这就造成了部分股东滥用私人权利和影响力，进行内部人控制，通过牺牲银行的利益为自己牟取私利。董事会在指导和内控方面缺乏经验，其指导思想还停留在信用社时期，同时，由于管理决策能力有限，银行在一些重大决策方面出现失误。监事会没能做到真正独立，对部分股东和董事的违规经营行为没能及时发现并制止，造成银行贷款难以收回，不良贷款率上升。1996—1998 年是广州市城市合作银行向广州市商业银行过渡的时期，也是违规操作现象频繁发生的时期。当时广州市商业银行的内部结构和管理处于不健全甚至混乱的状态，无法形成现代企业制度的股东大会、董事会、监事会、高级管理层四位一体的良性循环。

（二）风险管理体系十分薄弱

在广州市商业银行成立初期，为了扩展业务，提升银行的经营业绩，很多业务员片面追求贷款的数量，而银行在审批时也放松了对贷款质量的审查，使大量贷款流向效益不佳的企业，而贷款到期后，由于这些企业经营出现问题而造成贷款很难收回，形成了不良贷款，进而造成银行资金沉淀，回笼困难，同时那些有能力还贷款的企业看到这种情况后也不愿按期还贷，这进一步造成银行的经营困难。

广州市商业银行的风险管理体系薄弱主要体现在贷款管理方面的制度不完善。当时银行没有建立起系统的风险管理流程和体系，信贷业务员也没有接受系统的风险管理教育，甚至还有些信贷业务员配合企业通过造假等手段来骗取银行的贷款。在签订贷款合同的时候，各支行和网点也没能达到规范性要求，担保主体不够明确，合同签订不够规范，合同遗失的现象也常有发生。在贷款合同成立以后，银行没能做好跟踪调查工作，无法了解企业的实际运营状况，当企业出现问题的时候不能及时发现，也就无法及时采取措施收回贷款了。在不良贷款发生之后，由于缺乏操作经验，不知道如何处理，从而形成呆账坏账。

（三）软硬件条件建设严重滞后

在银行硬件方面，网点数量稀少，设备陈旧落后，缺乏自助终端并且技术落后；在软件方面，服务较差，产品不规范且更新速度十分缓慢，无法满足大众的需求。值得一提的是，受连年亏损和破产压力的影响，银行员工在工作上缺乏干劲，对待顾客服务态度不好，精神面貌较差。这使银行在1998—2000年这三年内没有取得任何业务进展，相反，银行的经营状况还越来越差。

三、国内外经济金融环境严峻艰险

1997年亚洲金融危机开始显现，首先是泰国出现货币动荡，随后问题蔓延至日本、韩国、中国香港等地。广州作为一个对外开放程度较高的城市，其经济发展与国外尤其是亚洲各个国家和地区联系紧密。周边国家和地区金融市场秩序的崩溃和经济动荡，很快对广州市的经济和金融秩序产生了冲击。

再看当时国内的经济环境，在经历了20世纪90年代初的股市、房地产市场过热之后，20世纪90年代中期通货膨胀现象日益显现。国家出台提高存贷款利率的货币政策予以应对，希望能以此抑制经济过热的问题。但是，这造成了企业经营的困难，很多企业贷款难或者贷款后无力偿还贷款利息。因此，很多企业尤其是国有大中型企业开始拖欠贷款，造成银行不能按时收回贷款。同时，国家为了减轻国有企业贷款负担，出台了如停息挂账、核销贷款等一系列措施，但这些措施的出台进一步加重了银行的负担，使银行蒙受损失。

而在这段时间，国内金融业的发展正处在一个变革的时期，金融市场出现"失序"。

一是传统的国有制专业银行体系被打破，股份制商业银行、城市商业银行、城市信用社和农村信用社等新的银行业金融机构大量涌现。为了扩大业务、占有市场，各银行相继设立许多分支机构，出现了人员冗余和经营效率低下的问题。同时，这些分支机构的设立加重了银行的费用负担，造成银行经营困难。

二是银行业在经营中出现了各种不规范现象，通过各种不规范的手段来吸取存款，私下或者公开提高存款利率，或者给予存款人优惠。在银行内部制定各种存款任务和指标并加以奖惩，一时间吸存大战在各个银行之间上演，为了吸引存款，各银行使出各种手段，甚至包括违规和违法的手段。

三是一些地方政府盲目涉足金融行业，大办信托投资公司、国债业务机构以及农村合作基金会等，由于缺乏对金融市场的了解，再加上没有专业人员的经营操作，这些非银行金融机构的运营效率很低。而这些新设立的金融机构背后存在行政干预力量，使各地区的金融秩序更加混乱，进而影响全国金融秩序的稳定。

在这种严峻艰险的国内外经济金融环境中，"先天不足、带病入场"的广州市商业银行很难抵御各种内外部因素的冲击，很快就进入气息奄奄的状态，一场生死攸关的重组改革迫在眉睫。

第三节　广州市商业银行战略重组的目标

广州市商业银行的历史遗留问题引起了国务院领导的高度关注。2000 年 9 月，时任国务院副总理温家宝同志在《关于防范和化解广州市商业银行金融风险的报告》上做了"彻底整顿、立足重组、积极救援、加强领导班子、惩治犯罪"的重要批示。监管部门和地方政府积极贯彻国务院领导的指示精神，展开一系列"抢救"行动。广州市政府出台"八项措施"，连续三次注资，支持广州市商业银行的改革发展。2001年4月，时任中国人民银行总行监管二司官员姚建军和四位来自人民银行广州分行的其他监管官员组成"五人现场监管小组"入驻广州市商业银行。同年7月，开始对广州市商业银行的管理层进行更换，姚建军被正式任命为行长。之后，人民银行广州分行的巫克飞也空降到广州市商业银行担任副行长。领导班子的换血为广州市商业银行注入了新的生命力，彻底的整顿和重组工作由此开启。

作为广州当地的地区性商业银行，广州市商业银行的重组成功与否关系到广州市的金融秩序能否进一步走上正轨。广州市商业银行的战略重组是在广东省政府、广州市政府及监管部门的帮助下，按照国务院批准的《关于防范和化解广州市商业银行金融风险的报告》精神实施的。重组伊始，广州市政府领导和广州银行的管理团队就制定了明确的重组目标——完善公司治理。针对不同时期所面临的不同状况，广州市商业银行在完善公司治理这一总的目标指导下制定了相应的阶段性目标。

1. 恢复流动性。银行流动性是指商业银行在不遭受损失的条件下，通过变现获取资金以满足存款人提存及银行支付需要的资产变现能力。在重组的初始阶段，广州市商业银行的流动性极差，不良贷款率居高不下，银行无法回收贷款，从而影响了正常业务的开展。由于面临着挤兑的风险，流动性问题的解决成为广州市商业银行重组首要目标。

2. 实现经营安全。商业银行是负债经营的高风险企业，具有很强的杠杆性，因此，其经营安全就显得尤为重要。在恢复流动性之后，如何保证银行继续平稳健康发展下去成了一个新的问题。针对这一时期的状况，广州市商业银行积极调整内部管理，将经营安全性作为新的阶段性目标。为此，广州市商业银行进行了内部管理改革，制定了一套新的银行管理规章制度，自上而下进行了改革。同时，针对不良贷款也制订了一整套方案，即通过盈利消化一块、通过清收盘活一块、通过剥离处置一块、通过增资压降一块。通过一系列措施，广州市商业银行的经营状况得到了明显改善，较好地完成了经营安全的阶段性目标。

3. 提升盈利水平。银行也是企业，也以追求利润为目标。广州市商业银行在 2001 年累计亏损达到了 7 亿元，虽然此时人民银行和广州市政府给予了大力支持和帮助，但是银行不能一直依靠政府输血来维持生存。在恢复流动性和实现经营安全两个初期目标实现后，如何实现扭亏为盈成了广州市商业银行新的阶段性目标。通过领导层和全体员工的不懈努力，广州市商业银行在 2005 年实现了 1 亿元盈利，并且在随后的年份中，广州市商业银行一直将盈利水平的提升作为一项重要目标。

4. 实现公开上市。经过八年努力，广州市商业银行在 2009 年时的经营状况已发生根本性转变，银行的各项经营指标和安全指标均已达到合规性要求，银行净利润也逐年稳步提升。针对新的阶段特征，广州市商业银行毅然决定二次重组，并将公开上市作为这次重组的阶段性目标。2009 年，广州市商业银行正式更名为广州银行，同时，将所有不良贷款全部剥离并转移到广州国际控股集团。轻装上阵之后，广州银行积极改革公司股权结构以达到上市公司的要求，截至目前，广州银行仍然在为这一目标而奋斗。

第四节　广州市商业银行的资产重组

一、巨额不良资产问题的处置

广州市商业银行的不良资产主要是信用社和合作银行时期遗留下来的，产生的原因主要是坏账积淀和账外操作。尽管自 2002 年以来该行未再产生新的不良资产，但是，这些历史遗留的不良资产具有时间长、金额大、种类多、高度复杂性的特点。要实现银行正常健康运营，必须彻底解决这些历史遗留问题，甩开包袱，轻装上阵。经过八年漫长而艰苦的努力[1]，广州市商业银行完成了巨额不良资产的处置，长期以来困扰该行发展的不良资产问题得到彻底解决。

（一）通过盈利消化不良资产

为求生存和发展，新组建的领导班子带领全行员工开展了前

---

[1]　按照广州银行管理高层自己的语言，叫作"八年浴血奋战"。

所未有的大力度改革，改变一直以来业务停滞不前的局面，使该行业务逐渐从停止走向复苏、扩张甚至爆发式增长。2001年广州市商业银行亏损最严重的时候达到了7亿元，到了2004年，情况有了很大的转变，但仍然亏损1亿元。2005年是广州市商业银行具有历史性的一年，实现了扭亏为盈。自此，广州市商业银行进入发展的快车道，存贷款业务每年以20%以上的速度递增，在广州同业中处于领先水平。数据显示，从银行改革重组之日到2009年，广州市商业银行的资产从314亿元增加到1230亿元，增长了3倍；银行存款从257亿元增加到1115亿元，增长了3.3倍；贷款从98亿元增长到500亿元，增长了4.1倍。

2005年至2009年，广州市商业银行共实现盈利23.76亿元，全部用来解决历史问题，其中13.16亿元用来消化历史亏损挂账，5.6亿元用于弥补应收未收利息，5亿元用于核销不良贷款。银行的不良资产率大幅下降，在2009年8月实施资产剥离前，不良贷款率从75.78%下降到8%，不良资产率也从69.7%下降到了16.24%。

（二）通过清收盘活不良资产

在大力发展银行业务的同时，广州市商业银行投入大量人力、物力、财力开展资产清收工作，坚持正常发展业务和资产清收工作"两手抓、两手都要硬"的方针，最大限度地保全不良资产的价值，有效处置不良资产。

广州市商业银行的资产清收工作可谓"多策并举"。一是根据不良资产的形态、风险程度和清收潜力，确定清收重点和方向，制定和实施有针对性的清收措施。对于那些有市场前景、暂时经营困难的欠贷企业，采取以时间换空间，对不良贷款进行重组，既挽救了企业，也最大限度地保全了银行的贷款；对于那些不讲诚信的企业，银行采取各种手段甚至包括司法手段，坚持追讨贷款；对于正处于良好发展势头的企业，为了避免银行收回贷款而影响其发展势头，采取以债权换股权，等将来资本市场表现良好时，股权大幅升值，通过处置股权来收回企业所欠贷款。二是建立起一套有效的激励机制，将资产清收与工资报酬挂钩，并层层分配清收任务。通过这一套激励措施，各分支行和基层员工在承担资产清收压力的同时，也能够通过完成资产清收的任务而得到额外的工资奖励，充分调动了全行上下的积极性。三是建立了专业化的清收队伍，集中优势兵力攻克清收难点，最多时专业清收人员达到全行员工的十分之一。四是对清收体制进行不断探索和改革，将全行的不良资产集中到总行，成立专门的清收保全部门，针对不良资产进行集中管理、集中清收、集中经营、集中处置。

在广州市商业银行资产清收过程中，地方政府动用公、检、法力量，发挥了重要作用。广州市委、市政府在 2007 年成立了"3·21"专案调查组，市政法委书记任组长，市纪委常委主抓，抽调市公、检、法部门人员 30 余人，全职参加广州市商业银行的资产清收工作，解决了很多仅靠银行自身解决不了的难题。其间，重点清查对象是穗丰、汇商两家支行约90亿元的账外资产。通过几年的资产清收工作，共清收不良资产57.85亿元，其中现金42.42亿元。

（三）通过政府注资压降不良资产比率

为达到广州市商业银行资本金充足率的要求，从2006年起，广州市政府对该行实施三次注资，共计63亿元。其中，2006年用财政金融风险防范基金向广州市商业银行注资10亿元，2007年注资23亿元，2008年注资30亿元。

（四）通过剥离置换不良资产

2008年，在完成了坏账冲销和资产清收之后，广州市商业银行的资产质量得到一定提高。但此时该行的历史遗留包袱仍然沉重，不良资产数额虽有所减少但规模仍然很大，数额为195.97亿元。根据《巴塞尔协议》的要求，银行的不良资产率不得高于4%。按照广州市商业银行2008年末资产总额1110亿元来计算，该行的不良资产最多不得超过44.4亿元，而实际超出151.57亿元。此时银行的业务有很大的发展，经营水平得到了飞跃式的提升，年盈利能力达到10亿元左右。2005年以来广州市商业银行的快速发展增强了地方政府的信心，为最终下决心彻底解决历史遗留问题创造了条件。经过长达三年的反复研究，广州市委、市政府决定按照"监管达标二级"的要求对该行进行资产剥离和重组。

广州市政府于2006年成立的"广州国际控股集团"，后来实际上提供了广州市商业银行的重组平台。2007 年 10 月 8 日，广州市委、市政府研究确定了广州市商业银行"重组、引资、上市"三步走的改革发展思路。2009 年 8 月 31 日，市政府党组会议讨论通过了《广州市商业银行改革重组方案》，按照成本最低、操作性最强的原则，决定采用现金方式剥离银行不良资产 170 亿元。除了四大国有商业银行之外，用现金方式剥离置换银行不良资产，在全国城市商业银行中是首例。

广州市商业银行拟剥离的 170 亿元不良资产，包括损失类不良资产和其他类不良资产已认定损失部分。170 亿元规模的确定综合考虑了银行各项监管指标的达标要求和将来的引资、上市需要，目的是为银行将来的发展留有一定的余地。置换不良资产所需要现金由广州市政府筹措，以广州国际控股集团作为操作平台，采用银团贷款的方式进行筹集。广州市商业银行与广州国际控股集团签订资产置换协议，将 170 亿元资金等额置换银行 170 亿元不良资产，剥离置换出来的不良资产交由广州国际控股集团管理。此时，广州市财政已累计向银行注入 76 亿元资本金，占总股本的 93%，加上其他的国有法人股，国有股本共约 77 亿股。不良资产剥离置换完成以后，广州市政府转让部分股份给投资者，用来偿还重组债务。经过测算，广州市财政将通过股权转让筹集 70 亿元资金，转让后广州市财政的股份所占比例约为46.67%，仍保持绝对控股。

表 4.1　广州市商业银行剥离的 170 亿元不良资产项目

（单位：万元　时间：2008 年 12 月 31 日）

报表科目	不良资产余额	计提减值准备金额	剥离金额	备注
一、发放贷款及垫款	446288.80	404226.67	343731.85	剥离全损部分贷款
二、应收账款	18157.78	18157.78	18157.78	全部剥离
三、抵债资产	70191.01	20062.32	1979.32	
1. 抵债资产科目	69292.88	19164.20	1081.20	剥离全损资产
2. 已变现抵债资产损失	898.12	898.12	898.12	全部剥离
四、其他应收款项	271432.91	26143.85	271432.91	
1. 逾期拆放同业款项	253658.43	246769.36	253658.43	全部剥离
2. 逾期存放同业款项	2689.54	2689.54	2689.54	全部剥离
3. 代垫债券款	7029.39	6629.396	7029.39	全部剥离
4. 其他	8055.56	8055.56	8055.56	全部剥离
五、长期股权投资	2314.89	2314.89	2314.89	全部剥离
六、固定资产净值	906.01	906.01	906.01	全部剥离
七、固定资产清理	11200.14	11200.14	11200.14	全部剥离
八、在建工程	3695.34	3019.64	2343.95	剥离全损资产
九、其他资产	1135533.14	1028307.12	1047933.14	
1. 其他流动资产	749353.31	696528.71	749353.21	全部剥离
2. 其他流动资产	239067.36	239067.36	239067.36	全部剥离
3. 其他流动资产（其他债权）	26856.70	26856.70	26856.70	全部剥离
4. 待处理流动资产净损失	26845.30	26845.30	26845.30	全部剥离
5. 其他资产（合银广场）	87600.00	33198.57	0.00	
6. 其他资产（其他）	5810.48	5810.48	5810.48	全部剥离
合计	1959720.03	1752338.42	1700000.00	

2009 年 12 月 17 日，广州市商业银行与广州国际控股集团签订资产置换协议，并进行了剥离资产清单交接。与此同时，该行与广州国际控股集团签订《剥离资产委托清收管理协议》，明确广州国际控股集团将对银行剥离的资产进行清收与管理。同日，按照《企业会计准则》，广州市商业银行完成相关账务处理，不良资产剥离工作全部完成，不良资产率、不良贷款率"一夜归零"，资本充足率达到 14.66%。

2009 年对广州市商业银行来讲是具有历史意义的一年。这一年，该行彻底解决了困扰多年的历史遗留问题。同年 9 月，经中国银监会审批同意、工商登记管理机关核准，广州市商业银行股份有限公司正式更名为广州银行股份有限公司，简称广州银行。

二、引进投资者

在银行业的重组与改革过程中，引进投资者是改善公司股权结构、提升公司治理机制的重要手段，几乎成了一种标配。21 世纪初以来，我国众多国有商业银行、股份制商业银行、城市商业银行的改革重组中都成功引入了战略投资者和财务投资者，特别是境外战略投资者。在改革开放四十年的国有企业重组改制过程中，引进境外战略投资者起到了特殊的重要作用。

第一，有利于推进国有经济的战略布局和结构调整。引进战略投资者，可以有效地推进国有资本从广州银行退出、向优势行业集聚，加快国有经济布局和结构的战略性调整。

第二，有利于优化国有企业法人治理结构。引进战略投资者，可以通过增量资本的进入或存量资本的调整，改善股权结构，解决国有股一股独大的弊端，促进现代产权制度和现代企业制度的建立和完善。

第三，有利于提升技术水平和管理水平。战略投资者，特别是境外战略投资者，所具有的先进技术、管理模式、市场运作经验和战略资源，可以帮助对象企业更快地成长和成熟起来。同时，优秀的战略投资者还能带来产业协同效应，在短时间内改善企业盈利状况。国际战略投资者还可以帮助企业与国际市场实现对接，通过"引进来"真正实现"走出去"，更好地参与国际竞争。

第四，有利于发展产业集群和大企业集团。基于本地区产业集群和企业集团化发展的需要，必须通过引进战略投资者进行资源整合、产业整合、业务单元整合和配套能力整合，实现产业链条的延伸和产业的综合配套，并形成和发展新的产业集群。

第五，有利于建立新的融资平台。引进战略投资者参与国有企业改革，通过产权转让收入或增量投入，筹措改革和发展资金。

按照"重组、引资、上市"三步走的改革发展思路，广州银行在完成了巨额不良资产问题的处置，不良资产率、不良贷款率和资本充足率等监管指标达标后，进入了引进投资者的环节。但是，广州银行引进战略投资者的过程并不顺利，股权过于集中的问题久拖未决，一直是影响上市达标的重要"拦路虎"。

2010 年 9 月 8 日,《广州日报》刊登了"广州银行拟转让 25 亿政府股并向战略投资者转让近 20% 的股份,力争三年内上市"的报道,引起社会的极大关注。按照广州银行的计划,该行将采取竞价的方式,将广州市政府持有的 25 亿股股权转让给财务投资者;同时将以洽谈定价的方式,转让近 20% 的股份给境外战略投资者,从而形成由广州市政府相对控股、一至两家战略投资者和众多财务投资者共同组成的多元化的均衡的股权结构。广州市政府金融办、财政局等单位积极利用各种渠道发布信息征集投资者,广州银行和广发证券组成引资工作小组印制了宣传推介材料,通过媒体、广州银行营业网点等多种渠道广泛积极推介,通过各方共同努力,吸引了一大批投资者积极参与。

2011 年 8 月,广州银行在重庆联合产权交易所刊登公告,广州国际控股集团持有的广州银行 19.99% 股份将进行转让,挂牌价格为 46.47 亿元,而加拿大丰业银行最终以该价格成功竞得,意欲成为广州银行的前三大股东。按当时广州银行注册资本 83.02 亿元计算,每股转让价约 2.8 元。至此,广州银行引进战略投资者计划似乎有了重要进展。作为广州市国资委重点推进上市的金融机构,广州银行配合广州市国资委为其引进战略投资者,在铺平上市道路的同时,也希望引进先进的管理模式和管理技术。从前景来看,广州银行与加拿大丰业银行开展战略合作,有助于广州银行实现股权结构多元化、完善公司治理结构、提高经营管理水平、加强和改进风险管理体系、加强产品创新。但是，2013 年 7 月中旬，加拿大丰业银行公告宣布收回股权的要约，放弃收购广州银行股权。此项引进境外战略投资者项目宣告流产。此后，2014 年 8 月、9 月，广州银行的第一大股东广州金控①曾在上海联合产权交易所两度挂牌出让其股份，以期解决广州金控一股独大的问题。2017 年底，媒体再次披露广州银行的增资减持计划，156 亿元增资浮出水面，仍然是在为 IPO 铺路。

三、公开上市

多年来，广州银行一直在诉求公开上市，这是有其深层次原因的。

重组完成伊始，是想通过公开上市实现资金平衡和重组盈余。广州银行在重组过程中承担了大量的费用，同时历史遗留下的债务也需要偿还。通过公开上市后的转让所得，再加上省市政府给予的财税支持措施，当时有望在上市后数年内偿还债务本金。比如，广东省政府在 2008 年 9 月向广州银行注资 30 亿元，合计 30 亿股股份。后来这 30 亿股股份已经上涨到 3 元一股，实现收益 60 亿元。

---

① 广州银行 2013 年年报显示，在前十大股东中，广州金控持股比例达 63.99%，广州市广永国有资产经营有限公司持股 26.16%，广州市广永经贸有限公司持股 1.89%，其他披露公司持股比例均在 1% 以下。

另外，在北京、上海、广州、深圳四大"一线城市"中，广州在金融市场中的地位是最低的，作为省会城市的广州在这方面也远逊于同省的兄弟城市深圳。截至 2011 年底，深圳拥有银行业机构法人 34 家，而广州只有 18 家；总部在深圳的银行业上市公司 3 家，而广州则一家都没有。近年来，广东省推进"金融强省"建设，力图打造广州、深圳两个金融中心，必须补齐广州的金融短板。广州市政府十分支持广州银行的发展，在广州银行重组的整个过程中给予了最大限度的支持，并希望广州银行能通过公开上市吸引资金，扩大营业规模，发展成为公司治理完善、业务特色鲜明、风险管控到位、价值持续增长，立足广州、跨区经营的全国性股份制商业银行。

根据 2011 年年度报告，广州银行的股权结构中广州市政府持股仍然超过 90%，其中第一大股东广州国际控股集团占 63.99%，广州市广永国有资产经营有限公司持股 26.16%，位居第二①。根据有关规定，股份制商业银行要成功上市，政府单一股权原则上不得高于 30%，境外战略投资者不能超过两家，持股比例不能超过 25%，单一境外投资者持股比例不能超过 20%。同时，根据《公司法》的规定，意欲上市的公司在申报 IPO 时，必须将股东控制在 200 人以下，而广州银行的股东总数为 12196 人，其中法人

---

① 广州银行股份有限公司 . 2011 年年度报告 ［R］. http：//www. gzcb. com. cn/.

股股东 1007 人，集体股 1 人，个人股 11188 人①。这些数据说明，广州银行的股权结构调整工作任务还很艰巨，上市之路还需假以时日。

第五节　广州市商业银行的业务重组

进入 21 世纪以来，我国的商业银行在机构数量、资产规模方面快速增长，在市场环境和相关政策因素发生变化的情况下，以信贷资产扩张为基本特征的传统业务发展模式已经失去了生存土壤，业务创新成为商业银行发展的重要推动力量。互联网金融的出现和兴起，则进一步推动了商业银行业务模式的创新。在广州这样一个经济发达程度国内领先、金融业竞争异常激烈的环境下，广州银行不得不加大业务重组的力度，紧跟互联网时代商业银行业务模式发展的新形势，大力发展资本节约型业务。

一、个人业务

在重组和改革之前，广州银行的个人业务主要体现在个人存贷款，在个人理财产品以及银行卡业务上产品较少且缺乏创新。经过多年发展，广州银行形成了以顾客为中心，以满足市民消费

---

① 广州银行股份有限公司 .2011 年年度报告〔R〕. http://www.gzcb.com.cn/.

需求为出发点的多样化业务体系。从 2001 年起，广州银行陆续推出了一手、二手楼按揭、公务员综合授信、汽车消费、个人综合消费等个人贷款业务。同时在服务市民方面也取得了长足进展。目前，广州银行作为广州市医保卡三家发卡行之一，代理发行集多种功能于一体的社会保障市民卡。定期推出种类齐全、内容丰富、期限灵活的红棉系列理财产品，为广大市民投资理财提供帮助。推出一卡通、支付宝卡通、住房公积金归结业务、代理黄金交易等业务。可以说，目前广州银行的个人业务服务体系已经可以很好地为客户提供了多样化选择空间，满足了市民百姓多方面的金融需求。

二、公司业务

在公司业务方面，广州银行以丰富的业务品种为企业提供多样化选择。近些年陆续推出了小企业授信、结算、贷款融资、票据融资、担保承诺等多项公司业务，很好地满足了广州地区企业的发展需求，同时也提升了广州银行的竞争力。在公司业务发展过程中，广州银行十分注重业务的创新。在资产业务方面，广州银行的创新表现在：一是不断开拓新的贷款领域，如流动资金循环贷款、应收账款质押贷款的推出并且取得积极的效果；二是贷款方式的改变，这方面的创新表现为担保方式的变化，如公司账户透支、贴现、保函、委托贷款，以及公司账户透支贷款等十多种新业务。在中小企业融资方面，中小企业普遍缺乏能为银行所接受的固定资产或者有实力第三人保证等担保资源，针对中小企业的银行服务规模一直难以扩大。为了突破这一瓶颈，广州银行通过寻求融资租赁方式、集合委托贷款方式、买方信贷方式等多种手段，通过产品开发和整合，审贷效率的提高，为企业提供方便、快捷的金融服务。在负债业务方面，广州银行的创新体现在积极发行了一定量的金融债，提高主动负债的比重，增强了银行对负债的整体调控能力。

三、资金业务

广州银行现为中央银行公开市场业务一级交易商，可通过公开市场业务系统参与中央银行公开市场业务，包括中央银行票据投标、中央银行回购操作等业务。同时广州银行大力开展债券投资业务，形成新的利润增长点。由于资金安全、收益稳定并且可以免税，广州银行一直高度重视债券业务的发展，并使之成为广州银行的优势业务。目前广州银行的债券业务包括债券回购、债券买卖、双边报价、债券分销、债券承销等，并且在数量和金额上也取得了重大的突破。截至 2009 年底，广州银行债券投资余额 245 亿元，债券交易量突破万亿元，达到 14803 亿元，实现资金业务净收益 10.53 亿元。与此同时，广州银行还积极开展国库现金业务、同业业务、票据业务等，使广州银行的资金业务体系更加完整，可以更好地满足客户的需求。

四、国际业务

作为我国最大、历史最悠久的对外通商口岸和最主要的对外开放城市之一，广州的企业和个人对国际业务的需求一直比较高，这为广州银行国际业务的发展提供了前提。广州银行自 2003 年 3 月正式开办外汇业务以来，与境外 300 多家银行建立了代理行关系，代理行遍布亚太欧美的 50 多个国家和地区，国际化结算网络已经形成，业务报审方便快捷，各币种间清算网络畅通无阻。目前广州银行国际结算业务包括进口开证、出口托收、光票托收、进口代收等业务；国际融资业务包括授信开证、打包贷款、进口押汇、出口押汇等业务。总体而言，广州银行的国际业务经过多年发展，已经形成齐全的业务体系和高度专业化的业务流程，为广州市对外贸易企业和个人提供了优质的国际业务服务。

第六节　广州市商业银行的技术和服务重组

技术落后是长期以来困扰广州银行发展的短板，在信用社和合作银行时期，广州银行一直疏于自身服务技术水平和硬件水平的提升。为了提高银行服务水平，自 2001 年开始重组以来，技术重组和软硬件的配套升级一直是广州银行重组的重点内容。

一、优化机构网点布局

2001 年以来，广州银行对所属网点的效益进行了系统评估，在效益评估基础上结合对未来发展前景的预测，按照"西调、东扩、南拓、北优"的网点发展战略方针，对各网点进行整合。截至 2009 年末，累计迁址 53 家营业网点，对 70 多家网点进行大规模装修，并对银行的所有网点进行了更新改造。为了适应广州经济的发展，广州银行在开发区、番禺、花都等新经济增长区域增设了机构，以便更好地服务当地企业。截至 2011 年底，广州银行在广州地区的机构网点增加到 81 个。

广州银行改革重组伊始就制定了"走出去"的发展战略，在立足于服务广州的基础上，扩大业务的地域范围，使之真正成为一家全国性的商业银行。2010 年 3 月设立了深圳分行，这是广州银行的首家异地分行，标志着广州银行的业务范围已经走出了广州市，进入了广东省范围。2011 年 6 月，首家省外分行——南京分行的成立对广州银行来说更具有里程碑的意义，这标志着广州银行在迈向全国的进程中迈出了极其重要的一步。同年，佛山分行和南京分行开业。之后，陆续成立了中山、惠州、江门、肇庆、东莞、横琴、南沙、广州、清远分行。现有机构网点 122 个，其中总行 1 家、分行 13 家、支行 108 家。

二、优化自助服务体系

广州银行按照集群化、多元化和全天候的要求，规划建设自助银行体系。集群化即形成规模效应，多元化即功能齐全，全天候即保证 24 小时不间断服务。自 2003 年起，广州银行选择重点区域、重点网点作为自助终端建设的重点，优先建设这些网点的自助终端，以便更好地服务客户。经过几年的发展，广州银行已实现全部网点百分之百配备自助银行设施。同时在各支行营业大厅配备大堂经理，将自助设备的使用辅导作为大堂经理的主要职责，使银行自助设备的使用率处于较高状态，各自助终端运行正常。此外，在一些无法设立营业网点或者设立营业网点后经济效益不高的地区，则通过设立自助服务终端来服务当地的客户。这样做既节省了成本，提高了经济效益，又可以较好地服务当地居民，扩大银行服务面覆盖范围。

三、提升系统技术水平

在改革重组之初，广州银行就重视银行技术系统的改造升级。即使是在重组初期银行还面临亏损的情况下，也毅然投入巨额资金进行系统的改造和升级，与各大银行的网络系统连接，使全行的技术水平得到了较大提升。2005 年广州银行与广州市财政系统部门合作，独立开发了财政工资发放系统。这个系统可以按时保质发放全广州市财政系统员工的工资，其先进的独创性技术获得了广州市财政局的高度评价。2009 年之后，新一代综合业务系统成功上线，广州银行的系统技术水平再一次得到提升。新系统的成功上线，使广州银行建立了国内领先的数据灾备中心，技术水平也在同行业中处于领先地位。技术水平的提升奠定了广州银行为客户提供更加优质服务的基础，可以说是广州银行扭亏为盈并且不断发展进步的重要推动力。

四、建立标准化服务体系

　　硬件技术的升级还需要软件服务技术与之相配套，才能真正提高银行的服务能力。因此在软件服务商方面，广州银行推行"标准化服务"战略。为了实现服务质量的提高，银行领导从统一企业形象入手，在全行推行"标准化服务达标认证"，制定了严格的服务规范，将服务标准化、制度化、规范化。根据调查显示，客户在去银行办理业务的时候，银行服务人员的服务质量是影响客户对银行评价的最重要的因素。建立规范的标准化服务体系，并为客户提供良好的服务，可以有效提升银行的形象，并增加客户的忠诚度。为此，广州银行对网点环境、员工形象、服务规程做了细致的规定，并将这些规定要求严格落实到每一个网点。为了检验各网点的执行情况，银行成立了专门的督导小组，每半年对各网点执行情况进行验收和复评，不合格的网点要追究主要负责人的责任。为了帮助各分支行达标，总行还定期采取现场查看、组织模拟演习等手段，同时辅之以一定的经济奖励手段，对达标的网点全体员工实行定额补贴。这一系列奖惩措施实施以后，全行上下都给予高度重视，并取得了明显效果。到 2005 年底，广州银行的全部营业网点均已验收达标，网点形象发生了明显变化，员工工作状态、服务热情程度也焕然一新。整个银行的面貌跟过去相比发生了天翻地覆的变化，这些都被客户所真切感受到，并在客户当中产生了积极的影响。

第七节　广州市商业银行的管理重组

管理重组是指当外部环境、企业资源及其结构发生变化时，重新选择确定一种科学合理的提高企业竞争力和发展能力的管理模式或管理体系的过程。广州银行重组是在困难环境下起步的，由于过去信用社和合作银行时期的管理体系不够完善，监管措施不到位，发生了违规账外操作的恶性事件。在历史的教训面前，广州银行在重组中十分重视企业的管理重组，对风险管理、组织结构管理、人力资源管理等各方面进行了全面彻底的变革和重组。

一、风险管理体系建设

由于历史不良资产给广州银行带来了巨大的危害性，新组建的广州银行十分注重风险管理体系的建设。银行全面引入新的风险管理理念，推进内部评级法（Internal Rating Based Approach, IRB）、企业权限管理（Enterprise Rights Management，ERM）应用。积极引进外部审计监管力量，与安永会计师事务所建立了长期稳定的合作关系，对企业资产负债进行全面审计。2009年广州市政府聘请安永会计师事务所对广州银行进行审计，报告的结论认为，2001—2009年，广州银行新增资产以平均每年100亿元的速度增长，累计投放贷款超过1000亿元，贷款余额净增400亿元，没有出现一笔大额不良贷款，没有发生一起重大违规违纪事件。地方政府对此十分满意。正因为广州银行严格执行监管部门的各项要求，同时在企业内部注重风险控制管理，才使广州银行取得如此大的成就，重组效果才会如此令人满意。

（一）信用风险的控制

商业银行的信用风险是指借款人因为各种原因未能及时、足额偿还银行贷款而违约造成银行损失的可能性。广州银行致力于构建完善的公司治理和风险管理构架，完善各级风险管理部门职能，优化风险评估方法，利用现有信息系统科学测算客户信用等级和违约概率，提高风险识别水平。银行及时跟进经济形势及国家宏观经济变化，制定授信指引，强化授信准入，实行行业限额，严格控制"两高"——高污染和高耗能产业贷款，建立科学有序的退出机制。强化贷款责任制度，坚持全流程管理，强化激励考核机制，提高信贷人员风险责任意识。严格落实贷款支付管理要求，跟踪贷款流向，严格落实贷款质量五级分类制度，规范授信后管理，实施动态全面贷后管理。强化风险防控和风险预警职能，严格确保新增贷款质量。强化信贷管理系统建设，提升信用风险决策和管理的技术支持力。优化风险报告流程，完善风险提示和风险预警能力，提高风险应急处理能力。银行还强化授信审查委员会运作，实施派驻分行、管理性风险主控制，建立垂直的风险管理组织架构。广州银行为了控制信用风险，全面执行2010年颁布的《巴塞尔协议Ⅲ》的风险管理要求，在银行内部制定严格的方针政策，具体包括：

1. 严格的贷前授信评审。2004年，广州银行全面上收信贷业务的审批权限，设立专门机构——授信审查委员会作为授信业务最高决策机构，成为广州地区最早上收授信审批权限的银行之一。同时，广州银行的授信审批制度在同行业中也是最严格的。广州银行实行"集中审批，差别授权"的权限管理制度，总行统一审查审批风险敞口授信业务，分支行根据自身经营管理水平、存贷款规模等综合因素也拥有一定的风险业务权限。

按照广州银行的规定，5000万元（含）以上的大额信贷业务实行授信审查委员会一票否决制度，只要有一名评审委员对项目的安全性存在怀疑，银行就拒绝给项目企业贷款，这一措施的实施使广州银行一下子成为广州地区项目淘汰率最高的银行。按照时任广州银行董事长姚建军的说法："要想真正控制信用风险，就必须杜绝人情贷款，杜绝跟风贷款，并要形成整体企业文化。"为此全行上下从董事长到信贷业务员，都必须将所上报的项目通过银行的授信评审系统。有了专业的授信评审机构，还必须有相应的授信评审机制来相互扶持。广州银行构建了从业务管理、支行一线营销到总行二线服务的贷前、贷中、贷后相互支持、相互制约的信贷风险管理体系。先后确立了信贷指引和风险标准发布制度、差别授信制度、贷款问责制度、风险预警和退出制度等，这一系列授信评审机制的确立很好地服务于总行的授信审查委员会，提高了工作效率和授信的安全性。

2. 独立自主的贷款投向。广州银行的前身是在 46 家城市信用社合并基础上成立的广州市合作银行，因此在发展过程中，广州银行带有浓重的信用社遗留色彩。最鲜明的特点是银行发展受制于广州市政府，其贷款发放完全服务于政府的政策性需要，自身没有太大的自主权。这种受制于地方政府的经营模式在过去证明是行不通的，并一度使广州银行濒临破产。自 2001 年改革重组以后，广州银行对自身的定位有了全新的认识，即 "政府的银行，市民的银行"。在服务政府，为政府项目和市属企业提供资金支持的同时，加强了对市民和中小企业的服务。在具体的贷款投向上，广州银行摆脱了过去受制于政府的低自主权境况，坚持独立自主的原则，根据实际情况发放贷款。

首先，广州银行坚持自主对贷款项目的独立判断。广州银行坚持自身的独立判断，不受外界所谓的各种招呼的干扰，才能使贷款项目安全合理有效。在此基础上，广州银行具体分析广州市政府的偿债实力，选择重点建设的经营性项目和有稳定现金流的市政项目。自 2002 年开始，银行集中资源，以市政项目作为信贷的重点战略方向，成为广州市第一家全力支持市政基础设施建设的金融机构。2004 年广州成功申请亚运会主办权之后，广州银行展开了大规模的市政建设合作，与地方政府全面合作为亚运的基础设施建设提供资金支持。正是抓住了这一有利时机，广州银行自 2005 年以来实现了信贷规模年均增长 30% 的速度，并且无重大不良贷款项目。这体现了广州银行服务地方政府的宗旨。2008 年国际金融危机之后，广州中小企业生存面临严重困难，此时广州银行加大了对中小企业的关注力度。在严格审查的基础上，精心筛选了一些有技术、有效益、有市场的中小企业，为其提供资金支持，帮助它们度过危机，实现发展。这也正体现了广州银行服务市民百姓和中小企业的宗旨。

其次，广州银行坚持对贷款投向的自主性原则。姚建军说："无论什么时候，什么人打招呼，都不能放弃信贷的原则，越是打招呼的贷款越要小心，甚至 100% 不是好项目，我们头上的'金箍'时时刻刻都要戴得紧紧的。不论什么时候，刮什么风，我们都要心中有数，贷款标准不变。国家政策放宽，并没有要求你贷款标准放宽。越是政策宽松的时候越要严做，政策严格时更要严做，这时好客户才会主动找上门来。"2008 年，广州钢铁企业集团为了扩大自身生产规模向广州银行申请贷款，但此时银行却处于两难境地。一方面，广州钢铁企业集团是具有国有资产成分的企业，省、市政府对其一直大力扶持，广州银行过去与企业也有经常性业务往来；另一方面，广州银行在综合考虑了宏观经济形势和国家的调控方针政策，以及广州钢铁企业集团的整体经营状况之后，认为不适宜对其继续新增授信。在权衡利弊之后，广州银行主动向企业和市政府说明自身对这个贷款项目的判断，并坚持对贷款投向的自主性原则，最终获得了政府和企业的谅解，同时也真正做到了为银行股东和广大储户负责。

3. 动态全面的贷后管理。一是建立二次审查机制，对于已经通过审批的贷款项目，银行都会进行二次审核，防止由于外部经济环境或者企业经营状况发生变化而带来的风险。二是对信贷业务实行动态管理，主要是监控获得贷款后企业的还款能力。其中重点是对抵押品或者质押品的市场价格进行实时关注，及时掌握其价格变化情况。对于价格发生重大变化的情况，银行会及时设立警戒线，一旦突破此警戒线，则立即停止企业授信，提前保全资产。一个例子是，瑞丰实业向广州银行申请贷款1.3亿元，并用其持有的西部矿业1080万股限售流通股作为质押。在合同签署后，西部矿业的股价持续暴跌，从签署合同时的每股68元跌到了12元。针对这种情况，广州银行及时进行风险处置，要求瑞丰实业追加提供保证金，使这笔贷款最后安全收回。三是建立了科学有序的退出机制。如果获得贷款的企业在项目运作上出现重大变化，可能使项目出现重大风险，广州银行则会在经过研究后提前收回贷款本息。对于切实出现重大亏损的状况，则积极实行质押品拍卖,弥补银行的贷款损失,将损失降低到最低限度。

(二)操作风险的控制

按照巴塞尔银行监管委员会的定义,操作风险是指由于不完善或有问题的内部操作过程、人员、系统或外部事件而导致的直接或间接损失的风险。对于操作风险,广州银行的教训尤为惨痛,最著名的就是1996—1998年穗丰、汇商两家支行的账外违规操作案件。因此广州银行自2001年重组以来就不断加大稽查核实力度,严格控制由于内部管理不善所带来的操作风险。

随着改革重组的不断推进,广州银行对于操作风险的控制措施也不断进步和完善中,主要从以下几方面推进操作风险管理:一是进一步健全管理体制,完善管理流程,特别是针对新开展业务制定一系列操作规程;二是优化核心系统,修改完善系统处理程序;在总行主管柜面业务的部门设立专门的系统需求室,将全行各业务系统纳入管理,针对一线柜台业务操作流程进行系统设计和升级改造,从多方面提高系统运行效率和稳定性;三是加强柜台人员业务技术学习和道德风险排查;四是开展各类现场专项检查、非现场检查、案件风险排查及问题整改,加强对关键岗位人员的管控。包括开展反洗钱专项检查和非现场检查,定期或不定期进行全行业务检查和大库检查等,对存在问题的支行进行通报并责令限时整改,对不宜在关键岗位继续任职的人员进行调岗或调职,从各方面及时排查风险隐患。具体措施包括:2001年重组伊始,广州银行集中力量对支行行长离任进行稽查核实,加强对在任支行以上领导干部的廉洁自律教育。2002 年开始，全面稽查每一家支行，重点对支行营销情况进行常规稽核，以杜绝由此带来的金融风险。2003 年，重点对全行的内控体系进行补充和完善，全面推广内控优先思想并使之成为全行工作人员的首要工作准则。同时成立专项检查组，对全行的内控工作进行综合评估，不合格的分支行实行主要领导人负责制。

2005 年之后，广州银行进一步深入专项治理工作，一是积极稳妥地做好账户清理工作，二是开展以加强制度建设为主要内容的查防银行案件专项治理工作。这些措施全面实施以后，广州银行的内部控制得到了显著提升，由操作风险所带来的损失全面下降，重大案件更是在重组之后再也没有发生。

（三）市场风险的控制

市场风险指因股票价格、利率、汇率等的变动而导致价值未预料到的潜在损失的风险，包括权益风险、汇率风险、利率风险以及商品风险。市场风险是由市场价格变化所引起的，受多种因素的影响，并且很难加以防范。对此，广州银行一方面开展全行员工教育活动，培养全体员工的风险防范意识和风险管理责任感；另一方面，在总行层面上加强对宏观经济走势的分析并提前做出预判，进行风险测算和压力测试。事后则进行风险的衡量和量化管理，从而吸取教训，总结经验。广州银行实施前、中、后台岗位分离，相互制约。公司按交易性资产、可供出售资产和持有到期类资产等设立会计科目，对市场风险实施分级授权、权限管理、久期控制。公司对不同账户的市场风险采取不同的计量和监测方法，对交易性资产和可供出售类资产进行每日盯市评估；对持有到期资产主要通过久期分析评估该类资产价格预期变动对银行损益和权益的潜在影响；对所有资产账户定期利用敏感性分析、情景分析方法进行压力测试。

在汇率风险方面，目前广州银行外汇资产和负债头寸都比较小，风险主要源自银行持有的非人民币计价的发放贷款和垫款以及吸收存款等。通过加强授权控制、敞口管理以及在外汇交易中心注重实时监控管理汇率风险。

二、组织结构重组

商业银行的组织结构是商业银行业务运行和管理实施的组织方式，其主要内容包括总部部门的设置及其功能和权限、部门之间的相互关系、分支机构的功能、权限和部门设置以及总行对分支机构实施管理的模式。组织机构涉及商业银行前台、后台业务运行和管理架构，总行对分支机构的管理体系，对全行的市场营销体系、风险管理体系、财务管理体系、人力资源管理体系具有重要影响。因此组织结构是商业银行的"经络"，是事关商业银行经营和管理的极为重要的基础性制度因素。

（一）积极构建现代商业银行的组织结构体系

现代商业银行最典型的组织形式是有限责任公司制和股份有

限公司制，当今世界大部分商业银行都采用股份有限公司制度。一般而言，现代公司制度下企业内部组织结构一般都包括决策机构、执行机构和监督机构。决策机构包括股东大会、董事会以及董事会领导下的各类委员会；执行机构包括行长以及行长领导下的各类委员会；监管机构主要是监事会和内部稽核部门。广州银

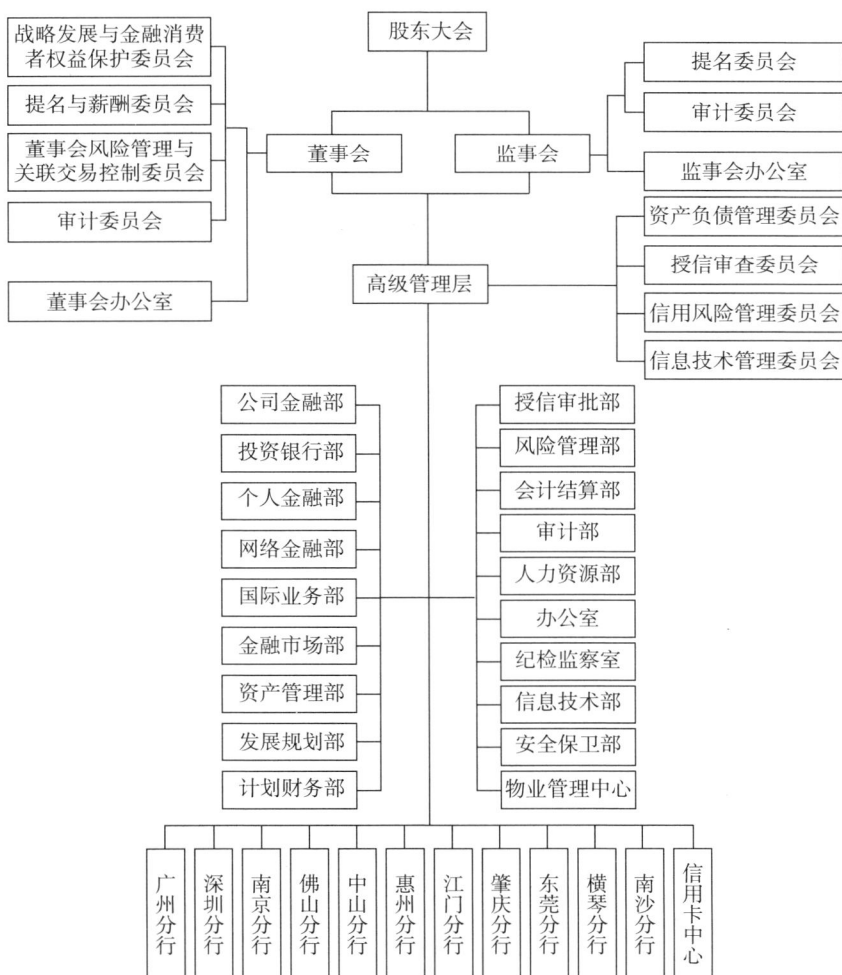

图 4.1　广州银行组织结构

行在改革重组过程中积极按照现代公司治理标准，构建完善了公司内部组织结构。重组后广州银行董事会由 11 人组成，其中行内执行董事 3 名，大股东广州国际控股集团派出董事 3 名，广州市财政局派出董事 2 名，个人股东代表 1 名，外部独立董事 2 名。并在董事会、监事会与高级管理层成立多个职能相互交叉、补充与监督的专门委员会。详见图 4.1。

（二）制定完善的规章制度

广州银行在重组中对企业经营管理中的各项规章制度进行了全面梳理、补充和完善，全面修订和完善了内部控制制度。改革重组以来，共新建、修订制度 1000 多项，夯实管理基础，建立起涵盖业务发展要求和内部控制要求的规章制度体系。

（三）建立集约化、扁平化的管理体系

在机构管理上，总行将支行的权限逐步上收，实现扁平化管理模式，优化了支行管理构架，推动支行发挥营销职能，减轻支行管理事项压力，从而保证决策和信息传达顺畅。更重要的是，支行权限逐步上收之后，可以有效避免支行的违规操作现象，即使出现也不会给银行造太大的损失。在费用开支上，实行全行集中报账。总行对支行实行严格管理，能够统一缴纳的各种税费由总行统一操作，这样做既节约了成本又提高了银行的经营效率。

（四）积极改进营销组织体系

广州银行建立了总行—支行、总行公司金融部—支行市场部的专业化营销链条，联合互动营销。2005 年以来，提出"三大二高"的战略目标，辅之以"保、抢、挖"为手段的营销策略，全行上下齐心协力积极开展营销争优活动。同时广州银行改变过去的信贷业务员制度，积极实施新的客户经理制，由优秀的客户经理打造属于自己的优秀营销团队。在总行层面上，广州银行先后与地铁、市政、电信、传媒等大量优质客户建立了长期稳定的合作关系，这些优质的客户群成了广州银行不断发展的坚实基础。

三、人力资源重组

对任何一个企业来说，人才是推动企业不断进步和发展最重要的动力，员工素质高低以及职业技能的熟练程度直接关系到企业能否获得持续不断成长的动力。广州银行成立在城市信用社的基础上，全盘接纳了原来信用社时期的员工，造成人员冗余。同时由于很多老员工在信用社体系内工作多年，其业务素质达不到现代银行业的要求，因此广州银行对全行上下进行了全面彻底的人力资源重组。

（一）吐故纳新

进行人员精减，消除冗员，并积极吸纳文化水平高、综合素质好的员工。2001 年，广州市商业银行拥有员工 3390 余人，其中很多信用社时期留下来的员工不能满足建立现代商业银行的组织需要。改革重组过程中，广州银行大力推行人事改革，实施减员增效战略。在业务不断发展的同时，员工数量大幅减少，学历层次不断提高。到了 2009 年末，全行共有员工 1976 人，平均年龄 36 岁。在员工构成中，本科及以上占 49%，大专占 41%，大专以下占 10%。从管理层的人员构成来看，全行中高级管理人员 131 人，平均年龄 38.8 岁。这些人的学历构成为：研究生 36 人，所占比例为 26.47%；本科生 89 人，所占比例为 65.44%；大专生

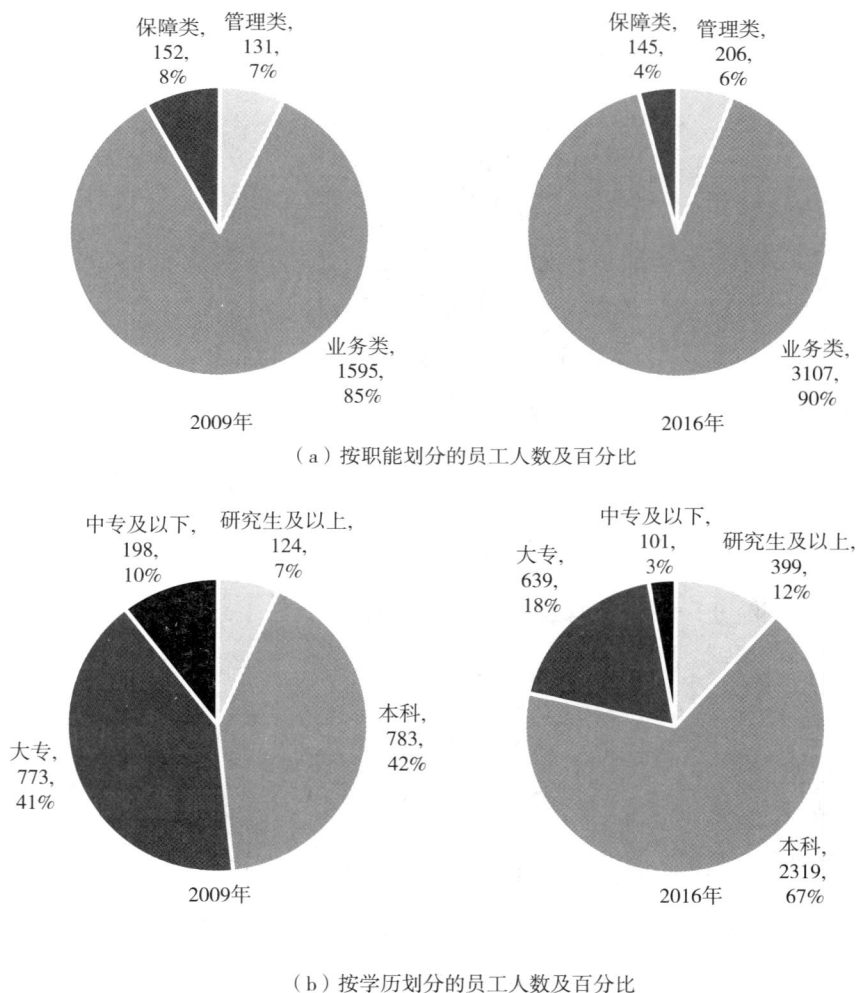

（a）按职能划分的员工人数及百分比

（b）按学历划分的员工人数及百分比

图 4.2 广州银行 2009 年和 2016 年员工结构

11 人，所占比例为 8.08%。职称构成为：拥有中高级职称人员共计 83 人，在管理层中所占比重超过 60%。总体而言，广州银行的管理层呈现出高学历、年轻化的特点。图 4.2 显示了 2009 年和 2016 年广州银行员工的职能结构和学历结构。

（二）统一标准

在全行范围内推行统一用工制度、统一用工标准、统一用工薪酬、统一用工聘任、统一用工培训，这些标准化制度的实施彻底解决了人事管理混乱的问题。

（三）激励约束

广州银行积极适应现代银行业的发展趋势，制定适用于本行实际情况的激励约束机制。即坚持以绩效、能力和价值创造为导向的用人标准，综合考虑品德、知识、学历，实行干部上岗竞聘制，大胆起用有真才实干的员工，为其创造施展才能的舞台。同时将员工收入由固定转向浮动，将个人所得与单位业绩以及个人业绩紧密挂钩，形成了弹性工资制度。这一系列改革有效刺激了员工的竞争意识和工作热情，大大提高了银行的人力资源管理水平。

经过人员精减，以及不断吸收高学历高水平人才，广州银行的人力资源重组取得了重大突破。在精减员工的同时，广州银行实行弹性工资制度，将收入水平与业绩挂钩，从而充分调动了员工开展业务的积极性。图 4.3 显示了 2001—2016 年广州银行的员工总人数及人均存款余额的变化过程。

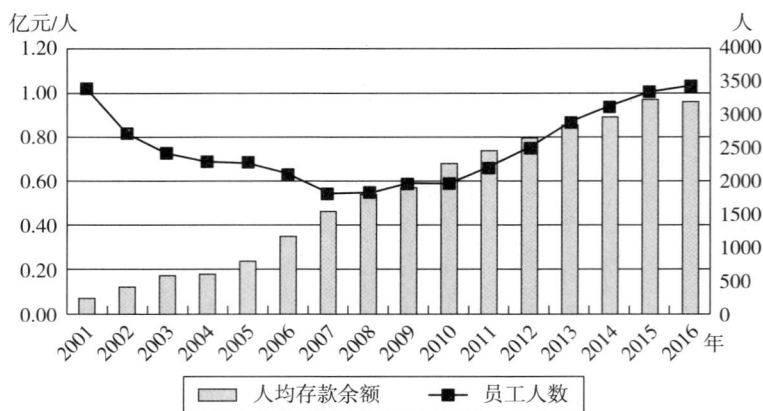

图 4.3　广州银行人数及人均吸收存款余额的变化

第八节　广州市商业银行改革重组十年多来
的主要变化

从 2001 年濒临破产，到 2005 年历史性地实现扭亏为盈，广州银行用了四年时间。从一家广州本地的城市商业银行到 2010 年深圳分行的设立，从各项指标均不符合监管部门要求到主要监管指标在全国银行系统名列前茅，广州银行用了九年时间，这标志着广州银行在迈向全国性综合型商业银行的道路上迈出了坚实的一步。通过十年的改革重组，广州银行实现了犹如凤凰涅槃般的华丽变身。这其中，有许多经验需要我们去总结，有许多启示有待关注中国银行业发展的人们去寻找。

一、经营规模和盈利能力

图4.4显示，从2001年底到2016年底，广州银行的资产总额从315亿元增长到4445亿元，跻身于全国中型商业银行行列。资产总额年均增长速度为19.3%[①]；存款余额从257亿元增长到3335.19亿元，年均增长速度为18.6%；贷款余额从98亿元增长到1360.53亿元，年均增长速度为19.17%。从图4.4中我们还可以看到，2001年至2016年的十六年间，广州银行的经营规模呈现指数曲线变化。2005年是一个重要的分水岭，无论是总资产、存款余额还是贷款余额，2005年以后的增长速度均快于2005年以前的增长速度。据测算，资产总额的年均增长速度在2001—2005年是15.8%，而在2006—2011年则是24.0%；存款余额的年均增长速度在2001—2005年是20.9%，而在2006—2011年则是20.0%；贷款余额的年均增长速度在2001—2005年是19.9%，而在2006—2011年则是23.6%。

图4.5显示了2001—2016年广州银行在改革、重组、发展过程中的盈利增长过程。从2001年亏损超过4亿元，到2005年实现扭亏为盈，再到2010年实现利润超过20亿元，广州银行的盈利能力有了显著的提高。特别是在2009年实现不良资产的完全剥离和置换、资产质量有了实质性改善之后，广州银行彻底甩开包袱、

[①]　采用几何平均数方法计算复利增长速度，下同。

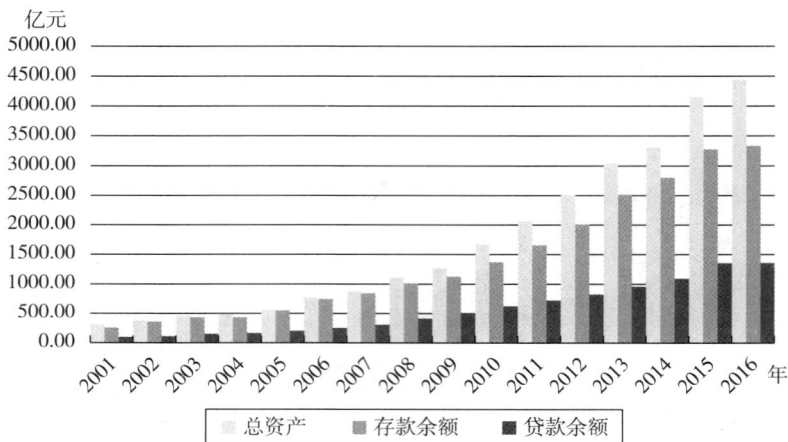

图 4.4 2001—2016 年广州银行的主要规模指标

轻装上阵，盈利能力达到一个新的高度。2011 年广州银行的加权
平均净资产收益率达到 18.99%，归属于公司普通股股东的每股净
资产为 1.37 元，位居全国城市商业银行前列。2011 年广州银行实
现十年来的第一次分红，每股分红 0.11 元，在社会上引起积极反

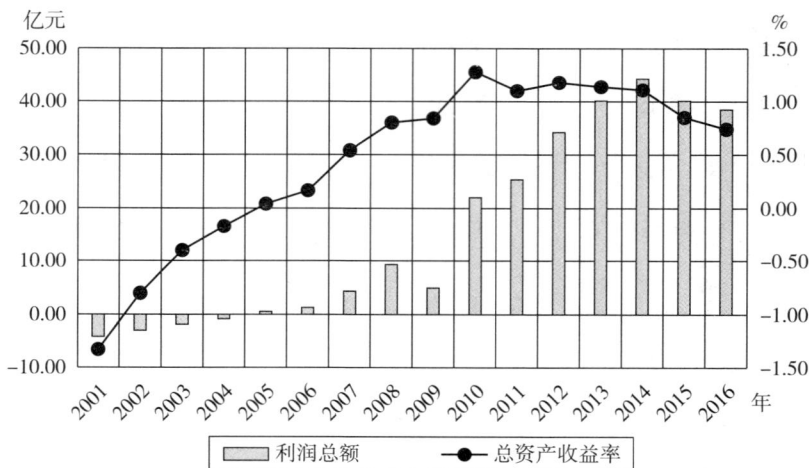

图 4.5 2001—2016 年广州银行的盈利情况

响，增强了股东和投资者的信心。

广州银行从重组伊始就积极改善机构、人员冗余的情况，撤并网点，精减人员，使银行的费用支出大幅度减少。同时由于银行经营效益不断提高，收入水平增长，从而进一步降低了银行的费用率水平。费用总额每年仅微幅上涨，增长率远低于银行收入增长率和利润增长率，从而切实提高了银行的经营效益。

二、资产质量和风险监管指标

2001—2011 年，广州银行保持了 22.2% 的贷款年均增长率，年末贷款余额从 2001 年的 98 亿元增加到 2011 年的 725 亿元。与此同时，不良贷款率从 75.78% 的高位下降到 0.03%。图 4.6 显示了 2001—2016 年广州银行贷款增长率和不良贷款率的变化过程。

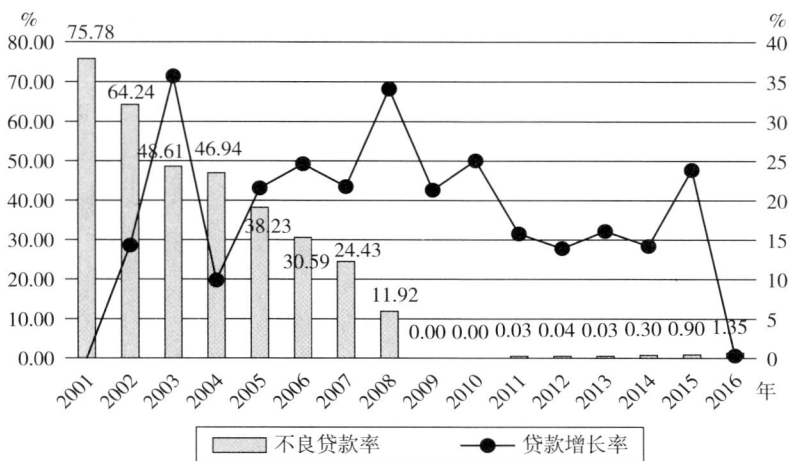

图 4.6　2001—2016 年广州银行的不良贷款率和贷款增长率

改革和重组使广州银行的资产质量实现了脱胎换骨的提升，成为国内资产质量最好的银行之一，也使该行的资本充足率由负数提高到14.66%，核心资本充足率提高到14%以上，拨备覆盖率由资不抵债提升到超过300%，各项风险监管指标位居国内商业银行前列，表4.2显示了2008—2011年以及2016年广州银行主要风险监管指标的数值。广州银行的不良资产处置与重组经验已成为国内银行业界的典范，得到社会和监管部门的高度认可。2010—2011年，中国银监会连续两年评定广州银行为国内商业银行业最高等级的二类行，实现了从"高风险银行"向"无风险银行"和"好银行"的转变。

表4.2　　　　　　　　2008—2011年和2016年广州银行的

主要风险监管指标　　　　　单位:%

主要指标	标准值	2008 年	2009 年	2010 年	2011 年	2016 年
总资产收益率	—	0.8	0.84	1.28	1.10	0.74
资本充足率	≥10	10.66	14.66	12.70	12.13	11.46
核心资本充足率	≥4	9.45	14.17	12.11	11.33	10.98
不良贷款率	≤5	11.92	0	0	0.03	1.35
拨备覆盖率	≥150	10.08	>300	>300	>300	>150
成本收入比	≤35	37.73	36.96	23.12	24.52	28.75
流动性比例（本外币合计）	≥25	83.84[a] 26.55[b]	81.06	73.39	59.57	54.95

注：流动性比例指标2008年本外币分开计算，其中上标a表示人民币，b表示外币。

资料来源：《广州银行2010年年度报告》《广州银行2011年年度报告》《广州银行2016年年度报告》。

三、经营区域和品牌形象

与我国众多城市商业银行一样，作为一家城市商业银行，广州银行在其成立之初经营范围只能是广州市。然而近十多年来随着全国经济的快速发展，地区间的经济交流越来越频繁，如果依然将业务范围局限在区域性范围内，则很难适应时代的发展要求。广州银行总部地处经济发达地区，经过改革重组后资本实力大大增强，资产规模庞大、经营管理能力迅速提升，调整自身的发展目标，将业务拓展到广州甚至广东之外，逐渐向全国性大型商业银行发展就成为广州银行的必然选择。

2009 年，中国银监会对全国性股份制商业银行和城市商业银行设立分支机构的市场准入政策进行了调整，大幅放开中小商业银行的跨区经营限制。按照中国银监会的新政策，满足各项监管要求，并按照《股份制商业银行风险评级体系》达到股份制商业银行中等以上水平的城市商业银行，便可以实施跨区域经营。2010 年 3 月，广州银行的首家异地分行——深圳分行成立；2011年 6 月，首家省外分行——南京分行成立。同年，佛山分行和宝安支行开业。在短短两年时间内，三家异地分行开业并实现开门红，全部实现当年开业当年盈利，且发展势头一直良好，成为全行业务发展和盈利增长的重要力量。图 4.7 显示了 2016 年底广州银行贷款余额的地区分布。

在英国《银行家》杂志按照 2011 年的核心资本、总资产、

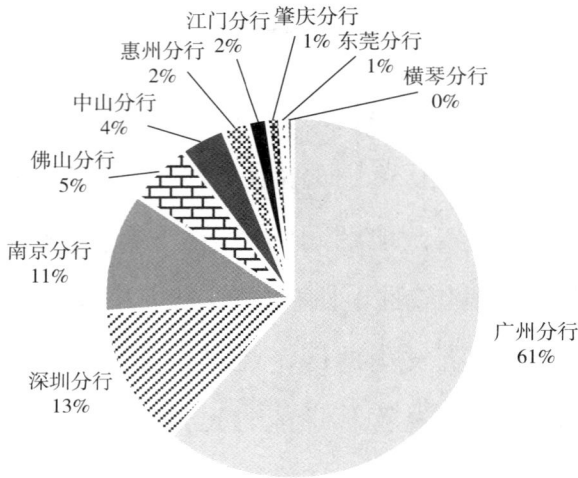

图 4.7　广州银行 2016 年底的贷款余额地区分布

税前利润、成本收入比、资本充足率、不良贷款率等指标进行的全球 1000 家大银行综合排名中，广州银行位居第 419 名，较 2010 年上升 20 位，在国内商业银行中排名第 36 位。优秀的本土法人股东、密集的网点机构分布、健全的公司治理结构、广泛的客户基础，为广州银行树立新的品牌形象提供了基础。广州银行通过改革和重组获得新生和发展的过程得到社会各界的广泛好评，先后获得了"中国广州十大最具竞争力服务品牌""中国广州十大最具诚信度国有企业""广东省纳税百强企业""中国银行业文明规范服务示范单位""全国服务业企业 500 强"等荣誉称号。

第九节　广州市商业银行改革重组的经验与启示

一、化解历史金融风险的前提、关键和保障

（一）自身的发展是化解历史金融风险的前提

历史金融风险的处置需要一定的外部支持和客观条件，但前提还是自身的努力，要靠银行自身加快发展。2001 年以来，针对当时存在的突出问题，广州银行领导班子通过深入调研，提出了一整套行之有效的指导思想、经营方针和工作目标，采取了一系列措施，推行了"四大工程"。

一是人才工程。通过面向全国公开招聘管理人员和优秀毕业生，成立行内金融学院加强员工在职培训等手段，建立了一支年纪轻、学历高、从业经验丰富、精简高效的员工队伍，解决了最重要的"人才瓶颈"问题，员工人数由 4100 人精减至 1800 人，引进各类人才 300 多名，其中研究生以上 100 多名，大专以上学历人数占比由不到 50% 上升到 80%，总行研究生占比达 40%，员工平均年龄由 40 多岁降至 35 岁，管理人员普遍达到本科以上学历。

二是创新工程。在薪酬制度上实行以贡献为核心的绩效考核制度，在贷款审批体制上将支行贷款权限全部上收，大额贷款必

须全票通过，这在广州地区同业中是最严格的，确保了近年来广州银行新发放的近千亿元的贷款基本实现零风险，坏账率在广州同业是最低的。在科技上，投入近亿元用于软件开发和硬件升级，使广州银行的科技实力达到全国同业前列。在产品上，根据客户需求，针对不同客户群体推出相应业务，研究开发了"红棉理财""羊城建设""羊城发展"和"羊城创业"等一系列叫得响的业务品牌。

三是形象工程。硬件方面，推行"精品网点"战略，累计投入6000万元对大部分网点进行了迁址、撤并、更新、改造，新网点位置好、设备新、装修现代化、人员素质高，可以与广州最好的银行网点相媲美，彻底改变了广州银行网点形象差的老印象。软件方面，推行"标准服务"战略，在全行推行"标准化服务达标认证"，将服务标准化、制度化、规范化，使"服务好"成为广州银行吸引客户的响亮招牌。

四是管理工程。强化一级法人体制，将下属各支行的人财物权上收，实行支行营业部经理（会计主管）总行派驻制，管理权限集中到总行，支行转变为纯粹的经营部门、服务部门，减少了腐败的温床，极大地降低了违规的可能性。强化财务费用控制，实行总行集中报账制，严格控制费用开支，堵塞财务漏洞，杜绝不当开支。几年来在业务增长数倍的情况下，全行营业费用基本没有大的增加，甚至比2000年时还要低。强化风险控制体系建设，强化了关键业务部门、关键岗位之间的相互制约机制，形成了由财务主管、事后监督、稽核检查三道防线组成的风险控制体系。由于管理严格、内控得力，几年来，广州银行没有发生一起重大案件事故，高级管理人员没有出现一起贪污、受贿、渎职等违法违纪案件，信贷经营甚至没有出现大额贷款损失，社会形象大大改善。

（二）监管部门的科学监管是化解历史金融风险的关键

城市商业银行这个群体留给同业以及社会的印象是"高风险"的金融机构，地方政府曾一度"谈金色变"，如果没有监管部门对处置历史风险的推动，没有监管部门创造性地提出由银行股东承担化解风险的责任，没有哪个政府会主动拿钱帮助银行卸下历史包袱。2003 年中国银监会成立以来，广州银行感到监管力度不断加大，并且逐步规范化。中国银监会和银监局领导对于广州银行实行面对面监管，指出其存在的问题，并不断向政府发出监管通报、风险提示，介绍外省经验，使政府增强了解决广州银行问题的紧迫感。中国银监会王兆星副主席多次亲赴广州，到市政府督促资本达标和不良剥离，积极推动广州银行重组工作进程。刘明康主席到广东调研时也对政府支持地方银行发展提出要求。因此说，没有中国银监会领导和监管二部以及银监局的强有力推动，广州银行历史包袱的化解是不可能的。广州银行历史金融风险化解过程，使一个濒临倒闭的银行成为一家资信优良的银行，这成为我国银行监管当局成功化解历史金融风险的一个范例。

（三）地方政府的支持是化解历史金融风险的保障

在化解历史金融风险过程中，地方政府的支持是重要基础和保障。广州地方政府拥有雄厚的财力，成为广州银行改革重组的强大后盾，也是处置历史风险的保障。广州银行在这一点上比经济欠发达地区的城市商业银行拥有得天独厚的条件。更重要的是，广州市的各级领导充分认识到金融改革和创新对地方经济发展的战略意义，对广州银行的改革和重组倾注了大量心血，关心程度超过任何一家企业和单位。2005 年广州市政府出台了《关于支持广州市商业银行的若干政策措施》，将社保资金、住房公积金、预算外资金、公务员代发工资均由广州银行办理，对其改革重组中期的业务发展起到重要作用。在整个 2001—2009 年的改革重组过程中，广州银行共得到广州市政府注资 63 亿元，采用现金方式剥离和置换不良资产 170 亿元。

二、制订符合自身实际情况的重组计划并逐步实施

（一）设立明确的重组目标

广州银行自成立以来，在经营体制、组织结构、风险控制等多方面均存在着严重的缺陷，加上银行爆发了账外违规资金操作案，更是将银行推向了濒临破产的境地。由于广州银行当时已经陷入了流动性严重困难的局面，资金被大量占用且无法回收，导致正常业务难以开展。因此恢复银行的流动性是重组的首要目标，同时也是短期目标；从长期发展来看，由于银行业务具有高度杠杆性，因此经营的安全性必须作为重组的重要目标；而且银行作

为公司制的企业，也是以追求利润最大化为目标的，这不仅是实现自身发展的关键所在，也是银行改革重组的最终原因和动机。在这样的情况下，广州银行根据自身实际情况，设立重组目标，将流动性、安全性、盈利性三者相结合，确立了改革重组的明确目标。

（二）选择合适的改革重组步骤

在明确了改革重组的目标之后，就要制定相应的重组步骤并逐步实施。按照广州银行的重组步骤安排，首先是银行自身大力开展不良资产清收，利用经营盈利冲销坏账，不断化解历史风险。这是进行重组的基础，因为银行必须恢复正常运行的状态，才能使重组成为可能。其次是提升经营管理能力和风险控制能力，这是改革重组的关键所在。在广州银行之前，有些银行在重组过程中发生了各种各样的问题，比如在完成历史风险处置之后，却不断形成新的呆坏账，不良资产率在之后一段时间重新上升。面对前车之鉴，广州银行十分重视新风险的形成，在重组之后几年中，广州银行新增贷款1000多亿元，但由于加大了风险控制，没有发生一起重大不良贷款案例。这说明强化新增风险对银行今后的持续发展是十分必要的。最后是在内部改革重组取得了突破之后，广州银行的经营管理已经得到了改善，具备了一定的实力。在此基础上，广州银行依靠省政府和市政府的帮助以及大股东的资金支持，进行了不良资产置换，彻底甩开历史包袱，并积极改善股权结构和引进战略投资者，为公开上市做前期准备工作。这些步骤环环相扣，逐步推行，最终在自身改革和外部帮助的合力下，广州银行顺利完成重组，实现质的飞跃。

（三）逐步实施各项重组工作

在确定了重组目标和重组步骤之后，就要具体实施各项重组工作。广州银行先后进行了资产重组、业务重组、服务技术重组、风险控制体系重组、管理重组等一系列重组工作。在实施这些重组工作时，广州银行根据自身实际情况，积极开展工作，不断总结经验、吸取教训，不论遇到何种困难，都没有放弃而是坚持完成了各项重组项目。在这一过程中，既有银行管理层的运筹帷幄，也有基层职工的不懈努力，更有相关部门的通力协作，正是在各种力量的共同努力下，广州银行各项重组工作有条不紊地展开，最终取得了显著的改革重组效果。

三、良好的金融生态环境是实现银行改革重组的重要外部条件

周小川曾经研究过我国各地区的金融生态环境差异，他认为差异主要来自以下几个方面：第一，各地区对银行业务进行行政干预的程度不同；第二，各地区在司法和执法方面对债权人权益的维护力度不同；第三，各地区商业文化有所不同；第四，权力部门在各地区参与经营活动的程度不同；第五，商业银行过去实

行贷款规模管理不利于资金流动①。

广州银行在信用社和合作银行时期形成了大量的不良资产，一方面是因为银行内部管理不够完善，另一方面是因为地方政府的计划与行政干预。金融生态环境对于银行的改革和发展是一个重要的外部因素。特别是对中小商业银行来讲，改革和重组的成功与否，既有赖于加强自身的内部建设，也与其所在地区的金融生态环境息息相关。

（一）地方经济发展水平的高低决定本地区银行业的发展水平

一般而言，经济发达地区的商业银行所面临的经济环境比较好，主要表现为：地方政府财政收入充裕，对城市商业银行的消极影响较小；民营企业经济发达，由国有企业转制等因素形成的历史遗留问题小；产业布局合理，中小民营企业数量众多且盈利能力较强；居民人均收入较高，信用程度高。具体分析广州地区的金融生态环境，我们会发现，广州地区从中国近代以来就一直是对外开放地区，因此当地居民思想开放，具有敢闯敢拼精神。广州地区的中小民营企业数量众多，这些企业的发展离不开银行资金的支持，同时由于这些中小民营企业具有较强的盈利能力，这就为银行的风险控制提供了一定的保障。此外，广州市政府一直鼓励和倡导本地区金融机构发展，并且在各方面给予了很多优惠和支持政策，这就使广州银行能够直接与市政府合作，为许多

---

① 白钦先，马东海．中国中小银行发展模式研究［M］．北京：中国金融出版社，2010.

市政项目提供贷款支持。另外，广州地区由于深受外来文化尤其是带有英美模式的香港文化的影响，广州居民的维权意识很强，这就使银行必须提供更加优质的服务才能满足当地居民的要求。因此，广州地区从大环境上来说服务业发达而且服务水平和质量都处于领先地位，广州银行作为服务业企业，身处在这样的环境下加上自身的不断改进和提高，其服务水平在同行业中一直领先。

（二）良好的法治环境对银行的发展具有积极作用

在广州银行改革重组之前，由于法律体系的不完善加上部分银行网点的不自律行为最终酿成了违规账外操作案件。但是在改革重组过程中，由于地方司法机关的支持，成立专门的案件小组对过去的违规操作案件追究到底，从而为广州银行挽回了部分损失。正是因为这种对债权人负责、保护债权人的法律环境，使违法案件必将被追究到底，腐败情况得以控制。相比全国情况而言，广州地区的法治环境较好，但是在很多方面也需要进一步改进，还需加强金融立法，强化法律对金融机构的约束；还需要提高金融执法效率，及时发现金融领域违法犯罪行为并加以制止；还需要保证司法的独立性，在金融犯罪行为发生以后，能够公平、公正、公开地处理。这些都有利于构建良好的法治环境，从而进一步推动银行的规范化发展。

（三）信用环境关乎银行的生存和发展

自有交换关系之日起，就存在信用的维系和制约问题，失信和守信贯穿了市场经济发展的全过程。我国市场经济建立的时间较短，信用的基础十分薄弱，缺乏信用意识，市场信用制度不健全，信用缺失现象非常严重。商务部的调查结果显示，中国企业因信用问题造成的损失达到 6000 亿元，其中因逃废债务造成的损失约 1800 亿元；每年中国违法合同占合同总数的 6%，因合同欺诈等违法行为造成损失超过 1000 亿元；全国每年签订合同 40 亿份，而履约率仅仅为 60%[①]。以上数字都说明了我国社会目前面临严重的信用缺失。

从银行与企业的关系来说，一些企业与银行之间的定位错误，主要是国有企业认为从银行贷款是从国家口袋里面拿钱，逃避银行债务成为一种经营手段。企业法制观念淡薄，缺乏信守贷款合同的意识。比如项目贷款中明确规定了贷款资金的用途，许多企业一旦拿到贷款，就擅自改变贷款用途，从而加大了贷款的风险。广州银行在改革重组之前，由于银行自身问题和贷款企业诚信问题，造成了很多不良贷款，使贷款无法收回从而影响银行正常运营。改革重组之后，广州银行针对信用风险问题建立了一整套的贷前、贷中、贷后审查和监督措施。但是从另一方面来说，社会诚信缺失的现象给银行经营造成了额外的压力，因为银行需要投入大量人力物力去防止信用风险。如果整个金融行业乃至整个社会都能处于良好的信用环境之下，将对银行的发展带来极大益处。

[①]　数据引自中国企业家协会会长王忠禹在 2011 年"全国企业文化年会"上的讲话。

（四）监管环境也是金融生态环境的一个重要方面

对银行来说，宽严适度的监管环境对银行的发展极为有利。如果监管过严，通过限制金融机构的业务经营范围、限制金融创新、控制金融价格来保证金融市场的稳定，这种做法是不可取的。因为这样会使金融市场得不到应有的发展，金融机构也将面临发展瓶颈。但是监管过松也不行，鼓励金融机构发展本是好事，但若是只顾着追求发展，而对很多问题在监管上采取放任自流、不闻不问的态度，这些问题必将积累到一定的程度后爆发出来。这样对金融机构的危害反而更大，有可能使金融机构在危机中破产倒闭。结合广州银行的历史与现实情况可以更加直观地看到，过去由于监管部门监管不到位，加上历史遗留下来的许多问题，使危机爆发，广州银行一度面临破产倒闭的境地。之后的改革重组中，广州银行在加强内部监管的同时，积极配合相关监管部门的工作，监管部门在重组过程中也一直关注广州银行的动态。正是在这种内外监管结合的环境中，广州银行逐步甩开历史遗留包袱，不良贷款率趋于零，无一起重大不良贷款事故。

四、广州银行的未来发展方向

广州银行的改革重组已经取得了重大成就，经营管理能力和风险控制水平都得到了全方位改善，改革重组后的广州银行面貌焕然一新。这当中既有广州银行自身的不懈努力，也有地方政府和人民银行的大力支持，可以说是在各方面共同努力下才将广州银行从破产倒闭的悬崖边拉了回来，实现了"广商行奇迹"。

未来，广州银行将积极开展公开上市工作，沿着改革重组的方向继续走下去，力争发展成为拥有良好信誉、内部治理完善、日常经营正常、财务状况良好的充满竞争力的全国性商业银行。具体而言，主要在以下几方面努力做到更好、争取有所突破。

1. 继续加大发展力度，实现各项业务规模有所突破。广州银行将着力协调发展公司业务、个人业务以及中间业务，并以公司业务为主导，带动个人业务和中间业务的协调发展。增加个人业务和中间业务的服务种类，提高服务质量，提高收入所占比重，从而实现多元化发展。在业务规模不断发展壮大的同时，重点打造一些特色品牌，培育优势业务项目，开放具有针对性的业务品种。从而使广州银行在做大的基础上不断做精、做细。

2. 改善股权结构，进一步改善公司治理结构。广州银行目前的股权结构还不够完善，具体表现为地方政府所占股权比重偏大，超过上市公司所要求的最高持股比重，股东总数12114户远大于上市所要求的200户以内。因此必须加快落实引进战略投资者的工作，从而实现股权结构的合理完善直至达到上市要求。引进战略投资者不仅可以为广州银行的发展带来充足的资本金，改善股权结构，而且可以引入先进的管理技术和经营理念。在股权结构改革完成以后，广州银行将积极探索公司上市，成为一家公开上市的银行。

表 4.3 广州银行前十名股东持股情况（2016 年末）

股东名称	持股数（股）	占比（%）
广州金融控股集团有限公司	4152057798	50.01
广州市广永国有资产经营有限公司	2321531994	27.96
广州金骏投资控股有限公司	830000000	9.99
广州电气装备集团有限公司	170130672	2.05
广州万力集团有限公司	168000000	2.02
广州金控资本管理有限公司	39896416	0.48
佛山市华银集团有限公司	26730529	0.32
广州汇华投资有限公司	20663636	0.25
广州市越秀国有资产经营有限公司	16565083	0.20
广州市东山国有资产经营有限公司	15053411	0.18
合计	7760753042	93.48

3. 继续加大跨区域经营力度，努力使业务范围覆盖全国主要大中城市。广州银行目前已在深圳、佛山、南京、中山、江门、惠州、肇庆、东莞、横琴设立了分行，按照发展规划，将来广州银行将在北京、上海、杭州、苏州等地陆续开设分支机构，服务范围覆盖全国主要城市。未来广州银行将立足珠三角，进军长三角、京津冀地区，向全国范围发展，真正实现由区域性商业银行向全国性商业银行的转变。

第五章　汕头市商业银行重组

汕头市商业银行（以下简称汕头商行）自 2001 年 8 月 10 日实施停业整顿以来，历经艰辛探索与努力，于 2011 年 9 月 8 日重组成功并宣告广东华兴银行挂牌成立，使困扰广东省多年的最后一家问题城市商业银行得到妥善处置，标志着广东城市商业银行遗留金融风险问题全部得以解决，对广东城市商业银行重组和金融改革创新具有里程碑式的意义。

汕头商行的重组是广东城市商业银行重组，乃至整个中国城市商业银行重组改革中一个极具特点的案例。该行的重组从一个商业银行实施停业整顿开始，没有现成经验可供借鉴，整个重组过程可以说是摸着石头过河。地方政府主导了这个银行的重组，在依法依规的前提下，结合具体实际，从体制机制、公司治理、债务处置、债权资产的清收、资产负债剥离、职工安置等方面进行了大量有益的探索，创造性地使用了"政府主导 + 引入民企 + 金融创新"的重组模式。重组后重新开业的银行更名为"广东华兴银行"（以下简称华兴银行），发生了脱胎换骨式的变化。

第一节　汕头市商业银行重组的历史背景与历程

一、汕头商行重组的历史背景

20世纪70年代末，随着中国经济体制改革的逐步开展，城市信用社开始出现，1979年6月河南省驻马店成立了我国第一家城市信用社——河南省驻马店信用社。1986年1月，国务院颁布《中华人民共和国银行管理暂行条例》，明确了城市信用社的地位。同年6月，中国人民银行公布《城市信用合作社管理暂行规定》，对城市信用社的设立条件、服务范围、性质等做了规定。1988年8月中国人民银行正式颁布《城市信用合作社管理规定》，提高了城市信用社的设立条件，注册资本由10万元提高到50万元。1989—1992年，中国人民银行对城市信用社进行了清理整顿，对经营不善的城市信用社予以撤并。

随着我国经济的高速发展，城市信用社的数量急剧增加，在绝大多数县（市）都出现了城市信用社。自1995年起，根据国务院指示精神，为切实防范和化解金融风险，确保社会稳定，进一步加强对城市信用社的监管，部分地级城市在城市信用社基础上组建了城市商业银行。到1999年底，除了对少数严重违法违规经营的城市信用社实施关闭或停业整顿外，约有2300家城市信用社被纳入90家城市商业银行组建范围。

汕头商行是金融体制改革的产物。从1987年7月第一家城市信用合作社成立开始，汕头市先后经历了城市信用合作社、城市合作银行和汕头商行三个阶段。1997年2月，经中国人民银行批准，汕头市在13家城市信用社基础上组建成立汕头市城市合作银行；1998年5月，更名为汕头市商业银行股份有限公司，是具有独立法人资格的商业银行。成立伊始，该行注册资本4.14亿元，管理资产80多亿元，下设10家一级支行和48家二级支行，拥有员工1362人。

然而，从众多信用社合并而来的汕头商行并没有建立起完善的公司治理结构和风险管理体系。相反，从信用社时代延续下来了一系列违规经营行为，账外贷款严重，资产质量低下。从外部环境来看，20世纪90年代末期发生的亚洲金融危机和广国投破产事件①，都对汕头商行的支付危机产生了重要影响。汕头周边一些城市信用社首先出现挤提风波，1999年7月，汕头商行也出现了挤提现象，继而发生支付危机，造成银行不能正常营业。经多方努力未果，为维护地方金融秩序稳定，经中国人民银行批准，汕头商行从2001年8月10日起实施停业整顿。

停业整顿前，汕头商行已基本沦为一具空壳。首先，严重资

---

① 广国投破产时的资产总额为214.71亿元，负债总额为361.65亿元，资产负债率为168.23%，资不抵债146.94亿元。鉴于其负债非常严重，广东省高级人民法院于1999年1月宣布该公司破产。这是中国首宗非银行金融机构破产案，涉及世界上130家著名银行，对广东金融业来说，这无疑是一个重大的历史事件。

不抵债。据清产核资报告显示，当时其账面总资产53.5亿元，其中贷款21.77亿元，应收款22.63亿元，固定资产4亿元，现金及银行存款1.5亿元；总负债68.34亿元，其中欠中央银行再贷款20.835亿元，欠汕头市财政30.86亿元（向省财政借入资金21.1亿元、市财政局存款5.32亿元、向市财政局借款2.89亿元、其他1.15亿元），欠党政机关和事业单位10.85亿元，欠国税、地税6.16亿元，欠异地单位4.3亿元，欠民营企业、涉农存款0.25亿元。在提取40.25亿元贷款呆账准备后，该行总资产实为13.5亿元，负债总额为68.82亿元，资不抵债55.3亿元。其次，违法违纪严重。广东省纪委及公安部门就涉及汕头商行案件立案查处103人，其中总行正副行长、支行正副行长、营业部和信贷部负责人51人，党政纪处分61人，刑事判决33人，涉案金额达46亿元。最后，股权结构庞杂分散。股东总数达4036户，其中自然人股东3000多户，法人股东800多户，包括地方财政、社保基金、企业公积金等。整个汕头商行积聚了严重的金融风险，为整顿处置工作带来了极大困难。

此外，回顾汕头商行的重组背景，不得不考虑对其实施停业整顿时汕头市的经济社会环境。2000年，潮汕地区发生大量的违法违规骗取出口退税案件、汕头市财政腐败的系列案件及汕头商行的不良贷款导致破产处置，对潮汕的经济造成致命性的打击，由此造成了"潮汕诚信危机"，当时朱镕基总理亲自派中央调查组查办这些案件。从契约关系的角度看，这些案件违反的是社会契约。这种违约行为造成了潮汕地区乃至中国的市场经济体系、全球贸易的混乱，对全国尤其是潮汕地区经济秩序有着极其不良的影响，削弱了潮汕地区长远的竞争力。仅就商业银行案件而言，汕头商行的存款人因为不良贷款过多，导致汕头商行破产，数亿元存款无法追回，许多家庭的全部积蓄瞬间蒸发。这种"诚信危机"大大增加了汕头商行重组的难度。

二、汕头商行重组的主要历程

汕头商行作为广东省地方金融风险处置中一个"烫手的山芋"，从2001年实施停业整顿到2011年重组成功，整个过程可分为四个阶段。

第一阶段：2001年至2003年初，停业整顿，寻求破产清算。实施停业整顿后，广东省委、省政府和监管部门一直都十分重视解决汕头商行问题，指示由汕头市委、市政府牵头，对汕头商行进行清产核资和资产评估，基本完成了自然人存款兑付15亿元，除留用132人外，妥善分流安置员工1230人。鉴于汕头商行资不抵债数额巨大，2003年2月，广东省政府曾请示国务院对汕头商行施行破产清算程序，但因广国投破产案影响太大，考虑到金融机构破产会对地方金融生态环境、当地经济社会发展乃至国家社会稳定产生较大影响，国务院未予同意。汕头商行处于"求死不成，求生更难"的困境。

第二阶段：2003 年至 2008 年，寻求战略投资者，推动重组。这五年期间，在国家有关部门及广东省委、省政府的大力支持下，汕头市政府先后与美国汉鼎亚太公司、中国东方资产管理公司、庄世平先生（已故）等侨胞组成的投资团队、深圳盈信投资发展公司、大中华国际集团（深圳）有限公司、国家开发银行、中信集团等近 20 家境内外金融机构和投资者接洽，商谈重组事宜。然而由于历史包袱沉重，重组代价高昂，其间屡次引进潜在重组方均"浅尝辄止"，无疾而终。经过不懈努力，2008 年 4 月，汕头市政府终于与重组信心较大、实力雄厚的广东侨鑫集团①谈判成功，共同签署"重组汕头市商业银行框架协议书"，重组工作再次启动。

第三阶段：2009 年至 2011 年初，全面启动，加速重组。2009 年 9 月，广东省政府向国务院上报《关于汕头市商业银行实施重组的请示》，10 月初，国务院总理和两位副总理批示，原则上同意由广东省政府牵头组织协调对汕头商行实施重组，确保全部资产损失和债务彻底处置；中国银监会要加强指导监督。广东省政府随即决定由主管副省长牵头的省金融改革发展领导小组指导汕头商行改革重组，协调解决重大问题。2010 年 1 月，广东省政府下发《关于同意汕头市商业银行实施重组的意见》；同年 2 月，汕头市委、市政府依据广东省政府的批示成立了汕头商行重组工作

---

① 侨鑫集团董事长周泽荣先生出生于汕头市，是澳籍华人。他心系家乡，倾力支持汕头商行重组。

协调领导小组和汕头商行遗留问题工作组，分别由市委书记和分管副市长负责，依法合规妥善处理汕头商行历史遗留问题。2010年12月，广东省政府向中国银监会上报汕头商行重组方案；2011年1月，中国银监会以银监函〔2011〕6号文复函广东省政府同意汕头商行重组后更名为"广东华兴银行股份有限公司"，并强调依法合规妥善处置历史遗留问题，绝不能把旧风险带到新银行来。

第四阶段：2011年3月至2011年10月，成功重组，更名复业。2011年3月，按照国务院和中国银监会的要求，以历史债务"彻底剥离、新老划断"为目标，从构建高素质董事会着手，由侨鑫集团牵头组成华兴银行筹备组，全力招募具有金融管理经验和实力的大企业、大股东入股，并全力推动新银行筹建。2011年5月15日，汕头市政府安排金源公司和汕头商行签署了《资产及负债处置协议书》，由金源公司承接了汕头商行未处置的债权债务，妥善安排遗留人员，保障社会稳定。2011年9月8日，华兴银行正式揭牌成立，注册资本50亿元；10月30日，华兴银行广州分行正式成立并开业。至此，汕头商行历经十年磨砺，终于涅槃重生。

第二节　汕头市商业银行重组的难点

由于汕头商行是经过停业整顿后再重组的，历时长、社会影响大，涉及12000户近70亿元债务问题，没有先例和经验可循，重组过程中面临资产清算、债务处置、股本募集等许多困难。

一、破产清算难

1997 年，汕头商行拥有 80 多亿元总资产和 50 多个网点。从资产规模和网点数目方面看，汕头商行在当时城市商业银行中堪称一流身价，当地政府也对这个嫡系金融机构厚爱有加，汕头市的财政收支、工资代办、企业流动资金、大型基建基金等都得通过汕头商行。但由于管理混乱，出现了高息揽存、挪用资金的情况，账外经营严重，以致发展到严重资不抵债、申请破产清算的境地。2001 年，汕头商行放出的贷款中坏账资金高达 40 多亿元，无法向私人储户偿付的债务约 15 亿元。

2001 年 8 月，这家成立仅 4 年的城市商业银行被中国人民银行勒令停业整顿，当时托管给建设银行广东省分行。2003 年 2 月，广东省政府曾请示国务院对汕头商行进行破产清算。若当时国务院批准对汕头商行进行破产清算，则将会是我国第一个停业整顿的商业银行破产案例，这必将严重影响到汕头市的金融稳定和城市形象，更会影响到当地经济社会的发展和社会稳定，再加上考虑到之前广国投破产案的重大影响，因而国务院一直未同意破产清算。

不仅如此，汕头商行重组中的资产清收保全工作也面临着诸多困难，需要多部门协调配合。为顺利推进资产清收保全工作，汕头市政府成立了由金融办、纪检监察、公检法、国土、工商等部门骨干成员组成的资产清收组。截至 2011 年 8 月，累计清收到位的资产为 34.75 亿元（含停业整顿前抵债资产及原剥离不良 20 亿元部分的资产），只占应收资产总额 79.81 亿元的 43.54%，仍有超过一半资产没有清收到位。

二、债务处置难

妥善处置债务是汕头商行重组的前提，是新银行筹建工作顺利进行的重要保证。但是，汕头商行债务复杂，包括自然人存款、财政专项借款、中央银行再贷款、待解税款、一般性对公债务五大类，其中省财政专项借款 16.69 亿元和中央银行再贷款 20.835 亿元分别占负债总额的 27.3% 和 30.4%，总计 38.575 亿元的债务成为汕头商行实现成功重组的最大障碍。毫不夸张地说，债务处置是汕头商行资产能否重组成功的关键环节。在汕头商行的债务构成中，除了处置难度较大的一般性对公债务外，中央银行和财政的专项借款是以往银行业金融机构重组中较为少见的。经深圳鹏城会计师事务所审计，截至 2008 年 6 月 30 日，汕头商行资产总额 13.98 亿元，负债总额 68.82 亿元，包括中央银行再贷款 20.835 亿元、省财政专项借款本金 16.69 亿元、滞留待解税款 6.16 亿元、一般性对公债务 23.37 亿元、自然人存款 0.92 亿元，其净资产负值高达 −54.84 亿元。处置构成如此复杂且数额特别巨大的债务，难度巨大，稍有不慎将触发社会矛盾。

三、股本募集难

股本募集是重组成立一家新银行的基础性和关键性工作。根据当时的重组安排，新银行需通过募集一定数量的股本金覆盖巨额的重组费用，但从 2010 年起国家开始实施紧缩的货币政策，使企业资金日趋紧张。同时，原汕头商行的一些不利因素也不断影响投资者的积极性，很多投资者降低了投资比例甚至退出投资者竞争行列。再者，汕头商行的重组恰逢国际金融危机冲击的时期，使募集资金雪上加霜。另外，由于对部分债务实施"债转股"，在财务报表上造成了汕头商行巨额盈利，按现行税法应缴纳所得税，这会给新银行和投资者造成很大的财务负担，影响投资者的积极性。

在重组过程中，寻找重组发起人一直是磕磕绊绊的。汕头市政府先后与美国汉鼎亚太公司、中国东方资产管理公司、庄世平先生（已故）等侨胞组成的投资团队、深圳盈信投资发展公司、大中华国际集团（深圳）有限公司、国家开发银行等近 20 家境内外大金融机构和投资者接洽，商谈重组事宜。然而由于历史包袱沉重，重组代价高昂，其间屡次引进潜在重组方均"浅尝辄止"，无疾而终。

四、重组时间紧、复业难

为了维护社会稳定，给停业整顿创造良好的法律环境，在广东省政府的支持下，汕头市政府积极争取最高人民法院、中国人民银行和中国银监会的支持，最高人民法院于 2001 年 10 月 18 日下发《最高人民法院关于涉及汕头市商业银行实施停业整顿中有关民事案件问题的通知》。该通知执行期满后，汕头市有关领导又多次带队前往北京，汇报汕头商行停业整顿和重组进展情况，取得了中国人民银行、中国银监会、最高人民法院的支持，先后 14 次延长司法保护期限。但是，由于汕头商行司法保护期的截止日期是 2011 年 6 月 30 日，如不能在截止日前完成历史问题处置和新银行挂牌，将失去司法保护而面临许多债务诉讼。在此背景下，筹备组一方面要加紧新银行的筹建工作，另一方面要协助政府处理历史遗留问题，而且还要不断协调各个投资者，任务相当繁重。

我国的商业银行实施停业整顿后进行重组，汕头商行是首例，没有完整的处置法规和重组案例可以借鉴。诸多技术性难题也阻碍重组顺利开展，又不能把旧问题、旧风险带到新银行来，因此只能一步一步地摸着石头过河。与此同时，原股东股本 20∶1 缩股的处置方案招致老股东反对，进一步加大了新银行召开临时股东大会的难度。

在公司治理方面，重组前的汕头商行没有建立完善的现代法人治理结构，管理混乱，治理监管机制不健全，不同层级机构之间、不同利益主体之间没有制衡，对高层管理者没有有效的制约，因而无法避免因高管决策失误造成的不利影响。重组新银行必须重新开始，探索建立完善的公司法人治理结构，明晰公司投资者、决策者、经营者、监督者的基本权利和义务，实现新银行公司法人治理结构的各组成部分相互协调、相互配合、相互制约，高效地治理公司。这些都大大增加了新银行复业经营的困难。

第三节　汕头市商业银行重组中的金融创新

汕头商行重组的艰巨性和复杂性史无前例，其工作难度、成效及社会影响都是以往城市商业银行重组难以比拟的。自 2009 年底起至 2011 年 8 月不足两年的时间内，在缺少明确法规指引的背景下，重组依据国务院领导的批示和中国银监会批准的方案，妥善处理好金融改革与依法合规的关系，大胆探索金融创新、尝试政策突破，平稳解决了汕头商行 12000 户近 70 亿元债务问题，使停业整顿十年的汕头商行脱胎重生，成为公司治理架构和组织管理机制完整、注册资本达 50 亿元且无不良资产的新银行。

一、债务处置方式创新：以"债转股"形式解决主要债务

（一）债转股的定义

所谓债转股（Debt Equity Swap），是指国家组建金融资产管

理公司，收购银行的不良资产，把原来银行与企业间的债权债务关系，转变为金融资产管理公司与企业间的控股（或持股）与被控股的关系，债权转为股权后，原来的还本付息就转变为按股分红。国家金融资产管理公司实际上成为企业阶段性持股的股东，依法行使股东权利，参与公司重大事务决策，但不参与企业的正常生产经营活动，在企业经济状况好转以后，通过上市、转让或企业回购形式回收这笔资金。

无论是发达国家还是发展中国家或者转轨国家，都遇到过银企之间债权与债务问题①；特别是当我国的国有企业达到"大而不能倒"的程度时，使用"债转股"手段成为必然。党的十五届四中全会通过的《中共中央关于国有企业改革和发展若干重大问题的决定》提出："结合国有银行集中处理不良资产的改革，通过金融资产管理公司等方式，对一部分产品有市场、发展有前景，由于负债过重而陷入困境的重点国有企业实行债转股，解决企业负债率过高的问题。"这为债转股在我国的使用奠定了最根本的行政依据。1999年10月中旬，为了集中管理和处置工行、农行、中行、建行四大国有商业银行历史遗留且长期得不到解决的不良贷款，我国政府成立了信达、华融、长城和东方四家资产管理公司

---

① 有关部门统计表明，改革开放以来国有企业的资产负债率一直呈上升之势：1980年为18.7%，1993年为67.5%，1994年为70%以上，其中流动资产的负债比率为95.6%，这意味着企业的生产周转资金几乎全部靠贷款；2011年末国有企业资产负债率高达64%，十年间累计上升接近20个百分点（按财政部公布信息），高负债率并未得到有效缓解。而在通常情况下，企业负债率以50%左右为宜，美国和英国的企业负债率一般仅为35%~45%。

（Asset Management Corporation，AMC），分别收购、经营、处置来自四大国有商业银行及国家开发银行约 1.4 万亿元的不良资产，标志着我国债转股工作正式启动。

（二）债转股的方式和流程

通行的债转股方式主要有表 5.1 所给出的五种，具体到不同的公司，债转股究竟使用哪种方式，应根据相关各方的目的、财务状况、经营情况及相关背景来综合考虑。

表 5.1 债转股方式及特点

债转股方式	特点
债转股结合新股发售	对被债转股企业尚未改制上市的，债权方可以所拥有的债权作为出资参与债务方的股份制改造，将债权转为股权并通过新股发售变现
控股权转让中的债转股	企业控股权转让往往意味着企业发展方向、主营业务等的改变，是企业重组的重要方式之一。要完成企业控股权的转让，被控股企业的债务负担能否妥善解决往往是关乎成败的重要因素。债转股在此方面则有广泛的运用空间
三角置换	债权方以所持债权置换债务方持有的第三方企业的股权或债权，包括债权转股权后的再置换。当债务方自身资产质量较差，债权人不能接受其债权转股权时，如果该债务企业持有其他企业的股权或债权，三角置换式的债转股则可以达成目的
债权转质押股权	当企业债务到期无法清偿时，债务方以本企业等值股权做抵押重新取得对债权方到期债权资产的占有使用权，双方签订"股权质押协议"，质押期内债权方或享受按年度领取固定利息分红的优先股股东的待遇；或者享受按实际经营收益参与分红的普通股股东的待遇，质押期满债务方偿还原始债务。如债务方不能履约，债权方有权对质押股权进行处置

债转股方式	特点
债权转回购股权	当企业债务到期后无法立即清偿时，债权债务双方签订"股权回购协议"，债权方以所持债权形式购买债务方等值股权（协议期内不办理股本或股权变更手续），转换价格以剔除该部分债务后的净资产值为据，同时约定债务方的回购期限及回购价。回购价有两种确定方式，其一是在考虑资金时间价值及机会成本的基础上确定，通常应以年利率表述；其二是订明以到期日等额股权的净资产价值作为回购价

债转股因方式不同而程序各异，一般而言，主要包括以下四大步骤：达成债转股意向、获取政府部门批准、资产债务评估和债转股比例确定。这其中，后两个环节工作最为烦琐。

对债务的确定，可参照的有两种方法：一是将不良资产以市值转让，这种做法在操作上会很复杂和费时，但能正确反映债权的真实价值；二是将银行债权以面值转让，这种做法的好处在于可以不必对企业债务进行准确的评估，可以尽快把不良资产从银行剥离出来，且银行的资本充足率不会受到影响，但这样的期票需要有政府担保。资产的价值确定也有两种方式：账面价值法和公允价值法，在债转股时确定企业资产应以公允价值为准，公允价值的确定主要取决于具体价值标准的选择。

然而，债转股比例的确定关系到债权、债务双方的切身利益，是债转股操作中的关键环节。债转股最简单的方式是1:1转股，假设评估的净资产为A，拟转股本的负债为B，则1:1转股后债权人所占股份为 $B \div (A + B) \times 100\%$，但1:1转股比例并非绝对公平，而是需要债权、债务双方通过协商确定，可能是溢价转股，也可能是折价转股，而企业净资产收益率与银行贷款利率则是决定转股比例的重要因素之一。

（三）汕头商行债转股

在金融企业陷入危局的时候，政府对于是否介入救助往往处于两难的境地：一方面，由于金融企业可能"大而不能倒"，单个企业的倒闭可能引发区域乃至全局的系统性金融风险，政府必须出手纠正市场失灵；如2008年国际金融危机中美国政府对贝尔斯登、房地美和房利美的救助。在我国则表现为储户存款保险制度不完善情况下，金融企业特别是商业银行的倒闭会对储户造成巨大伤害，进而引发社会维稳压力，政府不得不充当"最后借款人"的角色介入。另一方面，金融企业由于考虑到政府最终会介入对不良贷款"兜底"而在经营中疏于对风险的防范。金融企业"道德风险"的行为使财政投入又有变成新坏账的风险。怎么才能既让政府财政介入帮助危局中的金融企业，又能防止巨额的债权打水漂，汕头商行重组中采用的"债转股"方法很好地解决了这个问题。

汕头商行的债转股主要涉及中央银行的再贷款和省财政的贷款，结合当时的情况，经过多方协商争取，重组方采取了第一种方式——债转股结合新股发售。中央银行、省财政拥有的债权作为出资参与债务方的股份制改造，将债权转为股权。

汕头商行债务复杂，仅省财政专项借款和中央银行再贷款就

占负债总额的近60%。实际上，从财务的角度看，汕头商行早已
"技术性破产"。在2008年以前，汕头市政府联系的诸多国内外重
组意向方最终都因为汕头商行巨大而繁复的债务打了"退堂鼓"。

但是，通过"债转股"的方式彻底解决债务包袱，几乎是汕
头商行能继续重组的唯一道路。从实际情况看，最大的困难有两
个：一是要得到中央银行特批再贷款债转股。中央银行再贷款作
为基础货币投放，按常规必须足额偿还。在此之前，并没有将中
央银行再贷款直接实行债转股的先例。二是债转股比例的确定。
这个比例的确定很微妙，因为债务主体是中央银行和省财政，投
资方在谈判决定比例中处于弱势地位，只能被动地接受转股比例，
但如果是按1:1转股，对重组方而言成本就太过于高昂，没有投
资者愿意接盘。如何确定一个国家、省和投资方三方都能接受的
比例，是取得债转股突破的关键。

在这个关键的节骨眼上，广东省委、省政府做出了重大贡献。
一是同意将省财政的贷款实施债转股，而且在转股比例上做出了
巨大让步，同意将借款本息的90%豁免，其余10%按1:1转股，
实际上，相当于总体债务实施10:1的债转股。二是通过省委、省
政府主要领导积极争取中央银行批准债转股。最终中央银行为此
次重组首开"特例"，将中央银行再贷款按5:1的比例实施"债转
股"，从而突破了汕头商行债务偿还的最大瓶颈，也成为汕头商行
重组中金融创新的最大亮点。如此一来，投资团队只需向汕头市
政府提供3亿元遗留债务处置金及财政欠款债转股股本金1.969

亿元、中央银行再贷款债转股股本金 4.377 亿元、原股东缩股本金 0.207 亿元，一共仅以 9.553 亿元重组资金，便得以处置总额多达 68.91 亿元的债务。广东省委和省政府主要领导的推动，无疑给投资者打了一剂"强心剂"，使后续的重组资金迅速到位，重组工作进入了快车道。

二、股权结构创新：形成股权多元化、民企主导、相互制衡的新型股东架构

金融企业通过引入国外大财团或国内大央企作为战略投资者，丰富投资主体，优化股权结构，带来先进的公司治理经验，从而改善银行公司治理机制，是近十多年来国内外金融机构并购重组的成功经验。但在目前国际金融危机余波未平，世界经济陷入低潮的国际大环境下，一些国外大财团尚且自顾不暇，即便有投资意愿其条件也相当苛刻，有的甚至唯利是图，战略投资极易变成"战略投机"。国内大央企"大鸡不吃小米"，合作意愿不强，且多限于国企的诸多制度规定掣肘，难以真正参与到企业优化管理中。与此同时，民间资本已成为促进中国经济发展的重要驱动力。据全国工商联统计，民间资本对中国 GDP 的贡献已超过 60%，企业数量占全国的 70% 以上，85% 以上城镇新增就业岗位、90% 以上农村转移就业源于民营经济；中国技术创新的 65%、专利的 75%、新产品的 80% 也是由民营经济实现的。民营资本参与市场

竞争力空前提高，在对民间资本实行国民待遇呼声日渐高涨、民间资金相对充裕的宏观形势下，引进国内的战略投资者，实现投资主体多元化更符合国情。2010 年出台的《国务院关于鼓励和引导民间投资健康发展的若干意见》中，明确提出允许民间资本兴办金融机构，这也为民企参与战略投资提供了法律依据。

侨鑫集团作为一家立足中国的多元化跨国企业集团，是民营企业的佼佼者。董事长周泽荣先生为澳籍华人，近年来积极支持家乡汕头的投资建设，尤其是倾力支持汕头商行重组。经汕头市政府和侨鑫集团等多方积极努力，汕头商行成功重组并更名为"广东华兴银行"。

华兴银行的增资扩股遵循了四个原则：一是股权结构稳定、投资主体多元化；二是引入一家综合实力强、风险管控水平高的商业银行担任本行战略股东；三是优先选择实力强、投资理念成熟的知名大型企业入股；四是严格按照有关法律法规的规定并遵照有关监管部门的要求实行。按照上述四个原则，华兴银行筹备组在货币政策从紧、企业资金短缺，以及其他不利因素环境下，经广东银监局批准，以非公开募集方式，在不到半年时间内完成了股本募集。华兴银行的股本金定为每股 1 元，总股本增资扩股到 50 亿股，按照广东省政府"股东资质优良、股权结构优化、投资主体多元化、并引入战略投资者"的募股原则，确定了侨鑫集团（出资 17.5 亿元，占 20% 股份）、哈尔滨银行（出资 13.125 亿元，占 16% 股份）、上海升龙投资（出资 8.75 亿元，占股 11.02%）以及新产业投资（出资 8.75 亿元，占股 11.02%）等投资者。

华兴银行的股权结构在国内同类型商业银行中具有典型的创新性：一是民营企业占主导地位。以往地方城市商业银行重组一般都由大型中央企业或国有企业绝对控股，即便是引入战略投资者、财务投资者，也是以引进国外资本为主。但在华兴银行的股东中，大型民营企业持股份额达到 60.77%，真正实现了民营资本在金融等垄断性高端服务业的企业"当家作主"，有利于推进新银行的市场化运作。

表 5.2　　　　引入外资金融机构参股的城市商业银行

城市商业银行	引入的外资股东	时间	出资额	初始认购股份/比例
西安商行	加拿大丰业银行	2002 年	5376 万元	2.50%
	国际金融公司			2.40%
齐鲁银行	澳洲联邦银行	2004 年	2500 万澳元	11%
北京银行	荷兰 ING 银行	2005 年	17.8 亿元	19.90%
	国际金融公司	2005 年	4.2 亿元	5%
杭州银行	澳洲联邦银行	2005 年	7800 万美元	2.642 亿股/19.9%
	亚洲开发银行	2006 年	3000 万美元	0.66 亿股/4.99%
天津银行	澳新银行	2005 年	—	约 4.96 亿股/20%
宁波银行	新加坡华侨银行	2006 年	5.7 亿元	2.5 亿股/12.2%
重庆银行	香港大新银行	2006 年	6.94 亿元	17%
成都银行	马来西亚丰隆银行	2007 年	19.5 亿元	6.5 亿股/19.99%
青岛银行	意大利联合圣保罗银行	2007 年	1.35 亿美元	19.99%
	英国洛希尔金融集团	2007 年	2540 万欧元	5%

续表

城市商业银行	引入的外资股东	时间	出资额	初始认购股份/比例
烟台银行	香港恒生银行	2008 年	8 亿元	4 亿股/20%
	永隆银行	2008 年	2 亿元	9980 万股/4.99%
厦门商行	富邦银行	2008 年	2.3 亿元	9995 万股/19.99%
德阳商行	国际金融公司	2009 年	2.11 亿元	15%

资料来源：根据网络资料整理。

二是股权适度多元化。华兴银行打破了"一股独大"的垄断常规，股东包括民营企业、国有企业、股份制商业银行等，新股东涵盖了优秀民营企业、股份制商业银行、中央银行和财政、大型国有企业；行业类型包括金融和财政、地产、投资、制造业、医药以及商贸服务等行业。在前五位大股东中，侨鑫集团持股20%，哈尔滨银行持股15%，代表中央银行和财政的国有企业持股约13%，深圳新产业投资和上海升龙投资各持股10%；增资扩股后，国有股占22.78%，法人股占77.12%，自然人股占0.10%。可以说，重组之后，华兴银行股权实现了多元化，股本结构更加分散合理，股东实力雄厚、信誉卓越，将给银行的长期发展提供宝贵经验和管理支持。此外，由于重大问题必须通过董事会2/3的成员同意，这种适度分散的股权结构有利于形成股东间相互制衡的决策机制，避免重大决策上的独断专行，加快建立现代银行的公司治理结构。

表 5.3 华兴银行前十大股东持股情况

序号	股东名称	持股比例	行业特征	所在地
1	侨鑫集团有限公司	20.00%	房地产	广州
2	哈尔滨银行股份有限公司	16.00%	商业银行	哈尔滨
3	上海升龙投资集团有限公司	11.02%	房地产	上海
4	新产业投资股份有限公司	11.02%	投资	深圳
5	汇达资产托管有限责任公司	8.75%	资产托管	北京
6	杭州汽轮动力集团有限公司	8.00%	制造业	杭州
7	盛虹集团有限公司	6.90%	制造业	苏州
8	广东粤财投资控股有限公司	3.94%	金融投资	广州
9	浙江中汉卓信控股集团有限公司	3.00%	医药	杭州
10	西安开元投资集团股份有限公司	2.40%	商业零售业	西安

三、重组模式创新：在休眠状态下实现"重组更名复业"

一般而言，一个金融企业被停业整顿，基本就相当于被判处了"死刑"，破产是最常见的结果。但是，商业银行的破产不仅会使投资者和一般储户血本无归，也会给政府带来巨大的社会维稳压力，甚至会严重破坏该地的信用环境，阻碍经济社会健康发展。金融的巨大破坏力是自"广国投"案以来广东省"谈金色变"的重要原因。

重组是除了破产以外最大限度地减少国家损失，最大限度地维护债权人及股东的合法权益，最大限度地减少对社会稳定和经济发展的负面影响的有效途径。商业银行的重组历来都是在正常营业中进行，汕头商行在停业整顿长达十年的"休眠"状态下进行重组，在国内史无前例。在重组银行的名字选择上也费了一番周折，汕头商行重组拟更名的最初名字并非华兴银行。按照广东省人民政府的建议，汕头商行重组后拟更名为"南方银行股份有限公司"，在上报监管层后，高层将南方银行改为华兴银行。

重组的新企业往往要承接原企业遗留的资产与债务，然而汕头商行资不抵债率达 200% 以上，且十年停业整顿后，原管理层不复存在，债权债务链条也可能已经演化得极为复杂，根本不能再按常规套路进行重组。汕头商行重组独辟蹊径，将债务及相对应的资产剥离到金源公司全权处置，由市政府为金源公司承担责任提供最终的保障，确保了债权人的合法权益，实现了新银行与历史债务的完全隔离，增强了新投资者的投资信心，也减少了新银行处理不良资产的财务风险，使其轻松迎接"新生"。债务的处置真正考验了重组团队的智慧，由于债务性质和债权人的多样化，不可能有能够解决所有债务问题的统一方式，只能根据债务性质和债权人性质不同采取差异化的处置措施，比如，一般性对公债务采取三种处置方式，即现金按债务总额的 40% 清偿，实物资产按债务总额的 50% 清偿，债权债务抵销。而中央银行再贷款和财政借款则按不同比例进行了债转股。

2011 年 3 月，华兴银行筹备组从全新的视角对代缴税款、保税区投资基金、资产担保和现金担保等问题提出了建设性的意见，全力主张将上述资产和债务实行账务彻底剥离，确保华兴银行的资产负债表有个全新的形象。4月，相关方就彻底剥离问题达成共识，由市政府出具相关文件，以剥离到金源公司相对应的资产并确保兑付，同时承诺剥离相对应资产处置收入专款专用，由汕头商行和金源公司签订总体的债务清偿及风险承担协议予以确认，再分项完成相关手续。这样终于将资产债务彻底剥离，新老债务划断，旧问题不带入新银行，实现新银行与历史债务的彻底隔离，增强了新投资者的信心，同时，避免了处理不良资产给新银行带来的财务风险，实现了重新更名复业。

这其中还有两点值得特别介绍。一是作为汕头商行重组重要角色的金源公司是重组中资产和债务的接收方，该公司在全面受让汕头商行债务的同时，受让全部资产作为处置债务的对应资金，缺口部分由市政府承诺补齐，而后金源公司实行市场化经营。这样的处置既解决了汕头商行大量债务的"出口"问题，为新银行轻装上阵经营铺平了道路，同时也为政府减轻了负担。二是新投资方实行溢价投资，解决了重组费用。按照重组方案，投资者除以每股1元认购股份外，还需按每股0.25元支付重组费用，用于解决处理历史遗留问题中的债转股资金以及其他相关费用。这样的投资成本既能满足重组费用的需要，又能达到投资者对投资银行市场价格的预期，实现了"双赢"。

四、打破政策常规的探索尝试：在依法合规的前提下特事特办

汕头商行重组坚持依法合规，对于没有现成法规借鉴的大胆"先行先试"，尝试政策创新，突破常规障碍。一是争取最高人民法院提供司法保护及延长期。申请司法保护对保障汕头商行顺利重组具有重要意义。首先要有足够的司法保护期给重组提供足够的时间和法律保护，然而，如何向最高人民法院申请及延长司法保护期没有先例可循。其次是汕头商行与债权人间的债务处置的合法性和有效性需要经历实践检验，一旦债权人在重组过程中推翻债务处置承诺而要求汕头商行承担超过其清偿能力的债务，重组工作就会因成本过高或引发投资者担心，出现撤资情况，半途而废。一般的停业整顿，司法保护都不超过3次，而最高人民法院于2001年10月18日下发《最高人民法院关于涉及汕头市商业银行实施停业整顿中有关民商事案件问题的通知》，对汕头商行作为被告的经济纠纷案件未受理的、未判决的、未执行或执行中的均予以暂缓或终止执行，给予汕头商行1年的司法保护期，之后截至2011年6月30日，最高人民法院累计给汕头商行提供多达14次的司法保护延长期。司法保护期时间之长、延长次数之多，在国内重组案例中前所未有。

二是银监部门尝试突破常规政策。在取名上，突破了必须冠

以地域名、城市名的常规限制，同意以"广东华兴银行"命名；在注册地上，突破了注册地与经营地相一致的限制，允许其注册地设在汕头，运营总部设在广州；在分支机构设立上，突破了总行挂牌后至少1年才完成设分行的审批开业的常规程序，华兴银行从挂牌成立到广州分行开业相隔不到2个月时间。广东银监局对汕头商行重组更是不遗余力地支持，既当好"裁判员"，又做好"教练员"，主要领导带头打头阵，由监管者变为组织者、推动者、协调者；工作流程倒置，不是坐等企业上报，然后批复，而是主动服务，派出现场指导小组入驻华兴银行筹备组，对筹建工作给予全程指导和服务。相关监管部门的因地制宜、创新处置为华兴银行的诞生扫清了一个又一个关卡。

三是税务机关灵活清结虚增所得税。对部分债务实施削债转股，在财务报表上造成了汕头商行"巨额盈利"，如按现行税法缴纳所得税将给新银行和投资者造成很大的财务负担，影响募集股本金。税务机关实事求是，大力支持，灵活清结了虚增的所得税，确保了股本金的募集。

第四节　汕头市商业银行重组的主要经验

一、争取国家层面的大力支持

汕头商行重组的十年间，广东省历届省委、省政府主要领导同志都高度重视并强力支持汕头商行的停业整顿和重组，特别是2009 年 10 月全面启动重组工作以来，汪洋书记、黄华华省长和主管金融工作的宋海副省长对汕头商行重组工作亲自指导，依靠行政力量强力推动，多次对重组工作做出重要指示；汪洋书记亲自致信国务院有关领导，并得到了国务院相关领导的重要支持和批示，为重组做实了最重要的依据；黄华华省长和宋海副省长多次带队赴中国人民银行，与周小川行长协商寻求支持解决汕头商行再贷款债转股，力促人民银行工作组赴汕头专题研究"债转股"问题，解决了债务处置中最难处理的"硬骨头"；宋海副省长十多次专门召开会议协调部署，亲自带队到国务院有关部门争取解决重组中的重大难题，并专门指定李捍东副秘书长任重组工作组组长，负责抓落实。同时，中国人民银行、国务院法制办对重组及筹建工作给予了大力支持和指导；最高人民法院为汕头商行重组先后提供 14 次、长达 10 年的司法保护期限，为重组及筹建工作提供了稳定的法律环境。可以说，政府支持是汕头商行重组成功的关键。

二、银行监管机构自始至终全方位的支持与服务

由于面临很多困难，外界大都不看好汕头商行的重组，但中国银监会和广东银监局一直坚定不移地推动汕头商行重组和华兴银行筹建，始终坚持"预先沟通、过程指导、一事一报、提前预

约"的政策支持，"既当爹娘，又做保姆"，在依法合规的前提下，悉心指导和帮助。首先是做好监管者。始终加强对重组中的金融风险的防范和监管，从债务处置、股东资质审核到重组筹建方案的规范设计均做到审慎监管、严格把关；实事求是地将华兴银行募集股本 70 亿元计划最终核准为 50 亿元，有效防止了投资者关联持股等风险后患，从容监管，调控得当，体现出优秀的监管素质。其次是做好协调推动者。中国银监会专门就汕头商行重组向国务院做专题报告，争取国家对广东的支持；各级银监部门突破常规监管，有关领导靠前指挥，深入调研，对重组过程中的重点和难点问题不遗余力地及时协调解决，对法规明确的坚持审慎原则，对无规可循的大胆探索突破；十年中广东银监局签报会议文件、纪要上百份，形成了重组大事记，大力推动重组顺利进行。最后是做好指导服务者。各级银监部门对汕头商行重组和筹建工作自上而下一路"开绿灯"，成立了五个专职小组，提前进入华兴银行筹备组；广东银监局对重组筹建"特事特办"，实行工作流程倒置，主动派出由 18 人组成的现场指导小组入驻华兴银行筹备组，对筹建及开业工作给予全程指导和服务，为新银行早日开业赢得了宝贵的时间。

三、地方政府锲而不舍的努力

十年间汕头市政府坚持把重组汕头商行放到维护汕头乃至广

东省改革发展稳定大局的政治高度去抓，始终坚持"三个最大限度"的重组原则，即最大限度地减少国家损失，最大限度地维护债权人及股东的合法权益，最大限度地减少对汕头社会稳定和经济发展的负面影响，持之以恒、锲而不舍地为重组和筹建工作付出了最大努力。一是处理汕头商行的历史包袱费时费力。十年间汕头市委、市政府积极参与对汕头商行的历史遗留问题处置工作，从清产核资和资产评估、存款兑付、人员分流安置、保全追收资产、债权债务处置到严查金融违纪违法案件、排查处置突发事件等都全力以赴，为重组和筹建扫清了最大障碍。二是内外奔走寻找重组发起人。从 1999 年引进中信银行并购未获成功到 2008 年 4 月确定侨鑫集团为主要发起人为止，其间汕头市政府竭尽全力，千方百计寻找重组投资者，先后与美国汉鼎亚太、东方资产、侨胞投资团队、盈信投资、大中华国际、国家开发银行等 20 多个大企业大金融机构反复商谈，最终引进了信心大、实力雄厚的民营龙头企业侨鑫集团。三是党政主要领导亲力亲为，向省及中央寻求帮助。党政主要领导前仆后继，不遗余力。十年重组经历了两届政府，相继成立了四个工作组，在汕头商行停业整顿期间，分别成立了以市长、分管副市长任组长的汕头商行停业整顿工作协调领导小组和工作小组，为重组打下坚实的基础；在全面启动重组期间，又成立了以市委书记为组长，市长、侨鑫集团董事长为副组长的重组工作协调领导小组，以分管副市长任组长的处置汕头商行历史遗留问题工作组，协调部队、海关、国地税、电力等部门解决遗留债务，全力推进重组各项工作，两任政府领导承前启后，确保了重组及筹建工作的顺利完成。

四、组织专业能力极强的工作队伍

按照国务院和中国银监会强调的"重组后机构要坚持高起点、高标准，具备科学发展规划、良好公司治理和风险管控"的要求，在侨鑫集团周泽荣董事长的积极努力和撮合下，投资团队牵头于2011年3月组建了华兴银行筹备组，配合处置历史遗留问题、招募新股东以及加速推进华兴银行的筹建。筹备组刘政权组长和主要骨干力量均是博士学历并具有15年以上的银行从业经历，拥有金融、会计、税务、法律等高级专业职称，在协助处理汕头商行历史遗留问题过程中和新银行的设计方案中显示出高强的专业能力及金融素养，创新提出了历史债务"彻底剥离"的处置目标，确保新老债务划断，彻底隔离风险，及时得到了投资者重组费用的支持，使华兴银行的资产负债表有了全新的形象。而且，会计、审计、评估、律师事务所等中介机构的参与和协助使整个债务处置和重组过程更加依法合规。同时，汕头市政府从市直有关部门抽调了200多名业务能力强的干部组成一支强有力的处理汕头商行历史遗留问题的工作组，做好汕头商行重组和处置历史遗留工作。双方通过建立筹备组和工作组畅通的沟通和协调机制，齐心合力、密切配合，及时研究工作中遇到的各种问题，并按既定分工，采取层层分解任务、限时定责、倒逼机制等方式，确保各项工作有条不紊地推进。

五、针对性地分类处理债务问题

债务的处理一直是重组中的棘手问题，处置不当便会影响重组的成败。汕头商行的债务数额巨大且构成多样，主要包括自然人存款、财政专项借款、中央银行再贷款、待解税款、一般性对公债务以及预计负债和或有负债。实施重组的过程中，根据债务性质采取了不同的处置方式：

（1）自然人存款：按一般性处置方式从省财政借款 15 亿元，用于处置自然人存款，并在其他银行设立自然人存款兑付专户；

（2）财政专项借款：财政专项借款是汕头商行停业整顿前后，为化解支付危机，省财政厅借给汕头财政局用于处置债务等其他问题形成的。按照省政府有关文件，省财政借款利息全部豁免，本金 90% 予以豁免，余下 10% 作为华兴银行股份，由省政府指定具备商业银行股东资格的机构持有。

（3）中央银行再贷款：中央银行再贷款是汕头商行发生支付危机前后从中国人民银行借入的再贷款。2011 年 4 月，人民银行同意按 5∶1 实施债转股，由人民银行指定具有商业银行股东资格的机构持有。

（4）待解税款：待解税款是汕头商行时期从事税款经收业务

形成的。汕头商行结欠的待解税款由市政府统筹清偿入库,并指定金源公司负责承担税款的具体入库清偿责任,金源公司同时受让汕头商行等价资产作为承担税款入库责任的对价。

(5)一般性对公债务:这是整个历史遗留问题处置中难度较大的一项工作。对其处置主要采取三种方式:一是以现金按债务总额的40%清偿;二是以实物资产按债务总额的50%清偿;三是债权债务抵销。

(6)预计负债和或有负债:预计负债是汕头商行因历史上对外担保等事项发生的债务且已确认应承担清偿责任的债务。预计负债和或有负债均按一般性债务方式处置。

六、始终把社会维稳责任放在第一位

省、市两级政府始终坚持把维护社会稳定贯穿于重组和筹建工作的全过程,高度重视可能出现的维稳压力。汕头商行最终处置及华兴银行挂牌开业前后,汕头市均制订了维稳预案及应对突发性群体事件的应急预案,层层落实维稳责任,防范和化解不稳定因素,同时落实安全防范措施和舆论宣传保密责任,做到了维稳工作"守土有责",十年重组高度保密,重组过程虽"惊心动魄"却未引起社会骚动。首先,确保自然人存款足额兑付。停业整顿后,汕头市首先设法通过中央银行再贷款和安排财政专项借款,足额偿付了自然人的存款本息。其次,妥善分流安置职工（详细方案见表 5.4）。按照依法合规、确保重组顺利和保障职工合法权利三项原则，对原汕头商行在岗和离退休人员共 317 人实行分类安置并给予经济补偿，将不安定因素消灭于萌芽状态。再次，缩股安抚原股东。汕头商行严重的资不抵债使原股东持股一文不值，从维护社会稳定大局出发，市政府促成原股份以 20∶1 缩股进入新银行，大大安抚了原股东。最后，溢价投资，解决重组费用。投资团队除以每股 1 元认购股份外，还按每股 0.25 元支付重组费用，用于解决历史遗留问题，维护社会安稳。

表 5.4　　　　　　　　　汕头商行职工分流安置方案

职工类别	安置措施
在编留用人员	到达法定退休年龄者，给予办理退休手续；距法定退休年龄 5 年以内或连续工龄已满 30 年的，采用申请分流、自谋出路、申请离岗退养和选择新银行或金源公司三种分流安置方式；除上述两类的在编留用人员可以选择新银行、金源公司或自主择业
返聘人员	采取领取补偿金方式解除劳动关系；如果工作需要，可推荐部分人员到新银行、金源公司重新招聘
临时工	解除劳动关系，按国家有关规定依法发给经济补偿金
离退休人员	按国家有关规定办理安置手续

七、第三方公司的整体接收

作为汕头商行重组重要角色的金源公司①是重组中资产和债务的接收方，该公司在全面受让汕头商行债务的同时，受让全部资产作为处置债务的对应资金，缺口部分由市政府承诺补齐，而后金源公司实行市场化经营。这种处置方式不仅解决了汕头商行大量债务的"出口"问题，为新银行轻装上阵经营创造了前提，而且减轻了政府负担。

总而言之，汕头商行的重组成功，是各方合力的结果。没有各级政府的主导，许多历史遗留问题就不能从根本上解决；没有行业监管的支持，重组和新银行的筹建就不可能在这样短的时间内完成；没有投资者专业队伍及中介机构的参与，重组和筹建不可能得以顺利完成。"三位一体共同努力"，使汕头市商业银行不仅获得重组成功，而且经得起历史检验。

第五节　广东华兴银行发展现状及需要
进一步解决的问题

2011 年，是华兴银行全新起步的第一年。从 9 月 8 日揭牌开

---

① 汕头市金源资产经营有限公司于 2001 年 12 月 25 日在汕头工商注册，主要经营管理从市直地方金融机构剥离转换出来的固有资产及属地方财政拥有的其他金融债权，注册资本 800 万元。

业到年底短短的三个多月时间，全行各项业务发展态势良好，总体业务发展平稳。截至 2011 年 12 月 31 日，全行资产总额 166 亿元，各项贷款总额 36.82 亿元，一般性存款 72.15 亿元，股东权益 51.15 亿元；拨备前利润 4513.39 万元，净利润 798.48 万元，实现开业当年盈利；各项监管指标良好，资本充足率为 59.61%，核心资本充足率为 58.56%，存贷比为 51.03%，流动性比例为 112.26%，不良贷款率为零①。表 5.5 展示了华兴银行成立后的发展情况。

表 5.5　　　　　　　　华兴银行成立后的发展情况

	2011 年	2012 年	2013 年	2014 年	2015 年	2016 年
机构数（个）②	3	7	10	16	19	27
员工人数（人）	381	637	924	932	1069	1285
资产总额（亿元）	165.99	316.92	518.88	682.39	1060.32	1228.68
存款余额（亿元）	72.15	125.34	213.00	391.72	671.82	824.52
贷款余额（亿元）	36.82	82.41	140.29	237.82	305.34	425.87
利润总额（亿元）	0.08	0.55	0.12	1.20	3.85	8.86
资产收益率（%）	0.19	0.16	0.04	0.16	0.29	0.57
资本充足率（%）	59.61	40.93	18.64	11.10	12.35	12.66
不良贷款率（%）	0	0	1.75	1.28	1.28	1.47

资料来源：华兴银行 2011—2016 年年度报告。

---

① 广东华兴银行股份有限公司. 广东华兴银行 2011 年年度报告［EB/OL］. http：//www. ghbank. com. cn/.

② 含总行、分行、支行。

一、战略规划与实施构想

战略决定成败。汕头商行的历史已经过去，全新的华兴银行已经诞生。面对未来，华兴银行必须科学谋划才能展翅高飞。华兴银行成立伊始就着手编制了五年发展战略规划，拟定了未来发展的总体原则与基本思路。

1. 市场与业务定位。以中小企业银行和高净值零售银行为市场和业务定位。明确了"中小企业和高端个人"为华兴银行的目标客户，并围绕客户需求提供产品、服务及渠道。

2. 客户体验创新。在银行与客户交流的"接触点"上，在产品开发至售后服务的过程中，通过物理网点、远程银行、移动银行、新互动媒介等传统与科技工具，创造出人性、互动、便捷的新奇体验，来打造市场竞争力。

3. 物理网点与虚拟渠道扩张。通过差异化的物理网点设置和虚拟渠道扩张有效结合，获得集约化的经营优势。

分行设置：首先设立总行营业部和广州分行，2011年11月中旬已实现广州分行开业目标。2012年开设了佛山分行和深圳分行，2013年开设了东莞分行，2014年开设了江门分行，2015年开设了珠海分行，2016年开设了惠州分行。

虚拟渠道扩张：以电子银行为创新载体，加大"移动银行和远程银行"的创新力度从而弥补物理网点的不足。

4. 精细化管理。抓住全新筹建的机遇，利用后发优势，引进多方面的一流人才，通过组织与流程的优化、信息科技的建设、绩效考核体系的打造，重点打造"全成本、全风险、全过程"的精细化管理优势，有效提升客户服务质量、改善经营效率及降低成本，支撑前台业务的高速发展；积极应对新一轮金融体制改革和外部经营环境带来的所有商业银行必将面临的管理挑战。

一是实施"全成本"多维度分摊。通过全面预算和全成本多维度分摊管理体系，实施全面预算管理，按照机构、产品、客户、业务线、渠道等维度对全成本（含费用成本、资金成本、信用成本和资本占用成本）进行记录、归集、分摊、分析和报告，从而提高成本控制能力和夯实产品定价基础。

二是实施"全风险"的管理控制。针对华兴银行的各种类型风险的通盘管理，将信用风险、市场风险、操作风险及各种其他风险以及承担这些风险的各个业务单位纳入统一的体系中，依据统一的标准，及时准确地暴露每种业务的风险点，及时准确地测量风险大小，并通过统一设置风险限额、分配资产、配置资本、完善流程等方法，提高风险管控能力。

三是实施"全过程"的管理控制。采用"三条防线和四种管理角色"联合组织模式，采用"3K"管理方法，即关键控制标准（KCS）、关键控制自我评估（KCSA）、关键风险指标（KRI），同时，开发操作风险的"识别、评估、整改与跟踪"的IT系统，从而提升操作风险的管理能力和内部控制的有效性。

5. 企业文化建设。建设以银行价值增长为导向的企业文化，树立华兴银行"简单、务实、专业、卓尔不凡"的核心价值观，重视企业文化在公司治理、发展战略、风险管理、产品服务、绩效考核等关键环节中的搭建、渗透、融合和高效执行，从而打造华兴银行核心竞争能力。

华兴银行的发展根据规划将分为四个阶段：一是起步阶段，业务初具规模、加强基础能力建设；二是快速增长阶段，业务上规模、加强品牌与创新能力建设；三是结构优化阶段，突出业务结构调整，向资本节约型、综合收益高的业务发展模式转变；四是持续稳定增长阶段，实现"银行规模、业务结构、综合效益、资产质量"均衡发展。最终，将华兴银行打造成为"公司治理和企业文化优良、市场与客户定位清晰、产品与服务特色鲜明、风险与营运管控高效"的净利润和市场价值持续增长的最具活力、备受尊敬的精品银行。

二、组织架构与经营业务范围

2011 年是华兴银行基础建设开始的一年，根据相关法律、法规规定及监管要求，结合本行实际情况，按照良好公司治理六要素标准，建立了以股东大会、董事会、监事会和高级管理层为主体，各个治理主体职责清晰，独立运作，有效制衡的公司治理架构及相关制度体系；组建了经验丰富、能力出众的管理团队；按照前中后台分离原则，建立了垂直管理与专业化相结合的矩阵式内部组织架构；按照"集约化经营、专业化管理、一体化发展"的经营管理思路，逐步建立了一系列较严密的内部控制和风险管控规章制度、运营流程；开发完成了银行核心业务系统、票据业务系统、信贷管理系统、财务系统、数据加工与展现系统等，确保满足银行业务经营的基本要求；按照公开、公正、平等、择优的原则，采取公开招聘等方式录用了一批高素质的员工，并对新

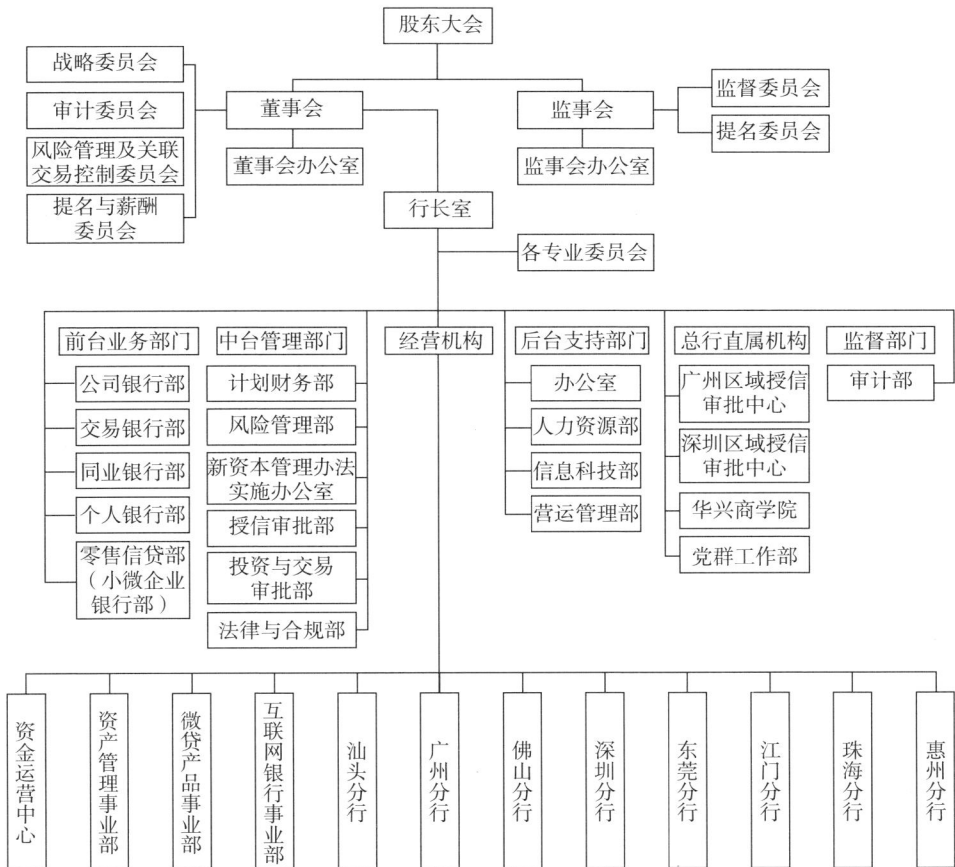

图5.1　华兴银行组织架构

入职员工集中进行了入职培训，为各项业务稳步健康发展奠定了坚实的基础。

华兴银行的主要经营范围包括：吸收公众存款；发放短期、中期和长期贷款；办理国内外结算；办理票据承兑与贴现；发行金融债券；代理发行、代理兑付、承销政府债券；买卖政府债券、金融债券；从事同业拆借；买卖、代理买卖外汇；从事银行卡（借记卡）业务；提供信用证服务及担保；代理收付款项及代理保险业务；提供保管箱服务；经国务院银行业监督管理机构批准的其他业务。

三、开业之初阻碍华兴银行发展壮大的几大问题

华兴银行是一家重组新建的银行，白手起家，一切都得从零开始，恰逢国际金融危机袭来，在国际国内经济不景气的大环境下，其发展壮大仍然存在一些阻碍，概括来看，主要有以下四条。

（一）信贷规模指标问题

近年来，各家银行必须严格按照中央银行下达的规模指标与节奏发放贷款，这是宏观调控的需要，但对一家从零开始的全新银行来讲，只能说是生不逢时。既没有能保持一定收益来源的贷款存量，也暂时没有争取到信贷规模指标的特殊支持政策，对一家注册资本 50 亿元的法人银行来讲，确实是"有力无处使"，业务发展空间十分有限，也与一家新法人银行的运营架构、开业必

备人数极不匹配。若与成熟银行相比较，华兴银行因信贷指标受限而导致经营困难的问题将更加突出。华兴银行亟须中央银行对其特殊情况酌情考虑适当放宽信贷规模限制，给予适当的信贷规模，支持华兴银行的生存与发展。

（二）业务资格问题

华兴银行是按照全新的营运模式建立的新银行，目前已有300多名新员工。从经营业务范围看，华兴银行仅有一些传统业务，开展中间业务还受资格限制，因此，就运营框架而言，处于"大马拉小车"的状况，不能满负荷运转。对华兴银行这类采用全新模式筹建的新机构，根据其风险控制能力和经营能力进行监管，若风险控制得好，经营能力强，监管部门可适当放宽业务资格准入的时间限制，促进其业务快速发展。

（三）分支机构建设问题

缺少相应的机构网点，华兴银行就难以为客户提供卓越便利的服务，也不利于零售业务的开展，一些先进的经营理念和金融产品缺少渠道上的支持。由于华兴银行采取了与国内其他银行有所不同的矩阵式管理架构，绝对垂直独立的风险管理体系和总行集中放款模式，分支机构的主要职能是进行营销和为客户提供"面对面"的服务；资金管理和运用主要集中在总行，由总部集中核算、统一承担债权债务，同时，也建立垂直独立的操作风险管控的第二、第三道防线，因此，其分支网点仅仅是销售终端。监管部门可根据华兴银行的运营与管控特点，适当放宽设置营业网点方面的时间限制，支持并批准筹建省外分行。

（四）老股东的优化问题

这可能成为未来阻碍华兴银行发展壮大和上市的最大问题。汕头商行重组方案明确规定对原股东按照 20:1 进行缩股，华兴银行在增资扩股的基础上重组更名。2008 年，在汕头市政府的主持下，汕头商行召开了第一次临时股东大会，通过了缩股决议。2011 年 6 月，华兴银行按照重组方案和依法合规的原则，为原汕头商行老股东办理投资入股手续，共计 4036 名原汕头商行老股东（持有股份数量占重组后华兴银行总股本的 0.41%，绝大多数为自然人股东）转换为华兴银行的股东。从目前掌握的情况看，此部分老股东数量众多，并且经历了城信社—合作银行—商业银行—华兴银行几个阶段，信息资料和批准文件不一定很完整，留下了法律经济纠纷等风险隐患，对优化华兴银行的股东结构，实现长期健康稳定发展不利，需要尽快进行清理、优化规范。

汕头商行的债权债务、人员安置问题基本得到妥善处置后，汕头市政府接下来把清理规范老股东问题作为妥善处置历史遗留问题的主要方面，按照此前双方达成的共识，依托原有的领导机制和工作机制，尽快进行清理规范。

对于老股东问题，按先易后难、分类推进解决：对 826 户法人股东，市机关、企事业单位及其他财政拨款等政府可控单位持有的股份，由市政府指定一家或若干家法人股东持有；汕头商行债务人的股份，以经济、行政和法律手段，通过收购、挂牌交易、拍卖等方式归集。对自然人股东，由市政府和华兴银行协商安排法人股东进行议购，所需资金由投资者或华兴银行提供，具体操作方案报市政府批准实施。

附：2011年6月，原华兴银行筹备组与汕头市政府就原股东的优化工作达成的工作意见

一、自然人股东

由市政府和华兴银行共同研究实施方案。所需资金由投资者或华兴银行提供，市政府负责提供必要的协助和支持。

二、法人股东

1. 对市机关、事业单位、国有企业及其他财政拨款、政府可控单位持有的股份，由市政府指定一家法人股东进行归并。

2. 以经济、行政和法律手段，通过收购、挂牌交易、拍卖等方式归集原汕头商行债务人的股份。汕头商行的债权债务已全部剥离到市政府指定的金源公司。由金源公司制定清收债权的若干措施。针对汕头商行股东中有近1亿股的股东有欠债行为，制定以股抵债办法（包括协议抵债、按有关政策规定通过产权交易机构挂牌交易抵债、通过诉讼拍卖还债等）。金源公司收购的华兴银行股权由市政府和华兴银行共同协商解决。

3. 对上述之外的法人股东，由市政府和华兴银行协商安排法人股东进行议购。由该公司制订具体操作方案报市政府批准实施，

所需资金由投资者或华兴银行提供。

以上各项工作均在市政府领导下组织和进行，市政府将给予全力支持并在两年内解决。

按照以上工作意见，华兴银行将组织专门力量，尽快与汕头市政府的工作机构进行对接，建立老股东清理规范的工作机制，确保工作的连续性。同时积极配合，对原股东资料按照完整、准确、真实、有效的要求，全面进行分类规范清理，明确交接档案资料相关的任务和要求。然后按照分类处置、先易后难、逐步推进的原则，在汕头市政府的主导支持下，在 2013 年 6 月前完成老股东清理规范工作。

第六章 珠海市商业银行重组

第一节 珠海市商业银行重组背景及重组前概况

一、珠海市经济社会发展概况

城市商业银行的发展与其所在城市的经济社会发展水平密切相关，健康的城市经济发展和优良的社会制度环境为城市商业银行稳健发展提供了外部环境基础，而城市商业银行的发展同时也支持着当地经济金融的发展，两者相互促进，相得益彰。Ferri（2009），赵锡军、陈丽洁（2012）等通过研究中国具有代表性的省份城市的地区生产总值与当地的城市商业银行绩效指标之间的关系，发现一地的经济发展水平和增长速度与当地城市商业银行的发展具有显著的正相关关系，证实了地方经济发展对当地城市商业银行的显著影响。自2005年起，中国社会科学院金融研究所对我国城市金融生态环境进行了一系列研究和评价，发现城市法治环境、地区经济基础、地方金融发展、金融部门独立性以及社会诚信文化等因素影响着当地金融生态环境的发展，对城市商业银行的经营和发展影响显著。鉴于此，在分析珠海市商业银行重组前，有必要对当时所处的经济社会环境做一个详细的比较分析[①]。

（一）发展战略演变

珠海是我国 1978 年后最早实行对外开放政策的四个经济特区之一。珠海经济特区成立于 1980 年 8 月，特区面积经过三次扩充，从成立之初的 6.8 平方公里扩展到全市，总面积 7653 平方公里，其中陆地面积为 1701 平方公里。30 多年来，珠海经济特区快速发展，经济总量持续增长，人们生活水平达到了中等发达水平。经济的发展离不开战略的指导和政策的落实。从特区成立至今，珠海经济特区的发展大致经历了五个阶段，在不同阶段特区针对不同的发展状况制定了相应的发展战略。

1. "负债发展"战略。特区成立之初到 20 世纪 80 年代末，珠海市确立了以工业为主的发展方针，实施"负债发展"战略，开始大刀阔斧地进行基础设施建设，大力进行招商引资，吸引了一批有实力的项目。

2. "基础设施建设"战略。20 世纪 80 年代末到 1998 年，珠

---

① 李扬．"中国城市金融生态环境评价"报告［R］．北京：中国社会科学院金融研究所，2005. http：／／www. china. com. cn／zhibo／2005／11／05／content － 8784785. htm.

海市的发展格局实现了大突破，建成了一批重大交通基础设施，如珠海大道、珠海机场、伶仃洋大桥等；同期，吸引了一批重大产业项目，如珠海电厂、南方软件园等，并重点发展高新技术企业。这个时期珠海的发展成就是巨大的，但发展的过程也是曲折的。在周边城市大搞"三来一补"产业模式之时，珠海市却严格限制低附加值高成本的劳动密集型企业进入，传统工业的缺失导致工业产业链断裂，也使高层次的产业缺少发展基础，重点扶持的高新技术产业并没有发展起来，最终使珠海市的工业竞争力整体弱化；同时，大量政府工程欠款和企业债券融资阻碍了珠海经济的进一步发展，给珠海的政府信用带来了极大的负面影响，使当地的金融机构背负大量的不良贷款。

3. "功能区带动"战略。20世纪90年代末到2002年，珠海市为解决发展难题，实施了"功能区带动"战略，大力发展实业，以求增强其薄弱的工业基础；建立"大学园区—科技创新海岸"，发展教育科技基地；大力整顿机关作风，开展"万人评政府"活动；建成莲花大桥、横琴大桥等，改善市内主要道路，改善城市"乱搭建"问题。这些措施都取得了一定的成就，但由于珠海的重大交通设施配套建设难题未能解决，已建成的重大设施不能发挥很好的经济作用，也使珠海市错过了全国大规模发展基础设施建设的良好时机。

4. "东部服务、西部制造"战略。2003年至2015年，由于珠海市的定位从上一阶段开始逐渐分散，经济发展的力量不能很好地统一、融合，支柱产业关联度很低，很难形成产业集聚力和规模效应，使经济发展的后劲不足，逐渐落后于周边快速发展的城市。为了改善经济发展状况，提高经济发展水平，珠海市着力转变经济发展方式，走集约化、内涵式发展道路，建立起以创新为内在驱动力的发展模式。经济特区扩容后，珠海市利用西部较充裕的土地资源优势，发展"东部服务、西部制造"战略。随着港珠澳大桥、横琴新区的开工建设，珠海市加强了与香港、澳门的联系，进一步提升了港珠澳的合作层次，从而带动珠海经济可持续发展。

5."创新驱动发展"战略。2015 年以后，随着横琴自贸试验片区的挂牌，珠海经济特区迎来了一个历史性的时代，也迎来了历史性的机遇，由此掀起全面深化改革、全面对外开放的新热潮。珠海以创新驱动发展为核心战略，全力建设珠江西岸区域创新中心；以打造珠江西岸先进装备制造产业带龙头为目标，全力发展先进装备制造产业……先发机遇与后发优势叠加，珠海稳步推进"一中心一龙头"建设，实现了城市"硬实力"和"软实力"的双提升，科学发展迈上了新的台阶。

（二）金融生态环境

20 世纪 90 年代，商业银行大量不良资产累积和资本金严重缺失事件以及东南亚金融危机的爆发，引起了人们对商业银行金融风险的关注。为了研究金融风险形成的原因，政府机构和专家学者对其进行了各项研究，但均把焦点聚集在金融机构内部管理存在的问题上。而 2003 年中国人民银行对 2001 年至 2002 年我国商业银行不良资产形成的原因进行调查和分析后，发现我国 80％ 的不良资产是由各种政策和政府干预造成的，由商业银行内部管理原因造成的不良资产只占其中的 20％。这项研究结果定量说明了我国商业银行不良资产形成的原因，也第一次用数据说明了除金融机构自身存在的问题外，国家政策和政府行为等外部因素会对商业银行不良资产的形成产生重要影响①。

因此，商业银行的金融风险不仅来源于金融机构本身，还来源于金融主体以外的政策和机制设计，地方经济基础、社会文化等也影响着金融机构的发展。2004 年，中国人民银行行长周小川在"经济学 50 人论坛"上，首次提出了金融生态这个仿生概念，即金融生态是由金融主体及其赖以生存和发展的金融生态环境构成的。紧接着，他在 2005 年的"中国金融论坛"上，对这一概念进行了进一步的强调②。

金融生态环境从广义上说是指宏观层面的金融环境，强调的是金融运行的外部环境和一些基础条件。它是与金融业生存、发展具有互动关系的社会、自然因素的总和，包括政治、经济、文化、地理、人口等一切与金融业相互影响、相互作用的方面。从狭义上说，金融生态环境是指微观层面的金融环境，包括法律制

---

① 石静雅．商业银行全面风险控制与监管体系研究：国际经验比较及在中国的应用［D］．天津：南开大学，2010.

② 付平．以科学发展观为指导　进一步改善金融生态——首届"中国金融论坛"在京举行［N］．金融时报，2005－11－04.

度、行政管理体制、会计与审计准则、社会诚信状况、中介服务体系、企业的发展状况及银企关系等方面的内容。打造和建设良好的金融生态环境有助于营造良好的发展环境，降低金融风险，推进经济社会全面健康持续发展。但是，当时我国金融生态环境存在着明显的区域发展差异，每个地区的金融生态环境均存在或轻微或严重的问题，阻碍着地区金融生态的稳定发展。

地区间金融生态环境的差异是由多方面的因素造成的。中国社会科学院 2005 年发布的《中国城市金融生态环境评价报告》指出，最主要的四项影响因素是经济地理与文化差异、地区经济发展路径的差异、中央政府所主导的非均衡区域发展策略以及财政分权体制下各级政府行为的差异。其中，由于中国经济的市场化改革是由政府推动的，主要依靠政策规范和法令来展开的强制性制度变迁，因此，报告里也指出中央政府在推进改革过程中的非均衡性策略性选择以及在体制改革过程中各级政府行为的差异，势必会对各地区经济、金融、社会、法治以及其他制度环境造成不同的深刻影响。同时，研究显示影响城市金融生态环境发展的最重要因素是地区经济基础、城市法治环境、地方金融发展、金融部门独立性以及诚信文化等，而这些因素均受到了地方政府行为的影响。中国社会科学院一项关于地方政府行为对地区金融生态环境影响的研究指出，地方政府通过各种方法控制劳动力、土地等要素的价格，事实上掌握了对地区金融资源的配置权，因为土地、税收、市场准入等优惠行政政策是当下银行信用度最高的抵押物和政治担保。

基于以上关于城市金融生态环境的研究以及地方政府行为对城市金融生态的影响，回看珠海市商业银行的发展历程，可以发现地方政府在珠海市商业银行的发展中一直扮演着十分重要的角色。珠海市商业银行的成立恰逢珠海发展格局突破之时，各项工程的启动和完成使珠海市获得了较快发展，珠海市政府也对珠海市商业银行十分"呵护"，将有关的采购招标、财政专项账户均开在珠海市商业银行。但是，企业的大量逃废债、来自政府股东的关联贷款最后大部分变成了不良资产，使珠海市商业银行不堪重负，2003 年其不良贷款率高达 68.32%，一度成为全国城市商业银行中不良贷款率最高的银行。

在 2005 年中国社会科学院发布的中国城市金融生态环境评价中，珠海市的综合指数在当时全国 50 个城市中排在第 27 名，这一结果与珠海作为一个经济特区的地位极不相称，引起了珠海市政府的高度重视。为了找出珠海市金融生态环境与其他地区之间存在的差距，珠海市政府金融办、人民银行珠海市中心支行等组织了一支 20 多人的队伍到上海、宁波、温州、厦门、汕头等城市进行考察，主要针对的是所考察城市的诚信文化、地方政府作用、法治环境、民间金融等方面，希望能够借鉴学习防范和化解金融风险经验，降低金融机构不良贷款，从根本上解决影响金融安全稳健运行的突出矛盾和问题。因此，珠海市商业银行重组的一个大背景是珠海市当地政府对金融业给当地经济带来的作用有了新的认识，并着手从政府层面上为改善当地金融生态进行尝试与努力。例如，在 2006 年，为了改善政府诚信度的问题，珠海市政府针对珠海相关政府机构累积多年的银行欠款问题，召开了多次"与政府相关未执结案件协调会"，督促欠款部门尽快还款。与此同时，珠海两级法院也发出了《执行敦促令》，涉及 30 例以政府机构为被执行人的案件，其中银行欠款超过 1 亿元。从这个例子可以看出珠海市政府对改善和提高当地金融生态环境的决心，而这种决心也是最后促使珠海市商业银行重组成功的关键所在。

二、珠海市商业银行重组前概况

（一）机构设立

珠海市商业银行，成立于 1996 年 12 月 28 日，注册资本为 3.27 亿元人民币，是经中国人民银行批准，由珠海市 11 家城市信用合作社改制设立的城市商业银行，是珠海市第一家具有独立法人资格的地方性股份制商业银行，同时也是全国第二批组建的城市商业银行之一。成立初期，命名为珠海城市合作银行，在 1998 年 6 月更名为珠海市商业银行股份有限公司（简称珠海市商业银行）。1999 年 10 月，经中国人民银行批准，斗门县 4 家城市信用合作社的 11 个营业网点并入珠海市商业银行并改建成其下辖分支机构。至此，珠海市商业银行拥有 1 家总行营业部和 49 家支行。

（二）发展困境

与当时的其他城市商业银行一样，诞生于 1996 年的珠海市商业银行存在一些先天不足，再加上后天成长中不断涌现的新问题，使其发展陷入困境，曾一度面临摘牌危机，其主要问题集中在以下几个方面。

1. 公司治理。在股东方面，珠海市商业银行是由珠海市财政局、珠海经济特区富华集团股份有限公司、珠海经济特区中富实业股份有限公司、珠海经济特区丽珠制药厂、珠海格力集团等50家法人机构和772名自然人股东共同参股组建而成的地方性股份制商业银行。由于股东过于分散，并且根据珠海市工商局的注册登记显示，刚成立的珠海市商业银行各分支机构由不同的股东出资，使个别股东对个别支行的控制权过大，容易发生与股东相关的关联贷款，增加了银行的不良贷款风险。

2. 员工管理。珠海市商业银行成立时，人民银行珠海市中心支行行政下划了部分员工到珠海市商业银行任职。珠海市商业银行历任董事长均想带领本行冲破困境，稳健发展，但实际往往事与愿违。高层管理人员的素质和能力对银行的经营发展也有重大影响，不能有效解决珠海市商业银行历史遗留下来的问题，不能制定适合珠海市商业银行发展的经营战略，不能合理降低珠海市商业银行面临的风险水平，高层管理人员难辞其咎。在中下层员工方面，人员素质低是其存在的主要问题。时任珠海市商业银行行长的毕肖辉在2003年说道："在困难与机遇面前，珠海市商业银行有许多干部员工存在着一些消极、悲观的思想情绪，对未来发展也持怀疑态度，工作上处于一种得过且过的精神状态，这对珠海市商业银行的振兴和发展产生了严重的负面影响，成为内部的最大隐患。"另外，20世纪90年代的信贷员权力过大也是导致银行不良贷款、不良资产愈发严重的重要原因。因此，在珠海市商业银行的员工管理方面，无论是高级管理层，抑或是中层及基层，均存在着不同程度的问题。

3. 财务经营。城市商业银行建立在城市信用合作社的基础上，承担了一定的历史包袱，加上人员素质不高，业务创新能力不足，又受到地域范围的限制，是需要特别关注的风险高发机构。重组前的珠海市商业银行在全国110多家城市商业银行中，隶属资产质量较差的"第六类行"——资本充足率普遍在3%以下、不良贷款比例超过30%，其存在的风险比一般城市商业银行还要高。1998年，珠海市商业银行的不良贷款率已达到68%，且流动性不强，抗风险能力差。1998年6月21日，中国人民银行发布公告将海南发展银行关闭，此事引起了社会的广泛关注和对银行信用的担忧，珠海市随之出现了半天的小范围银行挤兑。虽然没有发生特别严重的大事件，但这件事从另一角度透露出了珠海市商业银行在经营管理和抵抗风险方面的脆弱性。

1999年，珠海市商业银行开始出现账面亏损。2000年末，珠海市商业银行资产总额为48亿元，各项存款余额为39.2亿元，各项贷款余额为20亿元。随后几年，珠海市商业银行的资产规模一直停滞不前，存款和贷款余额下降，账面持续亏损。2002年末，珠海市商业银行的各项存款余额为38.64亿元，各项贷款余额下

降到 16.4 亿元。2003 年末，珠海市商业银行的不良贷款率高达
68.32%。同年，《银行家》研究中心对我国银行业的风险进行研
究，对各商业银行的相对风险指数进行了评论和排序，结果显示：
珠海市商业银行存在较大的流动性风险、信用风险、资本风险和
盈利风险，排名均处于风险最高的十个银行之内，且在综合风险
最高的十个银行中排名第 2 位。

2004 年起，珠海市商业银行的资产规模开始增长，各项存贷
款余额增长速度逐渐加快。到了 2005 年末，珠海市商业银行的资
产总额为 58.4 亿元，存款余额为 52.9 亿元，贷款余额为 18.5 亿
元，全年实现营业收入 0.98 亿元，但不良资产率仍然高达 53%。
2006 年，珠海市商业银行的发展较快，资产总额比 2005 年增长了
22.78%，为 71.7 亿元，各项贷款余额为 23.4 亿元，增长
26.2%，各项存款余额为 66.3 亿元，增长 16.7%，全年实现营业
收入 1.2 亿元，增长 33.9%，可是不良贷款率仍然较高，为
42.85%，银行的账面依旧处于亏损状态。

4. 监管压力。2004 年 12 月，为了进一步指导和加强城市商
业银行的监管工作，促进城市商业银行加快改革和发展的步伐，
中国银监会发布了《城市商业银行监管与发展纲要》，规定到
2006 年底商业银行资本充足率应达到 8% 以上。2005 年 1 月，中
国银监会进一步提到争取用一年左右的时间消灭经营状况较差、
各项监测指标不符合监管要求的第六类行，力争在三年时间内完
成高风险城市商业银行的风险处置工作。2006 年 6 月，中国银监

会副主席唐双宁在全国城市商业银行工作会议上表示，将继续推进城市商业银行风险处置工作，对于实施政策支持仍无法达标的银行将考虑实施关闭。

在此背景下，珠海市商业银行面临巨大的风险监管指标达标压力。为了避免被关闭的命运，珠海市商业银行从 2005 年起就积极与多方谈判。虽然有很多投资者对珠海市商业银行感兴趣，但巨额的不良资产使他们望而却步。面对达标期限将至以及重组工作阻力重重的局面，珠海市商业银行和珠海市政府曾表示："我们欢迎任何形式的资本介入，只要能让银行存活下来"，语气充满无奈。

第二节　重组历程及战略投资者选择

城市商业银行是在世纪之交我国特殊历史条件下，国家为了整顿城市信用社、化解地方金融风险而组建的，这就注定了城市商业银行从其成立之初就存在许多问题。珠海市商业银行组建于 1996 年，从 1998 年起逐渐出现风险苗头，不良贷款率最高的时候达到了 68%，导致一度出现挤兑现象，且从 1999 年开始出现亏损。1999 年，中国人民银行珠海市中心支行行长何宁卡升任珠海市政府分管金融的副市长，"老商行不能倒，受金融危机冲击，只要有一家金融机构倒下，就会产生'多米诺骨牌'效应"，何宁卡开始了拯救珠海市商业银行的行动："不能一卖了之"。为了解决珠海市商业银行的金融风险，使其达到银行监管要求，珠海市自 2000 年开始，从珠海市商业银行的实际情况出发，积极探索珠海市商业银行的重组。

一、重组历程

从 2002 年至 2009 年，珠海市与全国各地共约 20 家机构和组合投资者洽谈重组事宜，涉及近百家企业，其中包括大型国有企业、民营企业、港澳企业。2006 年，珠海市政府与国内经营保险业历史最为悠久的中国人保控股公司协商重组事宜，但因中国人保控股公司提出重组珠海市商业银行存在政策障碍而终止进一步磋商。从 2006 年下半年开始，珠海市政府聘请花旗集团的专家作为投资顾问，并通过其遴选一批境外投资者通过内部邀请招标的方式确定重组珠海市商业银行的战略投资者。在制订了一套完整的邀请招标方案及程序后，先后有大新集团、永亨银行及 PPF 公司三家境外企业参与投标工作，但在这三家境外企业对珠海市商业银行的财务状况进行了一定程度的调查后，它们发现珠海市商业银行资产质量较差，难以突破跨区域经营等问题，加之重组成本较高，其本身资金实力有限的原因，三家企业均在尽职调查完成，招投标工作尚未开始时即相继退出，使此次内部邀请招标工作中途流产。

此后，珠海市政府又与平安保险及香港庄世平投资团队就合作重组珠海市商业银行事宜进行接触。由于平安保险已收购深圳市商业银行，重组珠海市商业银行的目的仅为将珠海市商业银行作为其以深圳市商业银行为中心银行跨区域经营的一个分支机构，与珠海市重组珠海市商业银行的战略目标不符而导致合作失败。香港庄世平投资团队是以香港著名银行家庄世平先生的名义组成的投资团队，其组成资金较为分散，组成结构较为复杂，相对于时间要求紧迫的珠海市商业银行重组具有极大的不确定性，同时实际操作性不强，因此经珠海市政府认真考虑，最终选择了放弃。

鉴于珠海市商业银行日益严重的金融风险，珠海市政府随后又与海南航空股份有限公司、珠江投资集团公司等数家有实力的机构进行接洽和商谈，但与以上机构和企业的重组合作因政策阻碍等各种原因也宣告重组流产。从 2008 年 7 月开始，珠海市政府再次与华润股份有限公司（以下简称华润股份）就重组事宜进行正式谈判，2009 年 4 月 27 日，经中国银监会批复，珠海市政府和华润股份完成了对珠海市商业银行的重组工作，"珠海市商业银行股份有限公司"更名为"珠海华润银行股份有限公司"（以下简称珠海华润银行），并于 2011 年 4 月 11 日起正式启用变更后的行名和行政公章。

回顾过往，珠海市商业银行的重组历程前后耗时将近 10 年，而其中涉及引入国家开发银行、中国石油天然气集团公司（以下简称中石油）和华润股份作为战略投资者是珠海市商业银行重组工作的三个关键阶段。

（一）国家开发银行作为战略投资者

国家开发银行是直属国务院领导的政策性金融机构，具有雄厚的资金实力和先进的金融经营管理水平，具有良好的社会影响力和国内外公认的优良市场业绩，同时还拥有开发、运作大型金融项目的先进经验，在电力、铁路、电信、公路、公共设施、石油石化等重要领域均拥有丰富的金融项目资源。为给珠海市商业银行选择有实力的优质重组方，珠海市政府于2005年上半年向国家开发银行发出邀约，邀请其参与合作重组珠海市商业银行。当时珠海市政府提出重组工作的总体思路为："调整股权结构、实施增资扩股、弥补累计亏损、收购不良资产、多方努力全面完善"。

经过双方共同对珠海市商业银行资产状况进行审计和评估后，就重组珠海市商业银行的具体措施达成一致：由珠海市政府通过向广东省政府借款的方式投入23.3亿元，国家开发银行投入30亿元，通过弥补账面亏损、剥离不良资产及增资扩股等方式全方位改善珠海市商业银行的资产负债状况。具体的资金使用安排如下：

（1）珠海市政府以2.3亿元收购除珠海市财政局之外的珠海市商业银行其他股东股权。

（2）珠海市政府出资21亿元、国家开发银行出资10亿元用于弥补珠海市商业银行历年账面亏损，通过收购珠海市商业银行部分不良资产的方式弥补部分潜在亏损。

（3）珠海市商业银行以每股1元的价格向国家开发银行定向

增发 20 亿股新股。

上述重组工作完成后，珠海市商业银行的注册资本可增至 23.2755 亿元。其中，国家开发银行的持股比例约为 86%，珠海市政府的持股比例合计约为 14%。但令人遗憾的是，珠海市与国家开发银行的重组合作因为政策原因而告终。2006 年 10 月，珠海市政府再次与国家开发银行接触，试图通过向其申请"软贷款"的"平台方案"来完成珠海市商业银行的重组，可惜最终也未能成功。

此次重组虽然失败，但是通过与国家开发银行的合作和谈判，珠海市政府完成了对珠海市商业银行总体资产状况的审计和评估，同时经过多轮商谈和论证，完善了珠海市商业银行的重组方案，为珠海市全面了解珠海市商业银行实际资产状况并在以后与其他重组方洽谈合作重组方案奠定了良好的基础。

（二）中石油作为战略投资者

在与国家开发银行重组珠海市商业银行的合作终止后，珠海市政府继续寻求重组珠海市商业银行的机会。2006 年底，在与国家开发银行合作重组方案的基础上，珠海市政府积极与中石油展开了谈判。中石油是一家集油气勘探开发、炼油化工、油品销售、油气储运、石油贸易、工程技术服务和石油装备制造于一体的综合性能源公司，在世界 50 家大石油公司中排名第 5 位，具有极其雄厚的资金实力，也是我国大型中央企业的典型代表。与中石油的重组合作，将在资金、管理、品牌效应、跨区经营及业务拓展方面对珠海市商业银行提供巨大支持，同时也会对珠海市在经济领域中与中石油的合作发展创造双赢的局面。

2007年1月下旬，珠海市政府与中石油就合作重组珠海市商业银行签订了谅解备忘录，并对重组方案达成一致。经过对珠海市商业银行资产状况的新一轮审计和评估并经双方充分沟通协商后，2007年11月，珠海市与中石油下属中油资产管理有限公司（以下简称中油资产）签订了《关于重组珠海市商业银行股份有限公司的框架协议》《资产重组协议》及《增资扩股协议》三份重组珠海市商业银行的框架性法律文件。根据前述三份协议的约定，珠海市政府与中油资产就重组珠海市商业银行的合作条件为：

（1）珠海市政府向广东省政府申请至少18亿元借款用于重组珠海市商业银行。

（2）珠海市政府出资收购除珠海市财政局之外的珠海市商业银行其他股东股份，在重组实际操作前所收股份数额应占应收股份数额的85%以上。

（3）珠海市政府先期拨款21亿元用于弥补珠海市商业银行全部账面亏损及除不良贷款及拆借外其余不良资产形成的潜在亏损，并承担由此产生的相应税负；市政府具体出资数额根据重组后对商业银行资产状况的补充审计结果确定，多退少补。

（4）中油资产出资10亿元收购珠海市商业银行全部不良贷款和不良拆借。

（5）上述工作全部完成后，中油资产出资20亿元，以每股1

元的价格认购珠海市商业银行定向增发的 20 亿股新股。

上述重组工作完成后，珠海市商业银行的注册资本将增至 23.2755 亿元，其中中油资产的持股比例约为 86%，市政府方的持股比例合计约为 14%。

上述协议签订后，珠海市商业银行依据协议约定的内容向广东银监局上报了《增资扩股方案》并获得批准，但就在向中国银监会报批中油资产入股珠海市商业银行股东资格的过程中，由于国资委主要领导对中石油参与珠海市商业银行重组持反对意见，中国银监会于 2008 年 5 月中旬停止了对珠海市商业银行重组方案的审批工作。2008 年 7 月中旬，中石油撤回了自 2007 年 11 月签署重组协议后派驻珠海市商业银行的工作班子。

虽然与中石油合作重组珠海市商业银行由于客观原因未能最终成功，但在双方谈判和操作的过程中，中石油对参与重组珠海市商业银行显现出了巨大的热情，这在相当大程度上坚定了珠海市政府按照"调整股权结构、实施增资扩股、弥补累计亏损、收购不良资产、多方努力全面完善"战略目标重组珠海市商业银行的信心。

（三）华润集团作为战略投资者

2008 年初，中国银监会副主席王兆星明确要求："高风险城市商业银行必须在 2008 年底达到资本充足率 8%。"各级监管机构多次警告珠海市商业银行，如果不能按时达到要求，中国银监会将可能要求珠海市商业银行退出市场。时间紧迫，在获悉国资委对中石油参与重组珠海商业银行提出异议后，珠海市政府立即开始寻找新的合作方，其中包括海南航空、珠江投资和早在 2006 年就已经有接触的华润集团。在通过一系列接触谈判，珠海市政府发现海南航空和珠江投资在资金实力和运作能力方面均存在一定欠缺，因此很快将谈判重点转移到华润集团。

华润集团是一家在香港注册和运营的多元化控股企业集团，其前身是 1938 年于香港成立的"联和行"，在发展初期得到了周恩来、朱德、陈云等老一辈无产阶级革命家的悉心关怀和指导，在中国革命、建设、改革开放和市场经济发展的各个历史时期都发挥着自身的重要作用，这家国有海外企业承担过党和国家赋予的政治、军事等重要使命，在稳定香港民生、繁荣内地市场、为国创汇等方面发挥过重要作用。当时，华润集团是国资委直接监管和领导的 53 家国有重点骨干企业之一，以实业化为核心，核心业务包括消费品（含零售、啤酒、食品、饮料）、电力、地产、医药、水泥、燃气、金融等，设有 7 大战略业务单元（SBU）、21 家一级利润中心，有实体企业 1200 多家，在职员工 35 万人。华润集团在香港拥有 5 家上市公司，其中 3 只蓝筹股华润创业、华润电力、华润置地被列入香港恒生指数成分股，在资本市场上拥有举足轻重的地位。

2008 年 10 月 27 日，通过积极有效的推动，珠海市政府与华润集团协商达成一致，并签订了《关于重组珠海市商业银行股份有限公司的框架协议》及配套文件，根据前述法律文件，双方达成一致的重组方案。

（1）股权调整。由珠海市政府出资，以其下属的珠海市海融资产管理有限公司为主体，收购珠海市商业银行除珠海市财政局以外的其他原有股东持有的 2.3 亿股股份（包括企业法人股东持有的 2.2 亿股股份和自然人股东持有的 1000 万股股份），并通过原有股东授权的方式获得合法有效的增资扩股表决权，对于未能收购的股份，由珠海市政府负责妥善处理。

（2）拨款补亏和收购不良资产。首先由珠海市政府出资 9.2 亿元现金直接投入珠海市商业银行，弥补其全部账面历史累计亏损；再由珠海市政府以海融公司为主体出资 5.8 亿元、华润集团出资 15 亿元共同设立资产管理公司，按账面值约 29.6 亿元收购珠海市商业银行的全部不良资产（包括全部不良贷款、不良拆借和抵债资产等），以弥补其全部潜在亏损。资产管理公司将全部实收资本 20.8 亿元作为首期付款，差额部分约 8.8 亿元作为应付账款由资产管理公司与珠海市商业银行约定明确的付款期限。

（3）委托清收不良资产。珠海市政府、华润集团共同出资设立的资产管理公司收购珠海市商业银行不良资产后，委托珠海市商业银行继续对该等不良资产进行管理和清收，清收不良资产的全部处置收益优先用于偿付对珠海市商业银行 8.8 亿元的应付账款，应付账款及其他费用付清后，资产管理公司剩余资产在珠海市政府与华润集团之间按 25%∶75% 的比例分配。

（4）增资扩股。华润集团向珠海市商业银行增资 10 亿元认购

10 亿股股份，珠海市商业银行的注册资本由 3.2755 亿元增至 13.2755 亿元，资本充足率约为 57.83%（根据 2008 年 6 月 30 日珠海市商业银行财务报表模拟计算），完全可以满足珠海市商业银行加快业务发展的资本要求；增资完成后华润集团将持有珠海市商业银行 75.3267% 的股份，成为其控股股东。

双方签约完成后，珠海市商业银行即刻将相关重组方案及股东资格上报银监部门，中国银监会于 2008 年 12 月 5 日做出了同意的批复。在中国银监会批复同意珠海市商业银行重组方案后，珠海市政府立即向广东省财政厅请示拨付省政府同意借出的 15 亿元金融风险准备金。省财政厅给予了充分支持，主要领导亲自安排，专人办理，15 亿元专项资金于 12 月 19 日即到达珠海市国库账户。但是，在此关键时刻，华润集团表示因国资委领导对其投资珠海市商业银行提出了保留意见，故暂时无法实施关于珠海市商业银行重组的任何操作，2008 年底前已经没有通过与华润集团合作共同完成操作并使珠海市商业银行资本充足率达标的可能。

由于与华润集团的合作方案暂时无法操作，为保证在 2008 年底前完成珠海市商业银行资本充足率达标工作，珠海市政府一方面积极推进与华润集团的方案操作，另一方面为满足中国银监会对珠海市商业银行风险化解工作的要求，同时准备了由广东省政府先行向珠海市商业银行注资的"分步实施方案"。

为防止类似特殊情况的发生，珠海市政府在上报华润集团重组珠海市商业银行方案的同时，于 2008 年 11 月底由珠海市商业银行向广东银监局上报了基于"分步实施方案"的增资扩股方案，获得批准后即刻向中国银监会上报了珠海市财政局向珠海市商业银行增资 6.6 亿元的股东资格请示，12 月 23 日中国银监会批准了市财政局的股东资格。

2008 年 12 月 23 日，在"分步实施方案"获得中国银监会批准后，珠海市政府立即运用广东省政府借给珠海市的珠海市商业银行重组工作专项资金启动备选方案，完成资本充足率达标的基本操作，包括：一是珠海市财政局向珠海市商业银行增资 6.6 亿元，使其在珠海市商业银行的持股比例达到 76.96%；二是由珠海市政府直接拨款弥补珠海市商业银行账面亏损 1.97 亿元；三是由海融公司先期付款 2.93 亿元收购珠海市商业银行账面余额约为 8.73 亿元的不良贷款（余款挂账）。

上述工作完成后，至 2008 年底，珠海市商业银行的注册资本增加至 9.8755 亿元，不良贷款率降为零，资本充足率达到 11.3%，为进一步与华润集团合作完成珠海市商业银行重组赢得了宝贵的时间并创造了更好的合作基础。

2009 年 1 月，珠海市政府主要领导和分管领导与华润集团领导就继续重组珠海市商业银行事宜进行会晤，华润集团领导表示，将坚定不移地克服任何障碍完成珠海市商业银行的重组工作，双方一致同意按照框架协议约定的合作条件继续合作重组珠海市商业银行。2009 年 2 月 25 日，珠海市政府、华润集团与珠海市商业银行就合作重组珠海市商业银行再次签订了《关于重组珠海市商业银行股份有限公司框架协议之补充协议》《增资扩股协议之补充协议》及《股权转让协议》，约定用以下操作方式完成"分步实施方案"的过渡：一是珠海市财政局以每股 1 元的价格向华润股份转让 6.6 亿股股份，回收 6.6 亿元现金；二是珠海市政府拨款 3.6884 亿元弥补珠海市商业银行现有全部账面亏损；三是海融公司出资 9.3416 亿元、华润股份出资 15 亿元成立投资公司收购海融公司已收购的珠海市商业银行不良贷款及珠海市商业银行剩余全部不良标的资产；四是华润股份出资 3.4 亿元以每股 1 元的价格向珠海市商业银行增发 3.4 亿股股份。以上操作完成后，珠海市商业银行的注册资本增至 13.2755 亿元，其中华润股份的持股比例为 75.33%，珠海市政府（通过珠海市财政局及海融公司）的持股比例为 21.91%。至此，珠海市商业银行不良贷款率为零，资本充足率达到约 47.84%。

上述协议签订后，珠海市商业银行向银行业监管部门上报了关于本次增资扩股及华润股份股东资格的请示，在中国银监会领导的大力支持下，经珠海市政府、华润集团、珠海市商业银行的通力合作、密切配合，以最短的时间完成了珠海市商业银行重组的全部主要操作，2009 年 4 月 27 日，珠海市商业银行收到了中国银监会批准华润股份股东资格的批复。至此，珠海市商业银行的重组工作全部完成，"珠海市商业银行股份有限公司"更名为"珠海华润银行股份有限公司"，并于 2011 年 4 月 11 日起正式启用变更后的行名和行政公章。

二、战略投资者选择

2004 年，中国银监会《城市商业银行监督与发展纲要》指出，城市商业银行联合和跨区域发展是城市商业银行进一步改革、创新和发展的重要内容。该文鼓励在综合处置不良资产基础上进行城市商业银行的重组改造和重组联合，鼓励城市商业银行在自愿的前提下，按照市场原则实现资本重组和联合，有效整合金融资源，进一步拓展城市商业银行市场空间，提高其抗风险能力和市场竞争力。由于历史原因，地方政府的控股地位和其他股东的地方性降低了城市商业银行的治理效率，为城市商业银行的金融风险埋下了隐患。因此，降低国有股的股权比例，引入优秀的机构投资者的股权多元化措施成为城市商业银行重组的关键环节。

城市商业银行引入的机构投资者分为战略投资者和财务投资者，战略投资者和财务投资者最大的区别在于是否在董事会取得席位并参与经营管理。战略投资者一般要求在董事会占有席位并直接参与经营管理，而财务投资者一般不要求占有董事会席位也不参与经营管理。引入战略投资者，不仅可以充实城市商业银行的资本金，引导经营资源优化配置，带动不良资产处理，还给城市商业银行带来了新的管理理念，完善了公司治理结构，提高了盈利能力和风险管理能力。城市商业银行引入的股东主要是外资银行、国内的上市公司和民营资本。

城市商业银行在吸引国内外机构参股控股方面也具有其独特的吸引力：一是牌照资源稀缺，这是因为银行业的准入门槛较高，一般公司难以直接进入；二是股本总体规模不大，容易参股控股；三是政策灵活，容易开展业务；四是可以作为提供资金的渠道；五是对外资机构而言，参股国内商业银行有助于其避开国家有关法律规定的限制，快速打开国内资本市场。

华润集团作为一家在香港注册和运营的多元化控股企业集团，同时又是国资委直接监管和领导的重点企业，而它的经营领域又都是充分市场化的行业。相较于中石油、国家开发银行等垄断巨头，华润集团不仅资金雄厚，而且市场竞争能力强。对珠海市商业银行来说，引入华润集团这一战略投资者，可以为珠海市商业银行带来许多积极效应。首先，提高资本充足率。华润集团大量资金的引入弥补了珠海市商业银行的坏账准备，降低了风险又保证资本充足率快速达到8%以上。其次，改善珠海市商业银行的治理结构。华润集团的进入为城市商业银行带来了新鲜血液，不断的改革创新，改善了银行的公司治理结构，建立起完善的市场约束机制，实现了商业银行的市场主体地位。最后，促进了珠海市商业银行的制度创新。多年来华润集团经历了激烈的市场竞争，在经营理念、业务流程和规章等方面有一定的先进性，有利于珠海市商业银行的经验学习与制度创新等。

第三节　重组更名后的珠海华润银行

重组后的珠海华润银行经过两年多的努力，完成了法人治理结构的完善、中长期发展战略的制定、人才队伍的建设、核心流程的梳理、主营业务的调整等，银行资产质量和经营基础发生了根本性转变，各项存款大幅提高，各项备付充足，信贷结构得到优化，中间业务收入、债券投资收入大幅增加，盈利水平得到很大提高。

一、发展战略

华润集团一直非常重视集团的战略和组织能力。2010 年 4 月，珠海华润银行专门聘请了美国波士顿咨询集团（BCG）启动战略规划项目，借鉴国内外同行先进经验，建立了未来珠海华润银行差异化竞争优势和可持续发展战略。经过全行上下 3 个月的共同努力，形成了珠海华润银行的使命愿景："坚持创新发展，建立专业专长，提供高品质金融服务，成为客户首选成长伙伴，打造一流特色银行，实现股东价值和员工价值最大化①"。

（一）业务发展战略——"一轴两翼三渠道"

"一轴"是指以华润产业资源为轴心，积极推动产融结合，努

---

① 引自《珠海华润银行 2010 年年度报告》。

力建立专业专长。"两翼"中的一翼是指建立核心客户群体，积极发展负债业务和中间业务；另一翼是指积极开拓中小微企业金融服务，着重发展资产业务。"三渠道"是指银行物理网点、电子银行渠道和华润集团既有的客户群体、销售网络三种渠道。

珠海华润银行深刻地认识到银行业在中国生存发展的前提条件——存款立行。只有做大银行的负债规模，即存款规模，才能做大其资产规模。珠海华润银行作为一家小银行，负债成本较高，必须发展收益较高的资产业务才能够覆盖较高的负债成本，而小银行只有面对小微企业时才有较高的议价权，才能获得较高的收益率。因此，珠海华润银行也盯住了华润集团各 SBU 的上下游中小微企业客户，积极开拓及支持中小企业金融服务，发展资产业务。2011 年，珠海华润银行专门成立了中小企业部，探索中小企业业务模式，树立"轻、简、大、快、省"的产品特色，初步形成高效的客户服务能力。"一轴两翼"的业务发展战略使珠海华润银行实现资产负债业务均衡配置、均衡发展、比翼齐飞。

通过前述三种渠道，实现交叉销售，突破了珠海华润银行网点不足的发展瓶颈。其中，电子银行渠道是华润银行的重点发展项目，在公司业务上，务求加快现金管理、银企直联、线上自助融资、供应链融资平台、移动银行、CRM 和企业网银等关键系统的建设和完善，最终建立科技领先型银行的形象。为此，珠海华润银行高度重视 IT 建设的发展和资源投入。

（二）区域扩张战略——"通江达海和上山下乡"

根据全国各地的经济总量、存款总量并结合华润集团在全国的投资布局，珠海华润银行选定了"七个省三个市"作为银行未来异地网点扩张的区域，包括河北、山东、江苏、浙江、广东、广西、四川以及上海、南京和重庆，而恰巧这七省三市均分布在我国沿海和长江沿线，因此叫作"通江达海"。这一区域扩张战略突破了原珠海市商业银行的区域发展限制，依靠华润集团的经济实力以及清晰的发展战略，珠海华润银行向成为一家全国性银行迈进。截至2017年7月，珠海华润银行已在珠海、深圳、中山、佛山、东莞、惠州、广州、横琴设立8家分行、99家支行，并控股2家村镇银行。

（三）流程银行建设项目

为了配合战略落地，华润银行启动了流程银行建设项目。2010—2011年，珠海华润银行进一步完善了公司、零售、金融市场条线架构，确立前中后台组织架构，确立总分支三级管理架构，责任明确、分工明晰。搭建了运营服务共享平台，制订了流程银行影像工作流规划方案；在银行业务的经营操作上实现了前中后台的分离，为银行业务的集中处理奠定基础；组织梳理全行有效制度及相关有效流程，印制《华润银行2011版制度及流程手册汇编》，建立了比较完善的运营制度流程体系，对各项业务的快速发展提供了规范系统的制度支持保障。

二、公司治理

珠海华润银行充分借助华润集团等股东的长期国际化运作经

验，逐步建立以公司章程为核心，以股东大会、董事会、监事会及高级管理层为主体的"三会一层"公司治理架构，从而彻底扭转了银行董事会长期缺位、监事会不能正常履职的尴尬局面。

珠海华润银行董事会共有9名董事组成，其中独立董事3名。董事会下设战略发展、薪酬、提名、风险管理、关联交易控制以及审计6个专门委员会，其中提名、关联交易控制和审计委员会的主任委员均由独立董事担任，进一步强化了独立董事对公司的监督。专家型独立董事也为董事会提供了专业和独立的意见，大大提高了董事会决策的公平性和科学性。为了进一步完善经营管理层议事以及管理机制，保证重组期间平稳过渡，珠海华润银行专门成立了经营管理委员会。2011年进一步完善了公司、零售、金融市场条线架构，确立了前中后台组织架构和总分支三级管理架构，责任明确、分工明晰。

高级管理人员的考核、激励和约束机制由国际著名管理咨询公司Hay（合益）集团协助构建。依据绩效挂钩的原则，以定性和定量相结合的方法，初步设立了高级管理人员考核指标体系和评价方法，较好地调动了高级管理人员的积极性，强化了高级管理层的管理水平、经营意识和经营责任。关键团队采用薪酬与绩效体系设计方案，建立以价值创造为导向的绩效管理体系框架，贯彻落实新的绩效理念。

三、风险管理

珠海华润银行推行的是全面风险管理理念，以巴塞尔系列协议框架为准绳，以信用风险、市场风险和操作风险的管理为核心，兼顾流动性风险、法律风险、合规风险、声誉风险、信息科技风险等，主要通过组织架构建设、政策制度建设、管理流程优化、内控机制建设、风险计量体系建设、风险资本管理、信息系统建设等多方面工作，不断提升覆盖所有业务流程的全面风险管理能

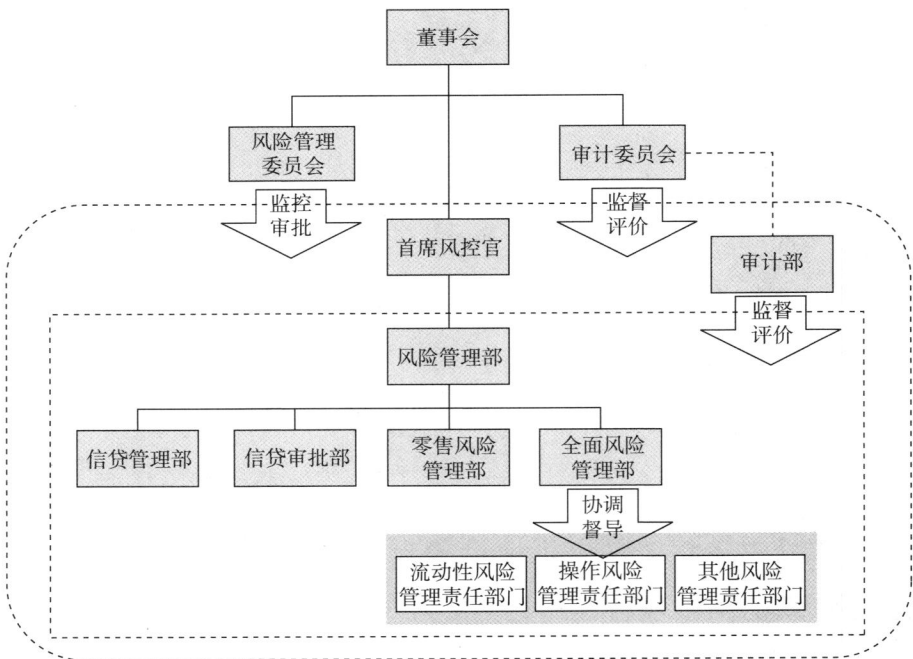

图 6.1　珠海华润银行风险管理组织架构体系

力。例如，珠海华润银行建立了"总—分—支"三级参与全面风险管理的组织架构体系，即以董事会为核心和最终责任人，由主管风险的行领导统筹负责，各职能部门分工协作，监事会和审计部门内部监督评价，从而形成了全员参与、分工合理、职责明确、相互制衡、报告关系清晰的风险管理工作环境。

（一）信用风险

珠海华润银行将信用风险管理制度划分为"机构管理—要素管理—流程管理—人员管理"四个维度，建立了完整的信用风险管理制度框架。同时，在新制度发布后及时开展培训，加大培训力度；及时开展制度执行情况检查，加大监督检查力度；加强监控和风险预警工作力度；开发新一代信贷管理 IT 系统支持制度执行；制定异地企业授信的准入门槛，通过授信审批引导和提高准入门槛，有效控制异地授信风险；加强对各经营单位的票据业务管理工作的检查及规范管理。

（二）流动性风险

通过建立适时、合理、有效的流动性风险管理机制，珠海华润银行实现了对流动性风险的识别、计量、监测和控制，将流动性风险控制在可以承受的范围之内，从而推动银行各项业务的持续、健康运行。重组以来，珠海华润银行通过完善流动性风险管理组织架构建设、管理制度建设、管理制度执行的有效性来提升流动性风险管理水平，促使其流动性处于安全水平。

（三）市场风险

珠海华润银行市场风险管理工作的主要任务是监控并减少与

其金融市场业务相关的风险。重组后，珠海华润银行金融市场业务种类有票据业务、债券投资业务、买入返售及卖出回购业务、外汇业务及同业拆借，而与前述业务相关联的市场风险则主要为利率风险及汇率风险。此外，与市场风险管理密切相关的还有交易对手的信用风险管理。重组以来，市场风险专职管理人员到位，实现了对市场风险的专人实时监控；完成市场风险管理基础制度的制定，形成了市场风险管理的制度体系；按照制度要求，市场风险管理人员定期开展经济政策和市场走势分析，在金融市场业务操作过程中，严格执行制度规定的"信息收集、逐级审批、制约机制、系统维护、规范操作、风险处置"等风险控制程序，严格执行制度规定的止损机制和外汇即日平盘机制，同时还启动了新一代资金交易系统项目。

（四）操作风险

珠海华润银行通过完善公司治理结构、加强内控体系建设、接轨先进风险管理技术和理念、加强风险管理文化建设、加强管理制度体系建设、全面落实操作风险管理责任制等措施，有效防范操作风险。重组以来，围绕建立全面有效的运营操作风险管理体系，在构建全行运营操作风险管理架构、完善运管操作风险管理制度建设、落实运营操作风险管理检查制度、推进高风险业务集中运营、实施重构 IT 系统建设、加强运营人员团队建设等方面取得了积极的成效；同时，加强人员管理相关操作风险制度建设及其执行的有效性。

（五）合规风险

重组后，珠海华润银行根据法律法规的变化、业务流程的演变以及内部控制新要求，结合实际，新制定一系列制度，基本完善了银行的法律合规风险管理制度架构，规范了法律合规风险管理工作程序；启动了对全行重要业务条线所有内外合同的标准化、系统化工程，制定了标准化合同，改变部分合同不规范、不全面、不符合新的法律法规要求等现象，规范了全行业务合同，有效防范了法律风险；公布了举报电话，设立举报电子邮箱，加强了对全行各级员工和各项业务经营活动的社会监督，同时建立有效的举报保护和激励机制，为员工举报违规、违法行为提供必要和安全的途径，畅通了违规行为发现渠道，有效提高了对违规行为的防控能力；完善反洗钱组织机构建设和岗位设置，加强反洗钱内控制度体系建设、反洗钱系统运行管理，优化系统操作，提高运行效率，提高反洗钱制度执行和大额及可疑交易报告的质量，开展形式多样的反洗钱宣传，提升珠海华润银行的社会认知度。

四、管理主题

珠海华润银行成长的每一个阶段都有与之相适应的、明确的管理主题。重组后，虽然珠海华润银行的业绩增长得很快，但在基础能力建设和综合效率上，与同业相比，还有很大的差距，核心能力的提升更是处于初始阶段。珠海华润银行还需要进一步加强其基础能力，包括 IT、客户能力和人力资源等。因此，后期的管理主题是团队建设、基础搭建。

例如，在人力资源提升方面，在原珠海市商业银行薄弱的人力资源管理基础上，为了使珠海华润银行的人才队伍具有竞争力，促进持续健康发展，珠海华润银行启动了以能力素质模型为基础的关键团队人才规划发展项目及后备人才培养项目，成功组建了产品经理、IT 经理、风险经理、行业专家等专业序列人员关键团队。而为了配合华润集团产融结合的发展，珠海华润银行积极筹备华润金融学院和推进产融协同高级实战班，与华润集团合力重点培养"二专二高"的金融人才，为产融结合战略打下坚实的人才基础。其中，"二专"是指熟悉金融的产业专家和熟悉产业的金融专家，努力促进更多的产业专家进入金融板块，促进更多的金融专家进入相关产业，为集团的产融结合提供智力支持；"二高"是指高水平的金融管理人才和高层次的金融专业人才，确保在未来 5 年内完成对金融板块关键岗位人才的培养和轮训工作。

2012 年，为了更好地做到精细化管理，珠海华润银行提出了"组织效率提升年"的管理主题，希望通过系统梳理和 SOP 化管理①，提升效率，促使管理水平真正上一个台阶。一个高效率的组织，一定是流程紧凑、合理、有效的组织，也一定是运营标准化程度很高的组织。SOP 把一项庞大的工程细分开来，分解成很多不同的任务，并予以简单化、透明化，然后针对这些简单的任务，

---

① SOP 是 Standard Operation Procedure 的缩写，中文意思为标准操作程序。

设计出标准化流程。这样，不仅能够保证高效率，而且能够保证在工作中有一致的标准。事实上，SOP 已被全球几乎所有成功企业广为运用，一个非常成功的案例就是金拱门，我们在全世界的任何一个角落，走进任何一家金拱门，无论是视觉、听觉，还是味觉、感觉都是一致的，这就是 SOP 产生的魔力。

在 SOP 项目的实施过程中，珠海华润银行特别提倡关注客户体验，积极从客户体验方面进行思考。珠海华润银行坚持一个原则：越靠近客户端，其 SOP 就应该越简单明了。珠海华润银行通过 SOP，把复杂的工作简单化，把烦琐的任务固化、标准化，让任何一个客户到任何一个网点开立账户或者办理外币兑换等业务，所需提供的材料和接受的服务，都是一致的。

五、金融业务服务模式

在巩固传统公司业务基础、扩大银行总体规模的同时，珠海华润银行聚焦批发零售、医药等七大行业，打造具有差异化优势的行业金融模式，针对客户尤其是中小企业客户尚未被充分满足的金融需求，提供便捷、专业的行业金融解决方案，努力成为企业金融服务专家和成长伙伴。

第一，专业化行业金融服务。借助华润集团的整体产业优势和丰富的行业经验，珠海华润银行重点聚焦七大行业：批发零售业、机械设备制造业、石化塑料制造业、医药业、房地产业、电子电器制造业、食品饮料业。以专业、团队、便利、多渠道的服务体系，珠海华润银行实现与华润产业、华润金融的有效协同，为企业提供综合性的金融解决方案。

第二，特色融资产品。在关注传统业务的同时，珠海华润银行推出具有特色的企业融资产品，具体为经营性物业抵押贷款、股票质押贷款、机器设备按揭贷款和内保外贷，帮助客户盘活资产，实现个性化融资。

第三，中小企业金融服务。珠海华润银行通过细分市场、标准化产品、方便快捷的放款机制、机动灵活的客户体验以及供应链、集群产业的主导方案，成为中小企业金融服务专家。根据中小企业不同发展阶段的经营特点和金融需求，可以为中小企业提供以下特色金融服务：联保贷、便捷贷、携手贷、组合贷。

第四，"一站式"金融服务。作为华润金融的核心基础，珠海华润银行通过银行平台联动华润信托、华润租赁、华润保险、华润私募等金融板块，实现资源共享、产品互补与行业专业的延伸；通过银信合作、股债混合、融资租赁等方式，为公司客户提供"一站式"的金融解决方案。

六、品牌形象和企业文化

(一) 品牌形象

银行的可持续发展离不开良好的品牌和声誉。2011年3月，珠海市商业银行正式更名为珠海华润银行后，通过独家冠名"2011珠海国际半程马拉松赛"，有效利用了珠海大型城市活动的影响力，搭建提升企业品牌价值的平台，通过报纸、电视、电台、户外广告、明信片、新闻发布会等各种途径增强客户对珠海华润银行品牌的认知度、知名度、忠诚度及正面联想，从而提升了珠海华润银行的品牌价值，也开创了国内商业银行与城市活动合作的先例。同期，珠海华润银行与马拉松主办方一起启动了在揭阳普宁云落镇九岭村的扶贫工程，通过400场个人金融服务进社区活动，提升知名度和品牌形象。

（二）企业文化

华润集团是一家港资集团，作为一家港资企业，在进入中国内地市场时，与国内企业相比，华润集团更重视法律合规上的规范和要求，珠海华润银行也不例外。依法合规经营，是珠海华润银行企业文化的核心特征，塑造出了全体珠海华润银行人诚实、守信、专业、敬业的良好形象，也赢得了客户的信任和市场的信心。

坚持创新发展，建立专业专长，提供高品质金融服务，成为客户首选成长伙伴，打造一流特色银行，实现股东价值和员工价值最大化，这是珠海华润银行的使命愿景；持续创新＋专业专长＋客户导向＋团队协作＝卓越的金融服务解决方案，这是珠海华润银行的核心价值驱动。简单、坦诚、阳光的企业组织文化和诚信、激情、团队、价值的企业价值观，促进了珠海华润银行的健康发展。

在社会责任方面，珠海华润银行大力支持华润集团的"希望小镇"项目，2012 年 3 月 28 日，第一家与集团希望小镇配套的村镇银行——广西百色右江华润村镇银行开业庆典活动在百色市隆重举行。这是该行继广东德庆华润村镇银行之后设立的第二家村镇银行，也是在广西设立的首家村镇银行，注册资金为 1 亿元，其中该行出资 5100 万元，占股 51%。此外，珠海华润银行还参与了"广东扶贫济困日"捐款活动、对口帮扶珠海斗门乾务镇石狗村贫困村民、建立困难员工捐助机制、参与华润慈善基金捐赠活动、履行反洗钱社会责任等项目，以一位企业公民的身份全心全力履行社会责任。

第四节　珠海华润银行与华润集团的产融结合

珠海华润银行重组过程中最大的商业模式创新是产融结合，华润集团希望通过产融结合的模式带动和促进珠海华润银行的发展，同时实现华润集团在珠海华润银行的利润最大化。

产融结合在发达的西方经济体中早有先例。19 世纪末，发达国家实行自由放任、自由竞争的市场经济制度，各国政府基本上不限制工商企业和金融机构之间相互持股和跨业经营。一批产融结合型的企业集团逐渐形成，如美国的洛克菲勒、摩根、花旗、杜邦，日本的三井、三菱、三和、住友、芙蓉、第一劝业等。近些年来，我国也出现了一些"产融结合"的企业兼并重组案例，比如中石油控股新疆克拉玛依市商业银行，并将其更名为"昆仑银行"，加上之前已经存在于昆仑系下的信托公司、保险公司、金融租赁公司，以及参股的证券公司，中石油正在走产融结合的道路；此外还有国电电力入股石家庄市商业银行25467万股，以占全行总股本19.6%的绝对优势，一跃成为石家庄市商业银行第一大股东；中国移动斥资398亿元控股浦东发展银行等都是产融结合的例子。不仅如此，其他更多的企业特别是特大型中央企业，已经在金融领域跑马圈地，在信托业、期货业、证券业以及金融租赁业等金融行业占据一席之地。

一、产融结合的内在动力和可行性

产融结合，是华润集团进军银行领域的原动力，是珠海华润银行打造行业领先地位的核心渠道。从理论上讲，华润集团和珠海华润银行的产融结合可以分为以下三个层次的业务模式：第一个层次是内部协同模式，用数字来表示可以表达为"1+1"模式。内部协同，即众多的产业部门和金融部门开展产融结合业务，根据市场内部化理论原则，通过内部组织体系将资源优势转移到集团内部，降低交易成本，使集团利益最大化。华润集团众多的产业通过内部合作有利于实现银企双赢。珠海华润银行要做好内部协同工作，同时注重提供优质的服务。第二个层次是协同增值模式，用数字来表示可以表达为"1＋N"模式。协同增值，就是在内部协同的基础上，同相关产业的上下游外部资源展开合作，珠海华润银行借助华润产业平台拓展其客户群，反过来产业也可以利用银行的平台拓宽其业务渠道。在这个过程中，重要的是满足合作各方的业务需求，实现共赢。第三个层次是创新商业模式，用数字来表示可以表达为"N＋1＋N"模式。创新，就是改变，从改变一种结算方式，到改变一种经营理念，可以带来新的商业模式，为所有交易方都创造价值。珠海华润银行要充分把握好产业信息，将资金流、物流、信息流整合并设计科学的方案，从而创造价值。

金融是一个杠杆作用很大的行业，华润集团有强大的业务组合，金融杠杆的使用将对集团业务的发展产生非常大的促进作用。华润集团入股珠海市商业银行的目的就是希望华润金融能激发整个集团完成由行政管控到价值创新的转变，最终形成基于华润集团主营业务的市场地位和控制市场资源的全新商业模式。通过打造这个具有华润特色的金融平台，各金融业务之间、金融和产业之间相互协同、相互支持、相互促进，实现业务扩展、内部资源整合、效率提升并创造出独特的、差异化的金融产品。对华润金融而言，通过华润产业的协同，金融效率会更高，资产质量会更好。对华润产业而言，通过华润金融的协同，可以更好地去放大资产的效用，更好地挖掘客户资源的价值，提升集团的整体回报。这样，华润集团就可以通过这个金融平台，实现"金融疏通血液，产业提供利润①"的良性循环。

二、产融结合的意义

从经济发展的趋势来看，产业资本和金融资本也必然会有一个融合的过程，这是社会资源有效配置的客观要求。在宏观层面上，产融结合有利于优化国家金融政策的调控效果；在微观层面上，它有利于产业资本的快速流动，提高资本配置的效率；在风险合理控制的前提下，产融结合是国际国内企业实现跨越式发展、迅速做大做强的重要方法。据统计，世界 500 强企业中，有 80% 以上的企业成功地进行了产业资本与金融资本的结合，产融结合已经成为一种世界潮流。例如，国际物流公司 UPS 的"物流 + 存货融资"是以物流、信息流、资金流三流合一来降低信用风险控制成本，创造新的价值；通用 GE 以"产业组合 + 综合银行"的模式，从经营协同走向金融协同。因此，在华润集团内部看来，产融结合有以下四个方面的意义②。

第一，发挥财务杠杆的作用。财务杠杆所发挥的作用推动了银行、信托、基金的发展。杠杆可以提高资产周转速度和股东回报。所以运营恰当的金融资本可以很好地发挥杠杆的作用，提高

---

① "金融疏通血液，产业提供利润"引自时任国资委监事会主任叶祥训对珠海华润银行发展战略的评价。

② 引自华润银行内部刊物《华润产融结合班专刊》。

集团整体收益。

第二，深入挖掘客户资源。华润产业的上下游客户是金融业的潜在客户，而金融业务发展成熟后可以为产业的发展提供更多机会。这体现了财务杠杆和客户杠杆、财务资源和客户资源在实业和金融业之间的相互转化和促进。

第三，优化财务报表。信托和银行通过量身定制产品，合理安排集团资产，可以满足债权人和股东的需求，优化财务报表，提升企业价值。

第四，控制业务风险。利用华润集团优质的产业资源，控制产业风险，可以使金融业务风险维持在较低水平。这也是产融结合在集团层面上最重大的意义。

三、困难和挑战并存

华润集团各利润中心创造了很多成功的商业模式，如希望小镇模式、水泥"3＋2"模式、贺州环保封闭循环项目等。这些商业模式的成功建立和运行为华润集团积累了丰富的商业模式打造经验。供应链融资是产融结合能否成功运行的关键点，通过供应链融资，珠海华润银行把华润集团各产业上下游最核心的客户抓住，不断拓展和挖掘，从中探索出成功的金融工具，进行复制和推广，从而增强华润银行的行业金融能力。不过，在实际操作中，产融结合这种商业模式的建立和推广仍然面临着各种困难和挑战。

第一，如何统一华润金融和各 SBU 对产融结合的认识，特别是怎样平衡短期利益和长期战略目的的关系。华润集团的大部分产业都处于行业领先地位，在与银行合作时，具有较强的议价权，处于相对强势的地位，能获得较好的服务质量和较低的融资成本。而珠海华润银行还是一家小银行，与一些发展成熟的银行相比竞争力较低，且可能短期内满足不了华润产业的各种需求。例如，华润集团曾确定了一定的产融协同额度，这个额度对银行的贷款规模而言较大，可是对华润集团的产业需求而言却远远不够。但长期来说，产融结合是能使各产业和金融实现共赢的有效途径。

第二，如何进一步提升金融、银行的战略水平，提高其团队和组织的能力。人员、团队和组织能力，是产融结合能否成功的关键因素。其他银行虽然经验较为丰富，但不一定能够完全适应华润集团产融结合的思路，因此珠海华润银行要抓住这个优势，加强对产融结合的认识，加强对华润文化的认同，加强对产融结合专业人才的培养。

第三，如何建立高效的业务流程、沟通流程，建立公平合理的考核激励机制问题。

虽然产融结合的全面推广仍然面临一些挑战，但是在华润集团上下各产业部门的相互配合和协调下，产融结合在组织架构、思想认识、工作机制、团队建设以及实际运行上取得很大进步，并在金融产品和金融方案的合作上取得初步成就：一是珠海华润银行与华润置地的"信付通"合作，已实现了双赢。通过"信付通"，华润置地很大程度上降低了企业的融资成本，珠海华润银行大大提高了银行的核心竞争力。二是珠海华润银行为煤业设计的"预收宝"产业链融资产品已经广泛推广，非常有竞争力。三是华润信托与珠海华润银行一起开发的"聚金池"产品，把各 SBU 的活期存款变为理财产品，2011 年就给珠海华润银行带来了 130 多亿元资金，给华润集团额外增加 1 亿多元收益。四是 2011 年底珠海华润银行、华润信托和华润水泥合作，推出票据贴现业务，有效缓解了华润水泥的现金流压力，实现了多方共赢。

四、珠海华润银行与华润集团的产融协同

当今企业之间的竞争，不是产品和服务之间的竞争，而是商业模式之间的竞争，不进行商业模式创新，金融企业尤其是中小银行将永远在同质化竞争的红海中厮杀，恶性竞争风险累积，必将是危机爆发的根源。因此，珠海华润银行想要生存，必须进行商业模式创新，而产融结合正是珠海华润银行商业模式创新的不二选择。

根据华润集团的战略构想，入股银行就是要顺应宏观经济形势的要求，基于多元化实体经济的特殊优势，整合建立独特的金融商业模式，集合所有资源为实体经济服务，而实现这个目标的唯一途径就是打造开放式的、有华润特色的金融平台。入股以来，珠海华润银行成立了专职负责产融协同的行业金融部，确立了以

产融协同为核心的"一轴两翼三渠道"核心路径。通过与华润集团各产业专家密切合作，珠海华润银行产融协同已经从产品研发进入到推广和营销阶段，即将开办的高级产融协同班，将负责培养产融复合型专家，华润集团的产融结合班由清华大学五道口金融学院、美国纽约大学金融学院等联合主办，目的在于培养出中国第一支专业的产融协同队伍。重组后，珠海华润银行已经在零售、水泥、房地产等部分领域试行了产融协同，建立了新业务模式。如提前收款的预收保，延期支付的信付通，同业代付和银信票据理财等，针对行业上下游企业，开展了多种方式的融资，在为行业本身提供服务的同时，沿产业链的上下游开展多种形式金融服务的探索，具体见表6.1。由于在同一利益共同体下，产业专家和金融专家具有高度统一的目标和认知，为客户提供的产业和金融服务也非常符合市场特点，具备了新商业模式的雏形，提升了行业和金融的竞争力。

表 6.1　　珠海华润银行与华润集团 SBU 之间存在众多
协同机会

	供应商/合作伙伴	消费者/客户基础	SBU 和员工
华润万家	供应商融资：针对 3 万家供应商提供融资（如周转金贷款、商票结算）	卡类业务：针对每天 400 万的零售客流销售华润卡（信用卡＋会员卡） "店中店"：运用 2800 家店有针对性地营销和服务	代发工资：成为 45 万名集团员工的代发工资的首选银行

	供应商/合作伙伴	消费者/客户基础	SBU 和员工
华润置地	收单：为 1500 家商户提供收单服务	按揭：针对每年新增 3 万名业主营销房贷及理财增值服务 理财：通过社区物业等渠道向 3 万名现有业主和 23 万名置地会员推广金融产品	员工账户与银行卡：为集团员工提供个人账户、借记卡和信用卡
华润医药（三九及北药）	供货商融资：为中药及其他中小型供货商提供采购贷款、票据贴现等融资服务 进货贷款：为二级分销商提供进货融资		公司信用卡：为有需求的员工提供公司信用卡以支付差旅费
华润燃气		卡类业务：针对 340 万燃气用户营销华润卡	
华润电力	设备进货融资：为数十家中小型设备供应商融资		
华润怡宝	供应商融资：为包装供应商提供流动资金融资服务（怡宝相关年采购额 6 亿~8 亿元）	进货贷款：针对 150 家一级经销商营销进货融资产品	现金管理：成为管理集团 310 亿元现金沉淀的主要银行之一
华润水泥	物流融资：为 6 家物流合作伙伴提供造船融资	进货贷款：针对 1400 家客户营销周转金融资产品	

第五节　珠海市商业银行改革重组的主要成效

一、重组前后主要监管指标变化情况

重组后的珠海华润银行资产质量和经营效益有了很大提高，银行各项业务的开展有序进行，信贷结构得到优化，中间业务收入大幅增加，盈利水平大大提高。在更名的当年，珠海华润银行总资产达到463亿元，比2010年增长179.78%；吸收存款余额269亿元，比2010年增长93.47%；发放贷款和垫款余额86.5亿元，比2010年增长118.7%；实现净利润3.02亿元，比2010年增长184.36%；不良资产率为0.03%（≤4%）；不良贷款率为0.02%。

表6.2　　　珠海华润银行主要资本监管指标变化

（2008—2017年）

年份	核心一级资本净额（万元）	风险加权资产（万元）	核心一级资本充足率（%）	不良贷款率（%）	拨备覆盖率（%）
2008	60906.16	467138.54	13.04	—	—
2009	136318.76	699130.27	19.5	0.4	281.39
2010	147292.06	1059010.59	13.91	0.14	780.65
2011	683205.29	2652599.08	25.75	0.02	6321.21
2012	731174.30	4861261.94	15.15	0.49	355.21

年份	核心一级资本净额（万元）	风险加权资产（万元）	核心一级资本充足率（％）	不良贷款率（％）	拨备覆盖率（％）
2013	765048.68	7189442.46	10.64	0.59	289.22
2014	851967.40	7378157.71	11.547	1.72	151.11
2015	854822.48	8233698.22	10.382	2.49	152.63
2016	942793.88	9679918.04	9.74	2.24	173.55
2017	1049209.33	11065644.17	9.48	1.88	190.85

资料来源：珠海华润银行年度报告，2010—2017年。

表6.2反映了珠海华润银行主要资本监管指标在2008—2017年的变化过程。与重组前相比，重组后的珠海华润银行核心资本充足率、不良贷款率以及拨备覆盖率均达到并优于中国银监会监管标准值。

图6.2、图6.3和图6.4展示了重组后珠海华润银行的资产、负债和营业情况。重组后的珠海华润银行经营规模扩大，投资规模、存款及贷款规模也随之扩大，因此在总资产、总负债、吸收存款、发放贷款、营业收入和净利润等方面有了大幅度提高，经营效益得到很大改善，并朝着更高的目标发展。

2011年8月，珠海华润银行注册资本总额由2009年的13.275亿元增至56.378亿元，这是重组后珠海华润银行第一次增资配股。配股后，珠海华润银行将进一步增强抗风险能力，有效提升综合竞争力，为实现可持续战略发展奠定坚实的基础。

此外，2011年珠海华润银行荣登"广东省企业500强"第

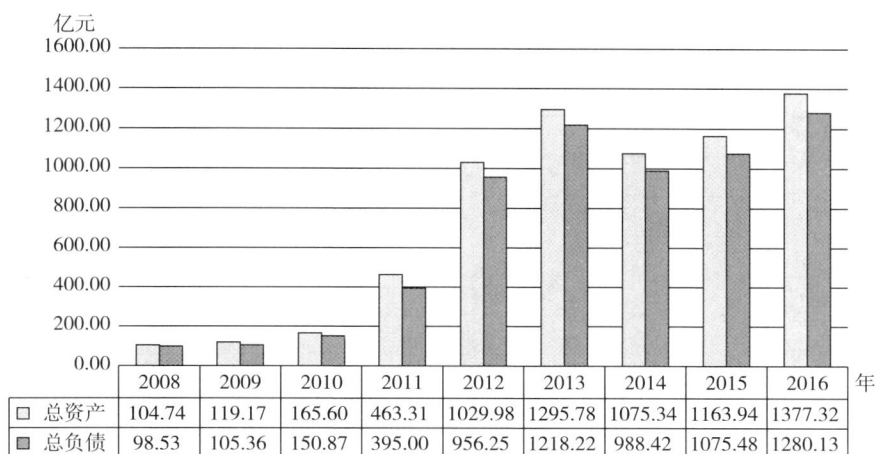

图 6.2　珠海华润银行总资产和总负债（2008—2016 年）

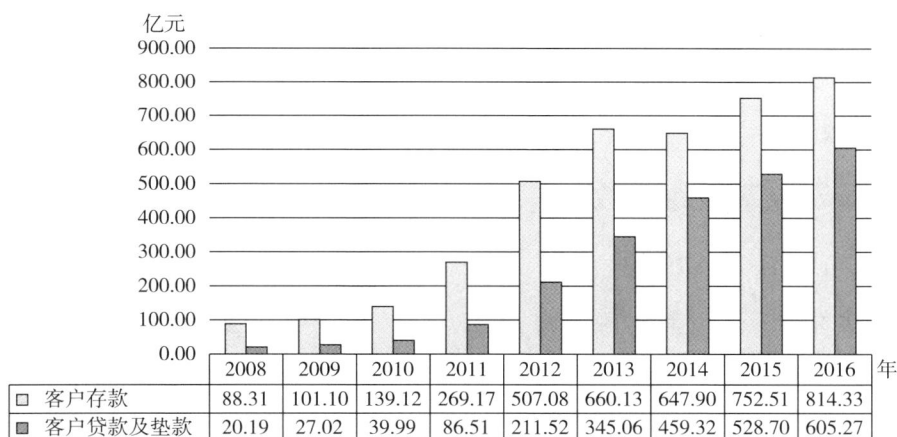

亿元	2008	2009	2010	2011	2012	2013	2014	2015	2016
总资产	104.74	119.17	165.60	463.31	1029.98	1295.78	1075.34	1163.94	1377.32
总负债	98.53	105.36	150.87	395.00	956.25	1218.22	988.42	1075.48	1280.13

图 6.2　珠海华润银行总资产和总负债（2008—2016 年）

亿元	2008	2009	2010	2011	2012	2013	2014	2015	2016
客户存款	88.31	101.10	139.12	269.17	507.08	660.13	647.90	752.51	814.33
客户贷款及垫款	20.19	27.02	39.99	86.51	211.52	345.06	459.32	528.70	605.27

图 6.3　珠海华润银行的存贷款余额（2008—2016 年）

302 位、"广东省服务百强企业"第 60 位。银行的综合理财能力也有明显的提高，在西南财经大学信托与理财研究所和普益财富联合发布的"银行理财能力排名报告（2011 年第四季度）"中，珠海华润银行的综合理财能力在全国所有已规模化开展理财业务

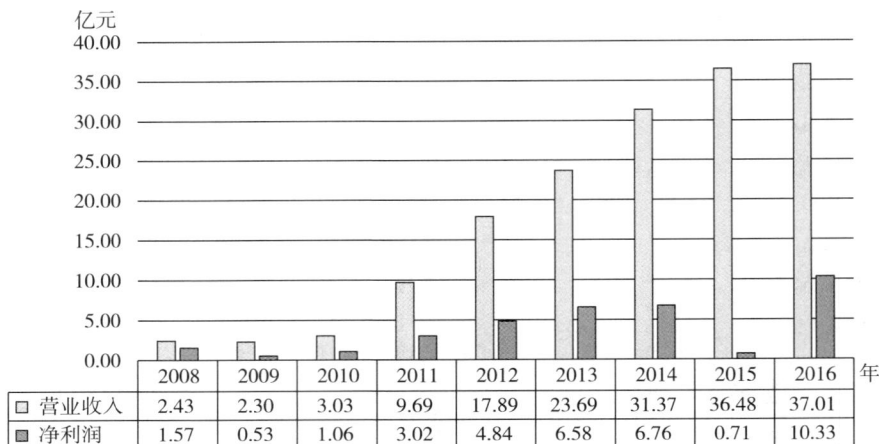

年	2008	2009	2010	2011	2012	2013	2014	2015	2016
□ 营业收入	2.43	2.30	3.03	9.69	17.89	23.69	31.37	36.48	37.01
■ 净利润	1.57	0.53	1.06	3.02	4.84	6.58	6.76	0.71	10.33

图 6.4 珠海华润银行的营业收入和净利润（2008—2016 年）

的城市商业银行中排名前 10 位，在全国所有已规模化开展理财业务的中外资银行中排名第 31 位。

二、改革重组成效

重组后的珠海华润银行，通过完善公司治理结构，创新银行经营商业模式，明确与银行发展相适应的管理主题，制定职能发展战略，使珠海华润银行各方面都获得了快速成长。

（一）公司治理进一步完善

1. 股权结构持续优化。在珠海华润银行的股权结构中，华润集团的持股比例为 75.33%，珠海市政府的持股比例为 21.91%，改变了城市商业银行普遍存在的地方政府一股独大的股权结构。同时，股东数量也大大减少，截至 2016 年末，珠海华润银行的股东总数为 133 户，其中自然人股东 122 户，与成立初期的 50 家法人机构和 772 名自然人股东相比大为减少。

2. 治理机构持续完善。"三会一层"的公司治理架构得到建立和不断完善，根据银行的实际需要而设立的专门委员会能针对性地解决银行面临的经营管理、业务发展问题。以定性和定量相结合的绩效考核方法很好地调动了高级管理人员的积极性，而关键团队采用的薪酬与绩效体系设计方案能激励团队为银行创造更多的价值。

（二）资产质量持续优化

珠海市商业银行在重组过程中剥离了账面值约 29.6 亿元的全部不良资产，全部账面历史累计亏损也得到弥补，使银行的不良资产率降为零。重组后依托华润集团强大的实业基础以及产融结合的贯彻落实，珠海华润银行的资产和贷款质量保持在较高水平，其 2010 年的不良资产率和不良贷款率分别为 0.1% 和 0.14%，到了 2011 年分别降低到 0.03% 和 0.02%，这表明银行的资产质量稳步提高，银行面临的金融风险逐步降低。

（三）市场定位清晰，经营战略明确

珠海华润银行明确的经营战略、清晰的市场定位，改变了过去城市商业银行战略计划不明确、市场地位不清晰、业务特色不突出等缺点。依据"一轴两翼"的战略规划，珠海华润银行对自己的中小企业业务战略进行了细化，进一步明确华润银行中小企业业务的目标客户和业务范围，将"着眼小微、兼顾中型，重点为客户提供贷款金额 1000 万元以内的资产类业务服务"作为中小企业业务的发展方向，明确了中小企业业务的价值主张，做中小微企业的"成长伙伴，行业专家"。

（四）规模扩大，突破服务范围局限

重组后的珠海华润银行在渠道战略和区域扩张战略的指引下，网点规模得到扩张，服务范围得到扩大。除了重组前已有的 1 家总部营业部和 49 家分支机构外，珠海华润银行重组后已实现了广东省内的跨区域经营，设立了 8 家分行、99 家支行并控股 2 家村镇银行。除了物理网点渠道外，珠海华润银行还重点发展电子银行渠道，弥补物理网点的不足，并制定线上自助融资等相关产品，提高业务办理效率，从而突破服务范围的局限。

（五）风险控制能力持续提高

珠海华润银行在华润集团、专业咨询机构以及专家的指导下，通过组织架构建设、政策制度建设、管理流程优化、内控机制建设、风险计量体系建设、风险资本管理、信息系统建设等多方面工作，不断加强自身的风险识别和监测能力，提升覆盖全业务流程的全面风险管理能力。重组后的珠海华润银行，其各项监管指标都达到中国银监会的标准，资本充足率、不良贷款率、拨备覆盖率等都优于监管标准，银行风险管理意识和能力有了很大提升。

（六）产品创新、科技开发能力得到提高

产品创新能力低、科技开发投入少一直以来都是城市商业银行的短板。为了提高银行的市场竞争能力，重组后的珠海华润银行在产品创新和科技开发方面投入大量资金和人力物力，逐渐把这一短板变成自身的竞争优势。例如，在核心系统的开发和运行上，珠海华润银行用了行业最短时间完成了系统的开发和上线，大大提高了业务办理效率。此外，为了加快产品创新，珠海华润银行还成立了金融产品创新审查委员会，制定了全行的产品管理办法，并持续优化个人业务结构，加大个人业务产品创新，推出个贷、理财业务等多种新产品，提升产品整体服务质量。金融市场业务也积极规划申请各种经营资质，同时将同业业务从资金业务中独立出来，为业务创新及拓展打好基础。

（七）人才储备持续强化

过去城市商业银行没有完善的人才培养计划，也没有健全的薪酬福利激励机制，因此一直吸引不了银行业中的优秀人才，也不能培养出有竞争力的人才队伍。人力资源是企业可持续健康发展中的重要元素，珠海华润银行延续了华润集团重视人才的企业文化，在原珠海城市商业银行薄弱的人力资源管理基础上，启动了以能力素质模型为基础的关键团队人才规划发展项目及后备才人培养项目，同时与华润集团一起筹备了华润金融学院和推进产融协同高级实战班，培养"二专二高"的金融人才，增强了珠海华润银行人才队伍的竞争力，促进了银行的持续健康发展。

总的来说，重组后的珠海华润银行与重组前的珠海市商业银行相比，犹如脱胎换骨，无论是公司治理、战略发展，还是经营绩效等方面都有了很大改善，同时在发展过程中克服和改变了许多城市商业银行普遍存在的弊病，是我国城市商业银行重组改革成功的典范。

第六节　珠海市商业银行重组的经验与启示

一、如何选择合适的战略投资者

自 2000 年开始，为了解决珠海市商业银行的金融风险和管理问题，珠海市政府就积极探索珠海市商业银行的重组方案。从 2002 年至 2009 年，珠海市与全国各地共约 20 家机构和组合投资者洽谈重组事宜，涉及近百家企业，其中包括国有大型企业、民营企业、港澳企业，最后考虑到国家政策和银行长远稳定发展等原因，选择了华润集团作为入股重组的战略投资者。而从珠海市商业银行重组后在公司治理、经营管理、风险控制等方面的良好表现来看，可以说，珠海市选择华润集团是一个合适的、正确的决定。因此，由这个案例可以看出，在城市商业银行的重组中，选择一家适合自身发展的战略投资者是决定银行能否成功扭转不利局面、提升核心竞争力、实现可持续稳健增长的关键因素。

回顾我国城市商业银行的重组历程，城市商业银行大规模重组整合并引进战略投资者是从 2004 年开始的。前期是以引进境外战略投资者为主的模式，主要发生在 2004 年、2005 年这两年。引进境外战略投资者可以改善公司的治理结构，吸收境外金融机构丰富的国际业务经验和高超的技术管理水平，并强化商业银行的经营约束机制。后期则出现了引进境内股份制商业银行、大型国有企业作为战略投资者的模式。因为 2006 年我国才基本解决了国内机构作为战略投资者入股商业银行的法律障碍，所以之前中国的商业银行股权融资首选境外战略投资者，而且由于国内成熟的、合格的战略投资者不多，国内实力雄厚的能够成为战略投资者的公司大多还是大型国有企业或国有控股公司，对改变股权结构、建立完善的法人治理结构于事无补，因此选择引进境内投资者重组模式的商业银行一开始并不多。近年来，随着我国企业公司管理水平的提高，合格的境内战略投资者数量也在上升，而且考虑到商业银行引进境内战略投资者还可以吸收投资者的客户资源，实现优势互补，所以随着时间的推进，选择引进境内投资者重组模式的商业银行也在不断增加。总的来说，无论是何种模式，城市商业银行引进战略投资者都是自身发展的内在需要，希望通过学习它们的先进管理经验、发展模式、信息技术以及规范的公司治理机制来突破发展瓶颈，走出一条适合城市商业银行发展的道路。

在选择战略投资者的标准方面，城市商业银行应从候选者的资本实力、盈利能力、信用水平、业务关联度等方面进行综合考虑。一般来讲，战略投资者应具备以下基本条件：第一，资本实力雄厚、眼光长远、技术管理水平先进、国际信誉良好等基础条件;第二,战略投资者应该与银行具有互补性。从长远的角度看,我国银行业不仅要引入资本,更重要的是引入先进的管理和技术经验,从而建立起适合银行业发展的机制。因此,城市商业银行要具备长远战略眼光,警惕短期投机行为,发掘真正的、有动力去参与改善银行内部管理的战略投资者。

二、如何创新城市商业银行的商业模式

城市商业银行一直以来都存在着金融产品和服务同质化严重的问题,而且由于缺乏业务创新、制度创新的能力,只能盲目地跟随市场。恶性竞争大大降低了城市商业银行的经营效益,加深了银行业面临的金融风险。因此,中小城市商业银行要想在激烈的银行业竞争中生存和发展就必须对其商业模式进行创新。珠海华润银行依托华润集团雄厚的产业群打造了一个产融结合的新型商业模式,大大提高了银行的核心竞争力,对我国中小城市商业银行的生存和发展具有相当大的借鉴意义。产融结合可以促进金融发展,也可以更有效地支持实体经济发展,使金融资源按市场和实体经济的需求合理配置,也使银行的发展更加多元化,创造出更多差异化的金融产品。竞争力的增强大大提高了银行抵御金融风险的能力,使银行的可持续发展得到保障。

因此,从我国银行业发展的现状来看,银行关注规模增长的传统经营思路已经不能满足其可持续发展的要求。中小商业银行

要从市场竞争中突围而出，实现特色发展，必须关注银行组织能力的塑造，以客户需求为导向，增强行业金融能力。对珠海华润银行而言，就是实现产融协同、产融相长，这也是适应我国银行业健康成长的必然要求。

三、如何制定适合自身的发展战略

一个清晰的、与银行实力相匹配的、能满足客户需求的发展战略对银行的稳健经营、快速发展具有重要的作用。要制定出这个适合自己发展的战略，银行首先要了解自身的经营实力和发展需求，然后进行充分的市场调研，挖掘已有的或潜在的可行细分市场，确定发展目标并制定出相应的战略。

一直以来，为了提高银行的盈利水平同时又保证资产的安全性，大多数银行都偏好大中型优质企业。即便近些年来国内商业银行开始关注中小企业业务的发展，但是银行之间关于中小企业的业务类型和产品同质化严重，不能满足中小企业的实际需求。虽然城市商业银行成立之初的业务定位是为中小企业提供金融支持，但由于中小企业自身存在的缺陷，加上城市商业银行业务发展能力和风险控制能力较弱，因此并没有形成一套成熟的应对中小企业市场的管理模式、产品系列，一旦发生问题将对当地的金融生态稳定产生严重影响。因此，珠海华润银行在成立之初就制定了"一轴两翼"的经营战略，把业务发展目标明确定位于为中小企业服务，并制定了一系列完整的业务模式和产品，正好弥补了城市商业银行的不足以及满足了中小企业的需求。

相比传统银行的中小企业业务目标客户群，珠海华润银行中小企业业务的目标客户群更小，更加关注小微企业。重组后的珠海华润银行针对中小企业的需求开发了两个序列的产品——华润微贷、华润小贷。以华润微贷为例，目标客户集中于个体工商户和微小企业，平均单笔贷款金额30万元，其中最小一笔贷款金额2万元。据统计，在已放款的客户中，40%左右是首次贷款客户，即这部分客户以前从未取得过贷款，未得到过金融支持，涉及的行业超过30个，客户有街边的小商铺、水果店、大超市的小供应商、电器批发商、大商圈的小柜台、水产养殖户等，珠海华润银行用有限的信贷资源支持更大范围的中小微企业，扩大了小微企业受益面。

同时，从社会的角度看，帮助小微企业解决贷款难问题，在解决就业、社会维稳、帮助失学儿童等方面也发挥着重要作用。因此，在珠海华润银行中小企业业务蒸蒸日上的同时，企业的社会责任也得到了很好的践行，促进了企业和社会的共同发展。

珠海华润银行地处粤港澳大湾区核心地带。近年来，该行高度重视湾区的建设与发展，持续跟踪研究湾区的区域发展规划、产业政策、重大项目、政策法规等方面的信息，并相应地对公司战略适时进行调整。一是设立自贸区特色经营单位，充分发挥区位优势，将"华润银行横琴支行"升格为"华润银行广东自贸试验区横琴分行",并设立"华润银行前海自贸区支行"。二是根据前海蛇口、横琴自贸区经济发展的实际情况以及客群特征,对自贸区放款等业务实施规模倾斜、业务优惠定价等,支持区内及港澳客户跨境结算和融资需求。三是粤港澳大湾区离岸客户纳入全行统一授信,执行现行信贷规章制度和指引。业务实践中,针对湾区离岸业务特点和发展需要,支持通过湾区"走出去"的实体企业,推进自贸区业务落地。搭建面向湾区内中小企业的融资体系,支持以从核心龙头或大型企业获得的应收账款为质押,为关联企业提供融资,发展贷款、保险、财政风险补偿捆绑的专利权质押融资模式。四是重点支持湾区内企业,包括结构化融资、产业基金、PPP 建设、发债挂牌、并购基金等。

第七章　湛江市商业银行重组

第一节　湛江市商业银行的发展历程

湛江市商业银行的发展过程经历了从城市信用社到城市合作银行、城市商业银行，再到跨区域经营的股份制商业银行转变的一系列过程。1998 年 1 月，湛江市在 6 家城市信用社的基础上合并组建了湛江市城市合作银行；同年 4 月，更名为湛江市商业银行；2011 年 9 月，获中国银监会批准更名为"广东南粤银行股份有限公司"，简称"广东南粤银行"，这标志着湛江市商业银行从地方性城市商业银行成功转型为区域性商业银行。

湛江市商业银行成立之初正逢亚洲金融风暴，随后又经历了中国加入世贸组织、2008 年国际金融危机等重要经济事件，最终发展成为区域性商业银行，其发展历程值得研究。湛江市商业银行的发展经历了如下五个重要阶段。

一、化解城信社金融风险阶段（1998—1999 年）

为化解风险，维护地方金融稳定，湛江市委、市政府于

1998 年 1 月 8 日将 6 家已经出现支付风险的城市信用合作社合并，成立了湛江市城市合作银行，成立之初，其资产总额仅为 17.41 亿元，其中不良资产为 10 亿元，占资产总额的 57.44%；不良贷款达 8.83 亿元，不良贷款率 84.7%，且累计亏损 0.56 亿元，可见，通过吸收地方财政、企业入股组建城市合作银行虽然化解了原城市信用社的一定风险，但因改制时间短，且受当时亚洲金融危机大环境的影响，湛江市商业银行仍存在较大的风险隐患。

二、保支付、求生存阶段（2000—2004 年）

从城市信用社改制而来的湛江市商业银行，仍面临资产质量低下、财务亏损严重、支付缺口巨大、负债成本高筑、人员素质较差、内部管理混乱、经营业务单一等一系列问题，一度举步维艰，面临生存难题。2000 年，湛江市商业银行确立了三年盈亏平衡的经营目标，大力推进"稳健经营、开拓创新；效益为先、从严管理；外树形象、内提信心"的经营管理策略，大力拓展业务，但收效甚微，甚至面临被关闭的风险。2004 年，中国银监会颁发《商业银行资本充足率管理办法》，明确规定商业银行资本充足率到 2007 年 1 月 1 日必须达到 8%，否则重组或退市。商业银行因经营不善而关闭已早有先例：成立于 1995 年 8 月的海南发展银行因经营不善出现挤提风波，经营不到 3 年，于 1998 年 6 月由中国人民银行发布公告，宣布其关闭；2004年，佛山市商业银行因巨额亏损被兴业银行收购兼并。截至2004年底，湛江市商业银行资本充足率为–17.31%，不良贷款率高达23.79%，每股净资产–8.9元，资产净值–12.5亿元，资不抵债12.5亿元，现金资产及流动性严重不足，在全国十大高风险银行中居第3位，已到了生死边缘，前面的路只有三条：要么清盘关闭；要么被大银行收购；要么引进战略投资者，实行改革重组。

三、一次改革、一次创业阶段（2005—2006年）

2005年初，湛江市委调整了湛江市商业银行的领导班子，大刀阔斧地进行了一系列改革：提出了"改革促发展、发展促飞跃、飞跃促和谐"的总体战略、"跳出银行做银行、跨出湛江求发展"的发展战略及"七个跟着走"的经营策略，提炼出"正气、责任、创新、超越"的湛商精神。2005年5月，湛江市商业银行向湛江市政府上报了《关于解决湛江商行生存问题的紧急请示》，正式提出改革重组的设想。2005年7月，成立湛江市商业银行改革发展工作领导小组，改革重组工作正式启动。

截至2006年末，湛江市商业银行资产总额达81.31亿元，不良贷款率下降至0.7%，净资产达2.67亿元，不良贷款率、资本充足率等主要指标达到监管要求，改革重组工作取得显著成效。

四、二次改革、二次创业阶段（2007—2014 年）

2007 年以来，湛江市商业银行坚持改革创新，不断实现新的跨越，各项业务持续快速发展。截至 2007 年底，湛江市商业银行资产总额达 115.43 亿元，跻身全国百亿元城市商业银行行列。2008 年，湛江市商业银行全面推进"二次改革、二次创业"发展战略，实现又好又快发展。截至 2008 年底，湛江市商业银行资产总额达 155.02 亿元，人均利润、资本利润率、资产利润率等各项指标均居行业领先水平，综合竞争力在全国 136 家城市商业银行中排名第 20 位，在泛珠三角地区排名第 2 位。2009 年，湛江市商业银行监管评级迈入二级行（城市商业银行中的最高级别），并通过南方联合产权交易中心挂牌转让湛江市政府持有的 4 亿股股份，优化股权结构，为全面深化体制机制改革打下坚实基础。

五、新常态、新模式、新梦想阶段（2015 年至今）

2015 年，已经改名为广东南粤银行的湛江市商业银行，又踏上了新的征程，在十年改革重组取得丰硕成果的基础上，深入实施战略转型、管理转型、业务转型，始终坚持"服务中小企业、服务广大市民、服务实体经济、服务贸易金融"的市场定位，不断强化员工队伍建设和企业文化建设，积极探索创新互联网金融，力争用三到五年时间，逐步实现"立足广东、拓展泛珠、面向全国、放眼世界"的发展愿景，成为一家管理精细化、经营特色化、服务多元化、资本市场化、发展国际化、具有泛珠三角鲜明特色的区域性银行。

第二节　湛江市商业银行重组的背景

一、全国城市商业银行重组浪潮及重组模式

2000 年，杭州市商业银行成功剥离 18 亿元不良资产，拉开了全国城市商业银行重组的序幕。特别是安徽、江苏率先开展城市商业银行省内联合重组，激起了全国各地成立省级城市商业银行的热情。2007 年 10 月，长春市商业银行与吉林市商业银行和辽源城市信用社实行联合重组，更名为吉林银行。截至 2008 年底，全国共有 60 多家城市商业银行通过多种方式置换或剥离不良资产，累计处置不良资产达 800 多亿元。

2002—2008 年，我国城市商业银行重组模式大致可分为：

1. 成立城市商业银行联盟

城市商业银行联盟通常指由各城市商业银行共同出资成立，专门为各大银行提供后台支持服务的非银行业金融机构，以山东城商行联盟为代表。2008 年 9 月，山东城商行联盟正式挂牌，由

山东省内 14 家城市商业银行共同出资成立，注册资本 1.4 亿元。该联盟采取市场化的运作方式，向省内各城市商业银行提供银行 IT 系统开发和数据运营维护、支付结算及业务运营平台服务、金融产品研发以及信息咨询等服务。

2. 城市商业银行相互参股

2004 年 6 月，经中国银监会批准，浙江商业银行经过重组、迁址，改制为浙商银行。浙商银行是城市商业银行相互参股实现重组的典型代表，由各城市商业银行共同参股而成，采取二级法人运作，原城市商业银行的牌照和经营自主权保持不变。采用该模式实施重组的还有北京银行、东莞银行等。2008 年 9 月，北京银行以 1.275 亿元入股廊坊市商业银行成为其第一大股东。同年 11 月，东莞银行北上收购邢台市商业银行 15% 的股份。

3. 城市商业银行业务联合

相比前面两种方式，城市商业银行业务联合模式实施重组更加普遍。城市商业银行按照市场化原则，在贷款业务、资金业务、票据业务、科技建设、产品开发、员工培训等诸多方面进行合作，如温州银行与乌鲁木齐市商业银行联合向德汇放贷、京津力推的银团贷款合作等。

4. 城市商业银行吸收合并

该模式具有一级法人的组织形式和吸收合并的重组方式两个要点，新成立的城市商业银行吸收合并原来的各城市商业银行或城市信用社，原来的城市商业银行或城市信用社的股权根据资产评估结果核算的折股比例置换成新成立银行的股份，同时被合并方注销法人资格，以徽商银行、江苏银行、吉林银行为代表。2005 年 9 月，合肥市商业银行吸收合并安徽省内的马鞍山、芜湖等 5 家城市商业银行和淮南、六安等 7 家城市信用社组建徽商银行；2007 年 2 月，江苏省内 10 家城市商业银行合并组建江苏银行；2007 年 10 月，长春市商业银行与吉林市商业银行、辽源市城市信用社合并组建吉林银行。

全国城市商业银行的改革重组浪潮带动了广东省城市商业银行的改革重组，当时广东省城市商业银行也出现了不同程度的金融风险和经营困境，亟待政府牵头通过改革重组来开辟新的征程。

二、广东省城市商业银行改革重组前存在的共性问题

（一）先天不足

广东省城市商业银行基本都是由所在城市的信用合作社合并组建的，由地方财政出资控股，主要目的是化解城市信用社普遍存在的金融风险。由于城市信用社大多存在资产质量低下、财务亏损严重、支付缺口较大、负债成本较高、人员素质较差、内部管理混乱、经营业务单一等诸多问题，改制后的城市商业银行大多未能解决这些问题，因而先天不足，为其日后的发展埋下了风险隐患。

（二）创新能力不足

与相对发达的经济地位相比，广东省银行业服务与创新相对

不足。广东省城市商业银行大多以存、贷、汇等传统银行业务为主，创新水平较低，创新能力不足，大多存在产品单一、产品与业务设计同质化程度较高、服务方式不够灵活、服务资源配置不够合理、高素质金融人才欠缺等问题，难以满足区域经济发展的要求。

（三）市场定位不明确

多年以来，城市商业银行虽然大多对外宣称定位为"中小企业的银行，市民的银行"，然而真正这样去做的却并不多。相反，许多城市商业银行不甘心定位于服务小企业，极力效仿大型国有商业银行，加速机构扩张，偏好大项目、大企业，贷款集中度非常高，市场定位不够明确，服务地方经济的功能发挥得不够理想。

（四）同业交流合作不足

广东省的城市商业银行大多存在网络少、支付清算不便、市场影响力小、难以吸引优秀人才、信息化成本高、资本小、抗风险能力弱等劣势，且银行间由于各分支机构在资金、业务、信息方面完全受纵向管理约束，辖内同业之间，甚至同一银行各分支行之间，信息沟通不够，缺乏合作，分散的资源不能聚合，难以形成信息扩散效应和优势互补合力。主要表现为：一是先进行与落后行之间缺乏必要的交流合作，尤其是在经营管理经验方面先进行对落后行的指导不够。二是信息不对称，竞争过度，合作不够。同业竞争激烈，互相争夺存贷款市场份额，但业务合作不足，甚至不合作，各守自己的业务和市场领域，导致运行成本高昂。

（五）地方政府过度干预

1995 年，为了化解城市信用社积累的金融风险、维护地方经济稳定，国务院决定将已负债累累的城市信用社按城市区划"捆绑"成城市商业银行，允许地方财政以一部分预算资金参股城市商业银行。尽管规定地方财政入股城市商业银行不得超过总股本的30%，但事实上，大多城市商业银行都由地方政府占据绝对控股地位，主要经营层基本都由政府直接选聘、派出，甚至董事会和经营班子、法人代表和经营负责人都是合二为一的，直接后果就是其贷款集中度过高。据国务院发展研究中心金融研究所的调查研究，广东省乃至全国几乎所有的城市商业银行对单一客户的贷款都大于10%，有30多家大于100%，有的甚至达到1000%，这意味着一个客户出现问题，这个银行就会面临灭顶之灾。主要原因在于：地方政府由于没有足够的资金来源，往往利用城市商业银行控股股东的身份，通过关联交易把贷款用于当地的基础设施建设。但由于基础设施基本都是中长期贷款，致使城市商业银行短期资金运用到长期，于是流动性风险便产生了，且地方政府干预城市商业银行放出的贷款，风险可能多年后才会体现，但对政府官员来说，政绩是任期内的，而偿还风险是下任的。因此，由于地方政府过度干预，城市商业银行往往更容易陷入巨大的风险中。

三、湛江市商业银行重组前所存在的个性问题

除了上述广东省城市商业银行普遍存在的问题外，湛江市商

业银行地处广东省经济欠发达地区，经济总量、市场环境都比较差，相比省内其他城市商业银行，重组前的湛江市商业银行经营、管理风险尤为突出。

（一）经营风险

正如前面所分析的，由于城信社时期遗留的历史包袱沉重、银行内部体制僵化保守，湛江市商业银行仍面临巨大的经营风险，在其成立之初，17.41 亿元资本总额中就有 10 亿元是不良资产，且很多员工人浮于事，懒惰散漫，一度举步维艰，如履薄冰。2004 年底，湛江市商业银行贷款余额为 22.85 亿元，其中不良贷款就有 8.83 亿元，拨备前利润仅有 1538 万元，拨备后的利润为负数。当时，湛江市商业银行自家的员工一拿到工资都赶紧提现存到别的商业银行，军心涣散、人心惶惶。湛江市商业银行当时的经营风险已经不言而喻，长此下去只能重蹈海南发展银行的覆辙，难逃因挤提风波而被迫关闭的命运。

（二）管理风险

一是官僚作风盛行。不少员工不比业绩，只比资历、比年限，工作主动性、能动性不够，遇事互相推诿，不愿承担责任，服务基层、服务客户意识不强，不利于湛江市商业银行的发展。二是部分管理人员的综合素质偏低，不能适应经营管理发展的需要。尤其是部分三类支行行长经营理念落后，无法适应市场竞争的需要，不利于调动员工的积极性。三是考核机制不完善，缺乏"能上能下"的优胜劣汰机制，"鞭打快牛、保护落后"现象广泛存在，未能真正打破"大锅饭"。四是团队合作精神欠缺，主要体现在：部门间合作不够，遇到问题相互推诿，本位主义严重；机关与基层沟通不够，基层不敢正视问题，遇到困难往上推，机关关心员工不够，官气架子大；职责划分不清，容易滋生推诿，不利于团结。

第三节　湛江市商业银行改革重组的目标

一、求生存

截至 2004 年，我国共有 112 家城市商业银行。其中，资本充足率达 8%，不良贷款率低于 15% 的仅 30 家左右，45% 的城市商业银行经营状况不佳，20 家被列为要淘汰的范围。2004 年中国银监会颁发的《商业银行资本充足率管理办法》要求商业银行资本充足率到 2007 年 1 月 1 日前必须达到 8%，否则重组或退市。湛江市商业银行当时的资本充足率为 - 17.31%，按照最新的监管政策，不重组就得清算退市。佛山市商业银行被兼并收购与兴业银行挂牌营业让湛江市商业银行经营班子认识到，与其等待政策支持，不如自主请缨，通过改革重组求生存是湛江市商业银行的必然选择。

二、谋发展

2006 年以前，城市商业银行一直是"单一城市"的经营模式，只允许在一个城市开展业务，完全受制于当地的客户基础、信用环境、经济发达程度。2004 年，湛江市在整个广东省来说属欠发达地区，客户基础、信用环境及经济总量等在广东省都处于下游水平。面对自身薄弱的创新能力和不太理想的外部经济环境，湛江市商业银行要谋得发展并非易事。通过改革重组引进战略投资者，进而跨出湛江地区谋发展，是湛江市商业银行的必然选择。

三、破除地方政府直接干预

由于撤并城市信用社组建城市商业银行基本都是由地方政府牵头进行的，导致地方政府对城市商业银行的直接干预过多，城市商业银行的人事安排大多由地方政府直接任命或委派，特别是城市商业银行的董事长、监事长、行长等高管的任命、考核和激励基本都由地方政府操控。地方政府对城市商业银行过多的直接干预，扼杀了股份制公司应有的"公平、公正、公开"内核，严重破坏了商业银行的公司治理结构，且容易通过关联贷款引发贷款集中度过高、不良贷款率增加等各种风险问题。因此，破除地方政府的直接干预是湛江市商业银行实现重组后继续深化改革的重要目标。

四、改善股权结构

城市商业银行受地方政府干预过多，最重要的原因是地方政府在城市商业银行中占据绝对控股地位。1995 年组建城市商业银行的时候，国务院允许地方财政参股城市商业银行以增强其支付信誉，造成了地方政府绝对控股或相对控股大多城市商业银行，形成了"一股独大"的局面。由于其他自然人、中小股东持股比例偏低，缺少民营、外资及其他法人股对政府资本股的制衡，极易引发城市商业银行内部人控制问题，进而导致城市商业银行内控机制失灵、盈利能力降低、抗风险能力大大减弱等一系列问题。因此，改善股权结构，降低地方政府占股比例，也是湛江市商业银行实现重组后继续深化改革的重要目标。

五、稳军心、得人心

稳定是改革重组的基础，没有稳定的人员过渡、业务过渡，任何改革重组都难以推行。稳定更是改革重组的目标，军心不稳、人心不定，任何企业都难以发展。改革重组前，湛江市商业银行不少员工的归属感不强，对银行的信心不足。因此，内定人心，外导舆论，尽量做到不撤点、不裁员，充分与现有股东做好沟通，取得支持，稳定军心既是湛江市商业银行顺利推进改革重组的前提保障，也是实现重组后继续深化改革的重要目标。

第四节　湛江市商业银行的改革重组措施

2005 年 5 月，湛江市商业银行向湛江市政府提交了《关于解决湛江商行生存问题的紧急请示》，将改革重组正式提上议事日程。湛江市政府高度重视，主要领导多次到访广州、北京等地，与国家开发银行和中国银监会商讨改革重组事宜，取得有关部门的支持与信任。湛江市商业银行也成立了改革办公室，全力以赴专责开展改革重组工作。2006 年 4 月 2 日，湛江市政府与国家开发银行签订《重组湛江市商业银行合作意向书》；2006 年 12 月 19 日，湛江市政府与国家开发银行签订《支持湛江市商业银行建设协议书》，且重组资金全部到位，湛江市商业银行以"政府牵头、开行参与、平台运作"方案实现三方共赢的改革重组工作正式拉开序幕。

一、资产重组

根据湛江市政府与国家开发银行签订的《重组湛江市商业银行合作意向书》和《支持湛江市商业银行建设协议书》，湛江市政府先以湛江市基础设施建设投资有限公司作为重组平台，由湛江市政府注资 4 亿元、国家开发银行提供 8 亿元贷款到重组平台，用于置换湛江市商业银行不良资产、增资扩股及收购零散股权。具体资产重组方案如下：使用 6 亿元直接购买不良资产，1 亿元收购原有 0.94 亿股中小股权，5 亿元用于增资扩股。为了避免政府背景资本股东比重过大，国家开发银行特意在贷款合同中约定：未来必须改变股权结构，以避免政府背景股权过于集中的问题，使重组后的湛江市商业银行进入健康发展的轨道。

由此，湛江市商业银行如愿完成了资产重组，加上人事改革、治理结构改革、经营策略转变等，湛江市商业银行经营状况得到明显改善。截至 2006 年底，湛江市商业银行存款总额达 73.97 亿元，贷款总额达 45.49 亿元，总资产达 81.31 亿元，实现净利润 1.23 亿元，盈利能力大幅提升。此外，通过增资扩股，湛江市商业银行的资本充足率显著提升，由 2004 年的 -17.31% 增长到改革重组后的 8.58%，达到了中国银监会的要求，避免了退市的风险。通过 6 亿元坏账的冲销，湛江市商业银行资产质量得到明显提高，不良贷款率下降到 0.69%，改变了资不抵债的局面，走上了健康快速发展的轨道。

二、管理重组

如果说资产重组是"硬件"的改善，那么管理重组则是"软件"方面的改革。湛江市商业银行从人事改革、治理结构改革两方面对"软件"方面进行了大刀阔斧的改革。

（一）人事改革

一是合理妥当安置老员工，展现应有的人文关怀。通过设置内退、买断工龄、参与竞聘、保留两年待遇以及到低效支行当行长等措施实现老员工特别是中层干部的平稳过渡，既做到能者居其位，又能让部分能力确实不强的中层干部得到合理的安置。同时，高度重视对全行员工的思想教育，在人性化的进退机制面前，广大中层干部都能理解这是改革的必经之路，并都对改革进行了相应的支持和配合：其中1人选择到低效支行当行长；8名原部门总经理、副总经理选择了内退，主动让出岗位；还有一些选择参与竞聘。此外，对于负责押运的经警，湛江市商业银行通过制订人性化的《押守社会化经警安置方案》并开展一系列温暖人心的思想教育工作，顺利实现了押守工作社会化改革，使50多名文化水平不高、专业技能缺乏的经警群体在和谐中各随所愿得以分流和安置。

二是按照"效率优先、兼顾公平"的原则激励新员工，做到"人尽其才"，致力于打造一支想干事且能干事的高素质团队。一方面，根据不同岗位设定具有保障性的底薪，稳定员工的工作热情；另一方面，根据员工业绩差异，设置弹性更大、报酬更丰厚的绩效性工资，激发员工的工作热情，营造人人争优创先的良好氛围。积极推进湛商文化建设，倡导"员工同企业一起成长、收入与效益一起增长"的发展理念，要求员工树立"行兴我荣我富、行衰我耻我穷"的思想，同心同德、同舟共济、爱行如家，为企业发展建言献策，为客户提供专业、优质、高效的金融服务。此外，为了使新员工快速且准确认识、接受和融入湛商文化，湛江市商业银行通过行内培训、外派培训、同业互动等多种形式，不断提升新老员工职业素养。除了上述薪酬激励及职业培训外，湛江市商业银行还注重为员工建立畅通的晋升机制，以机制吸引人才、以机制留住人才。图7.1、图7.2是湛江市商业银行为客户经理和柜员设立的职业晋升通道。

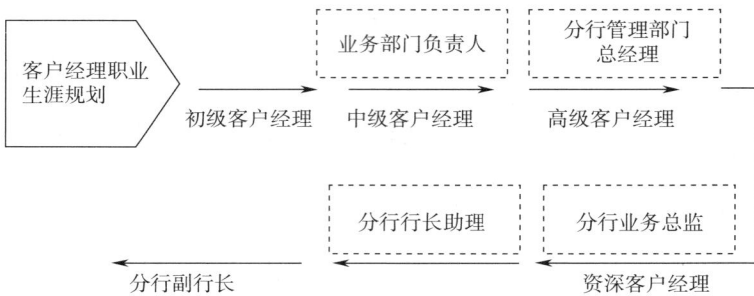

图 7.1　客户经理行政系列通道

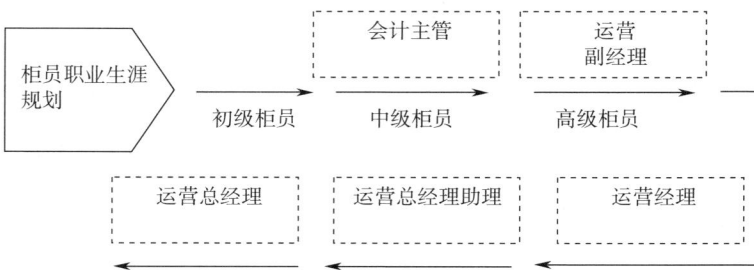

图 7.2　柜员专业技术通道

通过一系列人事改革，湛江市商业银行的人力资源得到明显改善，员工总数健康快速增长，女性员工比例日趋合理，本科及以上学历员工人数显著增长，如表 7.1 所示。

表 7.1　　**2005—2010 年湛江市商业银行人力资源情况**

指标	2005 年	2006 年	2007 年	2008 年	2009 年	2010 年
员工总人数	555	580	582	651	784	1293
女性员工比例	55.68%	54.66%	55.33%	54.07%	52.42%	40%
本科及以上学历比例	19.28%	22.93%	24.91%	28.26%	35.59%	44.7%

此外，人事改革推行后，湛江市商业银行员工学历结构持续不断优化，截至 2010 年，湛江市商业银行研究生及以上学历员工占比 9.8%；大学本科学历员工成为湛江市商业银行的主力军，占比 44.7%；中专及以下学历员工大幅下降，占比仅为 7.2%。具体如图 7.3 所示。

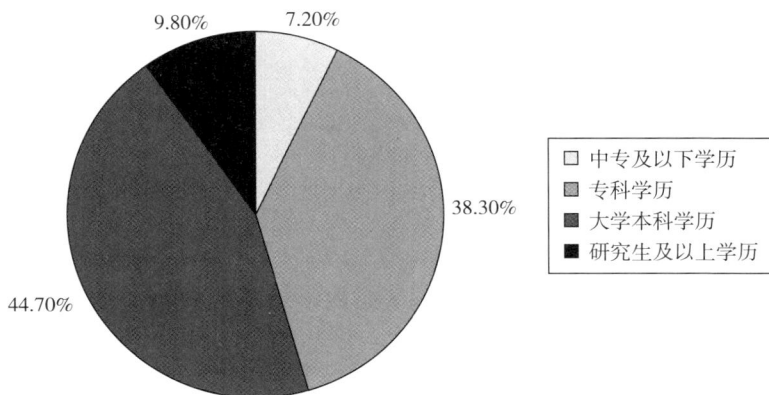

9.80%　　7.20%

38.30%

44.70%

□ 中专及以下学历
□ 专科学历
■ 大学本科学历
■ 研究生及以上学历

图 7.3　2010 年员工学历结构

（二）治理结构改革

为了增强自主经营权，从根本上改变原来城市合作银行受地方政府过度操控的不利局面，湛江市商业银行按照现代商业银行公司治理的要求，实施了一系列行之有效的治理结构改革，建立了有效的"三会一层"，制衡高效、职能明确、规范运作，正式确立了"决策、监管、经营"三权分立的运营机制，逐渐获得自主管理的独立性。如图 7.4 所示。

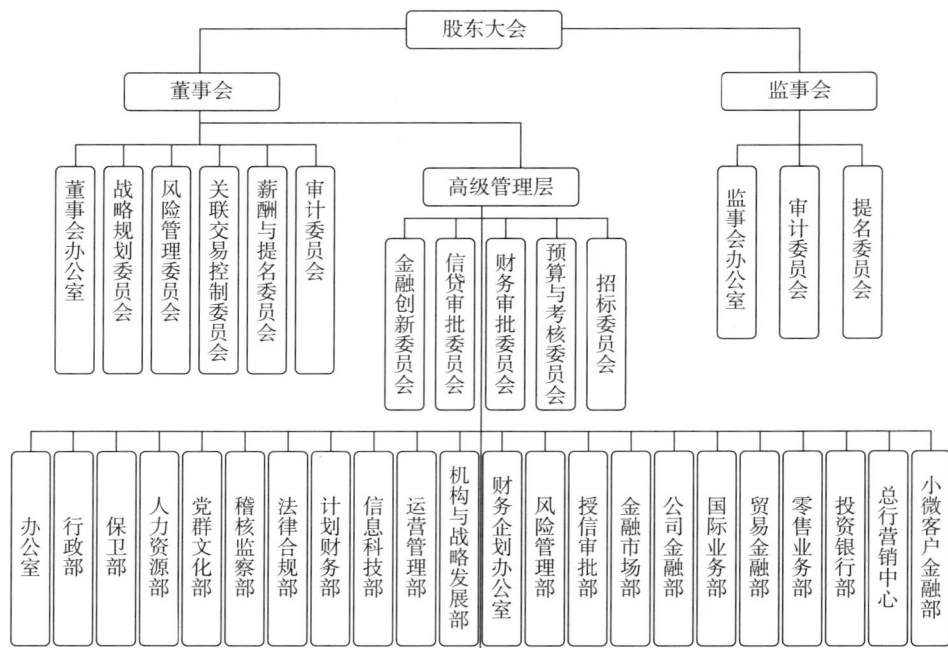

图 7.4　湛江市商业银行治理结构

　　股东大会是湛江市商业银行的最高权力机构，股东通过股东大会行使职能和权利。改革重组后，湛江市商业银行严格按照《公司法》《公司章程》《股东大会议事规则》等法律法规及规章制度的要求召开股东大会，保证股东行使质询权和表决权，确保所有股东的平等地位，并充分有效地行使股东权利。2008 年，湛江市商业银行召开 1 次股东大会、2 次临时股东大会，审议并通过了 18 项议案，股东大会规范有效运行，股东权利得到充分有效行使。

董事会是湛江市商业银行股东大会的决策机构，对股东大会负责，其成员由股东大会选举产生。截至 2011 年，董事会由 15 名董事组成，下设战略规划委员会、薪酬与提名委员会、风险管理委员会、关联交易控制委员会和审计委员会 5 个委员会。各专业委员会分工明确、各司其职、规范运作，改善了湛江市商业银行原来混乱的治理局面，保证了董事会专业的决策质量和水平，维护了全体股东、存款人及其他利益相关者的合法权益。

监事会是湛江市商业银行的监督机构，对日常的经营管理进行全面监督，维护股东的合法权益。截至 2011 年，湛江市商业银行监事会由 10 名监事组成，其中，外部监事 2 名，职工监事 3 名，人员构成符合我国法律法规要求。监事会下设 2 个专业委员会：提名委员会和审计委员会。全体监事能够认真履行职责，依法列席董事会及其专门委员会会议，对湛江市商业银行董事会及高级管理人员的履职情况进行有效监督。

高级管理层是湛江市商业银行董事会下设的执行机构，在董事会领导下，执行董事会制订的工作计划、经营计划，负责湛江市商业银行具体的日常经营管理工作。高级管理层下设 5 个专门委员会：金融创新委员会、信贷审批委员会、财务审批委员会、预算与考核委员会、招标委员会。

三、业务重组

(一) 业务拓展

通过资产重组，极大地改善了湛江市商业银行的资产质量，资本充足率、不良贷款率、贷款拨备率等各项指标均符合监管要求，避免了被关闭清算的厄运。通过管理重组，极大地提高了湛江市商业银行的经营管理效能，公司治理架构进一步规范，员工素质不断提升，制度、机制、流程不断优化，为日后的战略转型升级打下坚实的基础。然而，"巧妇难为无米之炊"，2005 年，刚刚完成重组的湛江市商业银行业务基础还很薄弱，在行业内影响力比较小，开出的承兑票据一度难以贴现。湛江市商业银行经营班子经过深思熟虑，觉得应当借助行际的资源来逐步发展自己，毅然提出"跳出银行做银行，跨出湛江求发展"、"借船出海"和打造"票据银行"、"内树信心、外树形象"的发展策略，大刀阔斧地开展业务重组。

2005 年 3 月，湛江市商业银行成功与湛江农村信用联社开展业务合作，迈出了行际合作的第一步；2005 年 4 月，本着"只赚口碑不赚钱"的念头，湛江市商业银行成功与辽宁北台钢铁集团办理了第一笔异地业务，实现了异地业务零的突破，迈出了"跨出湛江求发展"的关键性一步；2005 年 5 月，湛江市商业银行大额支付系统成功上线运行，进一步拓宽支付结算渠道，为日后的业务发展打下坚实的基础。此外，为了通过借入资金解决票据的出口问题，达到"内树信心、外树形象"的目的，湛江市商业银行以"铁杵磨成针"的精神促成了与雷州和徐闻两个县级农信社的同业存放合作协议，先后融入了一笔5000万元的资金和一笔近3亿元的资金，不仅尝到了通过行际合作发展业务的甜头，更为湛江市商业银行解决了票据出路的难题；2005年7月，湛江市商业银行投入2亿元资金拓展票据业务，对打造"票据银行"品牌起到了关键性作用，推动了湛江市商业银行资金业务向纵深发展。

（二）风险监控

业务拓展回来是盈利的前提，业务不出现风险才会最终实现盈利。湛江市商业银行的业务重组，除了注重业务拓展外，同样也注重风险管控。

一是强化风险管理意识，完善信贷管理制度。总行成立了风险管理部，专责管理信贷业务风险。设立专门的放款管理岗，实行授信业务的前台营销、中台审批和后台检查监督独立运作并相互制约的工作机制。支行成立了审贷小组，严格按照《信贷业务放款操作规程》《统一授信管理办法》等相关规章制度，规范信贷业务操作，从源头上控制信贷业务风险。

二是及时修订、完善相关制度，定期检查。特别是对贷前调查、业务申报、退票重开、带票交票、低风险业务操作规程、贷后检查等制度进行了全面修订。同时，对银行承兑汇票、房地产贷款、糖业贷款、贷款利息、五级分类等业务定期开展专项检查，降低不良贷款的风险。

四、二次改革、二次创业

2005 年通过资产重组，采用"政府牵头、开行参与、平台运作"的模式共筹资 12 亿元用于增资扩股、购买零散股权和购买不良资产，成功将湛江市商业银行从濒临破产的边缘拉了回来。同时，通过"跳出银行做银行，跨出湛江求发展"、"借船出海"和打造"票据银行"、"内树信心、外树形象"的发展策略，大刀阔斧地开展业务重组，为湛江市商业银行的业务发展开辟了新的天地。经过几年的努力和发展，湛江市商业银行的自身品牌和实力不断提升，成功吸引了大量同业机构的主动合作。实现了行际合作从无到有、授信从被动到主动、合作从单一品种到多品种、多方位、多层次的转变，从"借船出海"到"造船出海"、从"只赚口碑不赚钱"到"既赚口碑又赚钱"的转变。合作对象也从最初的农信社发展壮大为五大国有商业银行、全国性股份制商业银行、邮政储蓄银行、城市商业银行及信托公司等各类金融机构，合作对象几乎遍及全国各个省（自治区、直辖市）。截至 2007 年底，行际合作方面，湛江市商业银行与邮政储蓄银行、兴业银行等金融机构累计办理票据转贴现、债券、同业存款等交易 1492 亿元，合作对象达 179 家。在企业票据方面，湛江市商业银行与中国钢铁集团、方正集团、北大荒集团、广东广弘资产管理公司等近 200 多家大型优质企业，在银行承兑汇票、票据贴现、资金结算、仓储监管等各方面开展战略合作，业务范围扩展至全国 20 多个省市，各大企业纷纷主动要求和湛江市商业银行合作，为湛江市商业银行赢得了"票据银行"的美誉。2007 年，资金业务收入对湛江市商业银行的利润贡献率几乎占到一半，成为和信贷利息收入并驾齐驱的利润增长点。2008 年，湛江市商业银行全面推行"二次改革"，实施新的增资扩股，进一步优化股权结构，业务经营模式上也从"借船出海"到"造船出海"、从"只赚口碑不赚钱"到"既赚口碑又赚钱"转变，凝聚人才及塑造企业文化精神等方面得到持续加强。

（一）新一轮增资扩股，进一步优化股权结构

2005 年的资产重组是由地方政府牵头进行的，导致政府资本在湛江市商业银行股权结构中占据绝对地位。2005 年资产重组后湛江市商业银行前五大股东如表 7.2 所示。

表 7.2　2005 年资产重组后湛江市商业银行前五大股东

股东名称	持股比例（%）
湛江市基础设施建设投资有限责任公司	67.56
湛化股份有限公司	14.49
广东省湛江航运集团有限公司	9.66
湛江市财政局	3.08
泰阳证券有限公司	1.57

从表 7.2 可以看出，2005 年资产重组后，湛江市商业银行前四大股东都属国资企业，持股比例超过 90%，这不利于湛江市商

业银行的持续健康发展，也不符合湛江市商业银行的改革重组初衷。

2009年，湛江市商业银行部分股权转让和增资扩股工作取得阶段性成果，为全面深化体制、机制改革打下坚实基础。

2009年10月，湛江市基础设施建设投资有限责任公司、湛化股份有限公司、广东省湛江航运集团有限公司分别将持有的湛江市商业银行24.15%、14.49%和9.66%的股权在南方联合产权交易中心挂牌转让，发布《湛江市商业银行股份有限公司48.3%股权转让公告》，旨在引入4家以上国有企业、2家以上民营企业和2家以上金融机构成为新股东，降低政府投资平台持股比例，实现投资主体多元化。同时允许受让方按1元/股的价格购买相当于受让股份数5倍数量的湛江市商业银行新增发股份，以达到增资扩股的目的，本次新增发20亿股股本。

2009年12月，广东宝丽华新能源股份有限公司、广东省广晟资产经营有限公司、香江集团有限公司、广东恒兴集团有限公司、寿光蔡伦申兴精细化工有限公司、陕西汉中钢铁集团有限公司、北大方正集团有限公司、广州丰乐燃料有限公司、广东大华糖业有限公司、湛江开发区中国城酒店有限公司分别与湛江市基础设施建设投资有限责任公司、湛化股份有限公司、广东省湛江航运集团有限公司签订产权交易合同，成为湛江市商业银行的新股东，转让情况详见表7.3。其中广东宝丽华新能源股份有限公司以每股均价1.42元购得湛江市商业银行395948154股股份，持股比例

15.9229%，成为湛江市商业银行当时的单一最大股东。本次股权转让及增资扩股后，湛江市商业银行的前五大股东如表7.4所示。

表7.3　　　　　　　　股权转让情况（不计增发）

转让方	受让方	出资额（万元）
湛江市基础设施建设投资有限责任公司	广东宝丽华新能源股份有限公司	23096.98
湛江市基础设施建设投资有限责任公司	广东省广晟资产经营有限公司	23096.50
湛江市基础设施建设投资有限责任公司	香江集团有限公司	23096.50
广东省湛江航运集团有限公司、湛江市基础设施建设投资有限责任公司	广东恒兴集团有限公司	20808.04
广东省湛江航运集团有限公司	寿光蔡伦申兴精细化工有限公司	7143.50
广东省湛江航运集团有限公司、湛化股份有限公司	陕西汉中钢铁集团有限公司	2475.57
湛化股份有限公司	北大方正集团有限公司	6475.00
湛化股份有限公司	广州丰乐燃料有限公司	1652.00
湛化股份有限公司	广东大华糖业有限公司	4123.00
湛化股份有限公司	湛江开发区中国城酒店有限公司	4123.00

表 7.4　　2009 年末湛江市商业银行前五大股东持股情况

股东名称	持股比例（%）
广东宝丽华新能源股份有限公司	15.9229
广东省广晟资产经营有限公司	15.9226
香江集团有限公司	15.9226
湛江市基础设施建设投资有限责任公司	14.4605
广东恒兴集团有限公司	14.3449

从表 7.4 可以看出，股权转让及增资扩股后，湛江市商业银行的股权结构得到明显优化，政府资本持股比重大幅下降，已不占绝对控股地位，广东省湛江航运集团有限公司和湛化股份有限公司甚至退出前五大股东行列。引进有实力的新股东，达到了"引资又引智"的效果，极大增加了湛江市商业银行的市场竞争力，为吸引客户资源、拓展业务领域、健全公司治理机制，实现更高深层次发展创造了条件。

2010 年，湛化股份有限公司再次转让其持有的 2.7472% 的股权，又引入了一批新的战略投资者，如表 7.5 所示。

表 7.5　　　2010 年湛化股份有限公司股权转让情况

转让方	受让方	交易金额（万元）
湛化股份有限公司	大华糖业	3745
湛化股份有限公司	西部中大建设集团	7700
湛化股份有限公司	梅州市清凉山供水	1680
湛化股份有限公司	丰乐燃料	2525
湛化股份有限公司	华翔实业集团	8260

2010 年，湛江市商业银行的股权结构进一步多元化，国有股占比进一步下降。前五大股东持股情况如表 7.6 所示。

表 7.6　　2010 年末湛江市商业银行前五名股东持股情况

股东名称	持股余额（元）	持股比例（％）
香江集团有限公司	535951585	17.99
广东宝丽华新能源股份有限公司	395948154	13.29
广东省广晟资产经营有限公司	395940000	13.29
湛江市基础设施建设投资有限责任公司	359582316	12.07
广东恒兴集团有限公司	356709258	11.97

2010 年，通过股权转让和增发新股，湛江市商业银行增加资本金 4.92 亿元，注册资本增加到 29.79 亿元，资本充足率达 12.03％。

2011 年 9 月，湛江市商业银行再次通过增资扩股增加 8.49 亿元股本金，并获中国银监会批准更名为"广东南粤银行股份有限公司"，简称"广东南粤银行"。截至 2011 年底，广东南粤银行股本由 2010 年底的 29.79 亿元增至 39.11 亿元，资本充足率为 10.58％，不良贷款率为 1.08％，符合监管要求，国有股比重进一步下降，而法人股比重进一步提高。股权结构情况如表 7.7 所示。

表 7.7　　　　　2011 年末广东南粤银行股权结构

股权类型	股本数	占总股本的比例（％）
国有股	542456093	13.87
国家股	411124213	10.51

股权类型	股本数	占总股本的比例（%）
法人股	2952049361	75.49
个人股	4952707	0.13
股份总数	3910582374	100

注：（1）国家股包括中央财政、地方财政、政府背景平台公司持股。

（2）国有法人股是指具有法人资格的国有企业持股。

（3）法人股是指非国有法人持股。

（二）实施跨区域发展战略，业务扩张向更高层次延伸

2009 年，湛江市商业银行在通过行际合作、"借船出海"拓展业务取得巨大成功的基础上，大力推行跨区域发展战略，将业务扩张向更高更深层次延伸，取得显著成效。

2009 年 5 月，湛江市商业银行第一家异地分行——广州分行顺利开业，标志着该行逐步由地方性银行向区域性银行转型。广州分行自开业以来，发展迅速，取得不俗业绩，开业仅一年半存款规模就突破百亿元大关，实现经营利润 6088 万元。

2010 年，湛江市商业银行成功开设了 3 家异地分行。2010 年 3 月，深圳分行开业，经营不到一年就提前完成了总行下达的各项指标任务，截至 2010 年末，深圳分行存款余额达 43.2 亿元。2010 年 5 月，重庆分行开业，开创了广东省城市商业银行跨省设立分行的先河，业绩同样可喜，截至 2010 年底，重庆分行存款余额达 46.20 亿元。2010 年 12 月，长沙分行开业，当天就实现存款

23 亿元，令当地同业刮目相看。

2011 年，佛山分行、东莞分行先后开业；2013 年，肇庆分行、江门分行、惠州分行相继开业；2014 年 5 月揭阳分行开业，南京、珠海等分行相继筹建，全国性布局步伐不断加快。

（三）加强 IT 系统建设

在当今信息化时代，面对日新月异的金融科技手段，ATM、POS 机终端、网络银行、银证通等逐渐成为金融业界不可或缺的系统工具，广东南粤银行认识到，必须加快推进科技创新，加强 IT 系统建设，具体分为三个阶段。

第一阶段（2011—2012 年）：以打基础为目标，在确保现有业务正常开展的前提下，完成定价体系的建设，主要包括：存款账户结算系统、信用卡系统、网点综合服务系统、电子渠道整合系统、企业信息总线、大总账系统、统一支付平台。同时启动配套的信贷管理系统、资金管理系统、理财系统、贸融系统、网银系统、绩效管理系统以及对旧核心系统专业化产品的配套改造等。

第二阶段（2012—2013 年）：以提升业务服务能力为目标，实现以客户、管理为中心的系统转型，主要包括：客户信息管理系统、客户关系管理系统、网点综合系统、电子商务平台、企业影像系统、统一通信系统、企业信息总线等各业务系统的接入。配套完成 ODS、管理决策支撑系统的建设。

第三阶段（2013—2014 年）：以提升业务快速应变能力为目标，实现面向服务、快速响应的系统建设，满足系统快速重组和业务快速应变功能。

（四）强化企业文化建设，塑造以"正气、责任、创新、超越"为核心的湛商精神

自 2005 年改革重组之初提出"以改革促发展、以发展促和谐、以和谐促飞跃"的发展理念以来，湛江市商业银行对企业文化建设的重视程度一直有增无减，陆续提出了"四个学习""七个跟着走""八个立行""贷款十不准"等企业文化标准，逐步塑造了独有的以"正气、责任、创新、超越"为核心的湛商文化和湛商精神。一是坚持"正气立行"。通过一系列激励、竞争、淘汰措施，点燃员工自强不息、拼搏奋进的自信与激情，培育全行积极向上的价值取向，形成争先创优的良好环境。二是坚持"责任兴行"。培养员工强烈的危机感、责任感和使命感，以"争创一流业绩"为己任，爱岗、敬业、勤奋、忠诚、奉献并勇于担当，敢与高的比、跟快的赛、同强的争，永不懈怠、永不停歇。三是坚持"创新活行"。引导员工摒弃旧传统、旧习惯，突破老框框、老办法，不断发挥创造性，打造全行"支持改革者、鼓励创业者、宽容失误者"的良好氛围。四是坚持"超越强行"。引导员工把敢想、敢闯、敢试的勇气与求真务实的科学态度相结合，敢想别人之不敢想、试别人之没有试、为别人之所不能为，先人一步谋事，快人一拍干事，不断超越自我、超越同行、超越强者。正是这种湛商文化和精神为湛江市商业银行的改革与发展注入了蓬勃生机和活力。具体来讲，湛江市商业银行的企业文化可分解为以

下几个方面。

1. 在发展理念方面

坚持"五个一"：一个法人、一套制度、一个系统、一种文化、一支队伍。

提倡"八个好"：认好形势布好局；控好风险保稳健；抢好市场赢未来；做好业绩促发展；抓好改革强管理；建好队伍固根基；立好文化构和谐；塑好品牌提形象。

坚持"八个立行"：正气立行、团结立行、激励立行、存款立行、质量立行、效益立行、服务立行、人才立行。

树立"八大观念"：企业是在干事而不是在当官的观念；商行是一家、没有派别体系的观念；按章办事、不越位多沟通的民主观念；市场经济竞争意识的观念；成本效益观念；"一把天平量全行"的观念；存款是立行之源、资产质量是立行之本的观念；服从组织分配、兼顾个人意愿的观念。

2. 在经营管理方面

巩固"七个跟着走"的营销理念：出售跟着标准走、一切跟着营销走、管理跟着发展走、责任跟着个人走、费用跟着业务走、分配跟着考核走、用人跟着业绩走。

落实"贷款十不准"：不准发放人情贷款、命令贷款；总行机关不准干预支行贷款；不准发放资金回行率低于10%的贷款；不准向市区以外的企业发放贷款；不准区别对待，要一视同仁；不准个人说了算，要集体研究；不准"一刀切"，要具体问题具体分析；不准越权和化整为零；不准自定政策，扰乱经营；不准出现银行承兑汇票垫款和风险贷款。

3. 在队伍建设方面

做到"四个学习"：忘来学习、思来学习、教来学习、做来学习。

提升"四种能力"：自我管理能力、核心业务能力、组织管理能力、协调能力。

实施"两项情感工程"：一对一谈心活动、家访活动。

坚持"八会制度"：一年一度退休员工座谈会、家庭困难职工座谈会、新员工座谈会、外地员工座谈会、保卫人员座谈会、春节团拜会、员工生日晚会、季度解决问题会议。

第五节　湛江市商业银行改革重组取得的主要成绩

2004 年底，湛江市商业银行资本充足率仅为 -17%，不良贷款率高达 23.79%，每股净资产 -8.9 元，资产净值 -12.5 亿元，现金资产及流动性严重不足，被中国银监会列为重点监控的全国十大高风险银行，居第 3 位，被监管部门宣布处于"技术性破产"状态。2005 年，湛江市商业银行启动改革重组，仅用不到 2 年的时间，就成功地扭转了危机，截至 2006 年底，湛江市商业银行资本充足率提升至 8.58%，不良贷款率降低到 0.7%，主要监管指标达到了监管规定标准。2008 年，湛江市商业银行又开始全面推行"二次改革、二次创业"，仅用 1 年时间，湛江市商业银行就从三级行跃升为国内城市商业银行最高的二级行，6 年时间全面完成了"二次改革、二次创业"的各项目标。2005—2014 年，通过 10 年的改革重组，湛江市商业银行取得了很多令人瞩目的成绩，从湛江市商业银行到广东南粤银行，很多经验和启示值得我们去总结。

一、经营规模不断增长，盈利能力稳步提升

2004 年末至 2014 年末，湛江市商业银行资产总额从 34 亿元跃升为 1427.58 亿元，跻身全国中型商业银行之列，十年间，湛江市商业银行资产总额增长近 41 倍，年均增长速度为 44.97%；存款余额从 32.85 亿元增长到 923.82 亿元，十年间增长了 27 倍，年均增长速度为 39.1%；贷款余额从 22.85 亿元增长到 516.78 亿元，十年间增长了 21.6 倍，年均增长速度为 36%。从图 7.5 可以看出，改革重组十年间，湛江市商业银行的经营规模呈现指数式增长，且 2008 年是一个重要的分水岭，无论是总资产、存款余额还是贷款余额，2008 年以后的增长速度均快于 2008 年以前的增长速度。据测算，2004—2007 年，湛江市商业银行资产总额的年均增长速度为 33.4%，而 2008—2014 年，该行资产总额的年均增长速度为 52.3%；2004—2007 年存款余额年均增长速度为 29.1%，而 2008—2014 年该行存款余额年均增长速度为 41.9%；2004—

2007 年贷款余额年均增长速度为 21%，而 2008—2014 年该行贷款余额年均增长速度为 36%。

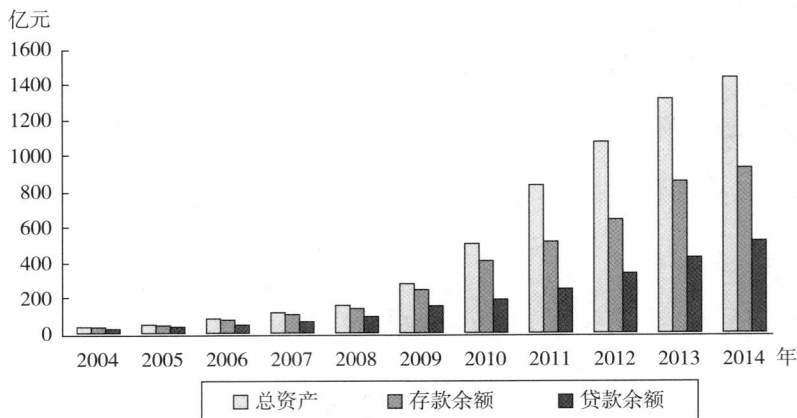

图 7.5 2004—2014 年湛江市商业银行的经营规模

从图 7.6 可以看出，2004—2014 年改革重组前后湛江市商业银行的盈利变化情况。2004 年末，湛江市商业银行利润总额为 −0.0026 亿元，2005 年实行资产重组，当年就实现了扭亏为盈，实现利润总额 0.127 亿元，到 2014 年末，广东南粤银行实现利润总额达 13.03 亿元，盈利能力取得显著提升。特别是 2008 年，湛江市商业银行各项改革重组工作取得显著成效，资产利润率创历史新高。2014 年，广东南粤银行完成了"二次改革、二次创业"，克服了宏观经济总体下行、流动性趋紧等诸多挑战，较好地实现了规模、效益的均衡协调发展，盈利能力稳中有升。2014 年，广东南粤银行归属于该行股东的资产利润率为 0.86%，归属于该行股东的每股净资产为 1.58 元，位居全国城市商业银行前列。

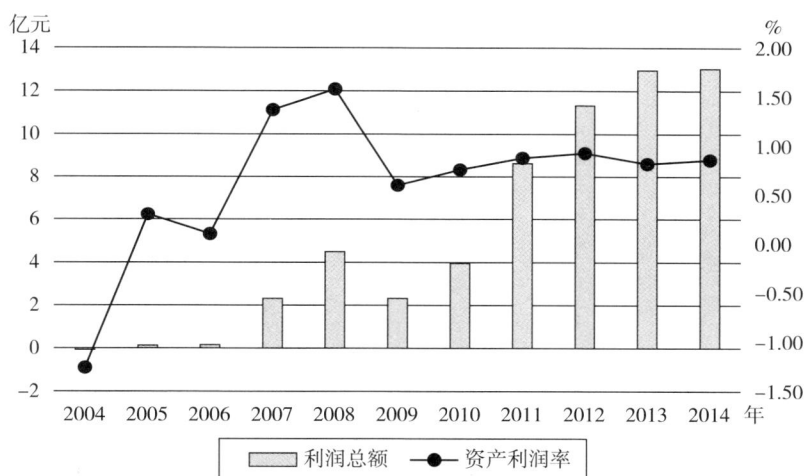

图 7.6　2004—2014 年湛江市商业银行盈利情况

二、资产质量不断提升，风险监管指标持续达标

从图 7.7 可以看出，2004—2014 年，湛江市商业银行的贷款增长率均保持在 22% 以上，年末贷款余额从 2004 年的 22.85 亿元增长到 2014 年的 516.78 亿元，同时，不良贷款率从 2004 年的 24.25% 下降到 2014 年的 1.26%，改革重组后，湛江市商业银行的资产质量不断提升。

2005 年推行改革重组，2008 年推进二次改革让湛江市商业银行实现了飞速发展，资产质量焕然一新，资本充足率也从 2004 年的 -17% 跃升为 2014 年的 13.1%，各项风险监管指标持续达标，迈入全国优秀城市商业银行行列。监管评级基本实现一年一个台阶，2005 年上升为五级行，2006 年上升为四级行，2007 年上升为

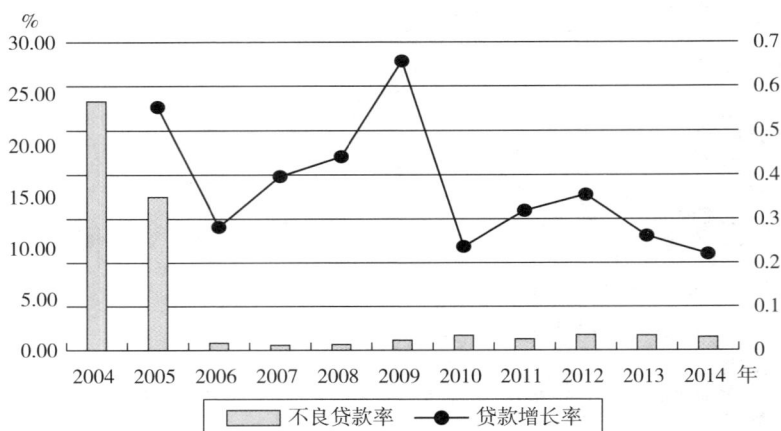

图 7.7　2004—2014 年湛江市商业银行不良贷款率与贷款增长率

三级行，2009 年跃升为二级行，达到全国城市商业银行监管评级的最高级别。2012—2014 年广东南粤银行的主要风险监管指标如表 7.8 所示。

表 7.8　　　2012—2014 年广东南粤银行的主要风险

监管指标　　　　　　　　单位:%

主要指标	标准值	2012 年	2013 年	2014 年
资本充足率	≥10	12.21	11.45	13.1
不良贷款率	≤5	1.48	1.43	1.26
不良资产率	—	0.42	0.48	0.57
流动性比例	≥25	65.21	47.16	64.76
存贷比	≤75	52.63	51.32	57.9
贷款损失准备充足率	—	275.76	464.98	380.63
单一客户贷款集中度	≤15	6.51	5.94	6.22
单一集团授信集中度	≤15	10.24	7.15	6.22
全部关联度	≤50	19.52	12.99	3.94

资料来源:《广东南粤银行 2012 年年报》《广东南粤银行 2014 年年报》。

三、跨区域经营成效显著，品牌形象持续提升

与其他众多城市商业银行一样，湛江市商业银行在成立之初，经营范围仅限于湛江市。然而随着全国经济的快速发展，地区间经济交流越来越频繁，如果依然将业务范围局限在区域性范围内，则很难适应时代的发展要求。特别是对于总部地处经济欠发达地区的湛江市商业银行，改革之初就提出了"借船出海"的经营战略，将发展目标扩展到湛江市外，经过改革重组，该行资本实力大大增强，资产规模庞大、经营管理能力迅速提升，进一步将业务拓展到湛江之外，向全国性大型商业银行发展成为湛江市商业银行的必然选择。

2009 年，中国银监会对全国性股份制商业银行和城市商业银行设立分支机构的市场准入政策进行了调整，大幅放开中小商业银行的跨区经营限制。按照中国银监会的新政策，满足各项监管要求，并按照《股份制商业银行风险评级体系》规定达到股份制商业银行中等以上水平的城市商业银行，便可以实施跨区域经营。湛江市商业银行率先抓住了这一政策机遇，大力开展跨区域经营，并取得卓越成效。2009 年 5 月，湛江市商业银行首家异地分行——广州分行顺利开业；2010 年 5 月，首家省外分行——重庆分行开业，开创了广东省城市商业银行跨省设立分行的先河；同年，长沙分行、深圳分行开业，全部都在开业半年内取得不俗业

绩。截至 2017 年末,广东南粤银行共下设 5 个金融总部、9 个中后台部门、13 个分行及 1 个村镇银行,其中 13 个分行全部设在湛江地区以外;营业网点 119 个,其中湛江地区 52 个,湛江地区以外 67 个。表 7.9 列出了所有 13 个分行及 1 个村镇银行的名称及开业时间。

表 7.9　广东南粤银行分行及村镇银行名称及开业时间

分行及村镇银行名称	开业时间
广州分行	2009 年 5 月 25 日
深圳分行	2010 年 3 月 23 日
重庆分行	2010 年 5 月 17 日
长沙分行	2010 年 12 月 13 日
佛山分行	2011 年 1 月 9 日
东莞分行	2011 年 6 月 25 日
肇庆分行	2013 年 2 月 27 日
江门分行	2013 年 7 月 17 日
惠州分行	2013 年 12 月 4 日
揭阳分行	2014 年 5 月 30 日
珠海分行	2015 年 3 月 27 日
云浮分行	2015 年 8 月 12 日
广东自由贸易试验区南沙分行	2017 年 6 月 14 日
中山古镇南粤村镇银行	2012 年 9 月 20 日

资料来源:广东南粤银行官方网站,http://www.gdnybank.com/gnb-branch/index.html#mao_ c。

改革重组以后,广东南粤银行的稳健经营和良好业绩获得各界认可，品牌形象持续提升。2009 年起监管评级连续五年被评为"二类"，2011 年、2014 年被评为"广东省优秀企业"，近几年来先后荣获工业和信息化部 2013 年度中小企业首选服务商、《经济观察报》"2014 年度卓越财富管理中小银行"、《第一财经周刊》"2014 年最佳发展潜力网上银行奖"、"2014 年广东省最佳雇主"等多项荣誉。

第六节　湛江市商业银行改革重组的经验与启示

一、结合自身实际创新改革重组模式

湛江市商业银行地处广东省经济欠发达地区的湛江市，外部经济环境和信用环境都比较差，加上巨大的改制资金缺口，传统的改革重组模式难以在湛江市商业银行取得成功。湛江市商业银行并没有在困难面前望而却步，反而结合自身实际，大胆创新，开创了"政府牵头、开行参与、平台运作"的重组模式，在全国城市商业银行改革重组中树立了标杆。正是这种创新型改革重组模式，让湛江市商业银行改革重组达成了银政双赢的目标：一来当地政府仅需投入少量资金便达到了成功化解金融风险、盘活国有资产的目的；二来重组后的湛江市商业银行很快便卸掉了历史包袱，轻装上阵，并通过与管理先进的大型品牌银行——国家开

发银行进行全面合作，学习借鉴其先进的经营管理经验并借助其品牌影响力，快速提升自身的经营管理水平、风险管控能力及产品创新能力，取得了巨大成功。

成功重组后的湛江市商业银行资产质量大幅提升、综合竞争力明显增强、业务领域快速拓展、盈利能力明显提高，并由此确立了"以改革促发展，以发展促和谐，以和谐促飞跃"的指导思想，形成了"立足地方，依托政府；面向中小，突出特色；拓展外延，行际合作"的"湛商模式"，助力湛江市商业银行快速发展。

二、依靠"借船出海"打造"票据银行"，深化打造业务专长

重组后的湛江市商业银行，并没有采取传统的银行业务发展模式：以物理网点为依托，致力于挖掘本地客户、开展本土业务。作为地处经济欠发达地区的城市商业银行，如果湛江市商业银行选择遵循该传统路径，偏安一隅与工行、农行、中行、建行、交行五大国有商业银行和其他大型股份制商业银行在本地展开激烈的争夺大战，必将处于竞争劣势而陷入被动，原因在于其物理网点相对较少、经营成本较高、品牌影响力较弱、科技水平落后、产品创新性不强、员工整体素质较差、经营管理水平整体不高等，而湛江市本地经济总量及客户资源都有限，遵循传统路径发展业

务，湛江市商业银行很难有所发展。为此，湛江市商业银行果断打破传统业务发展观念，大胆提出"跳出银行做银行，跨出湛江求发展"和"借船出海"的发展战略和经营策略，避开本土竞争的恶性循环，以票据业务为载体，放眼全国开辟业务发展新"蓝海"，寻找新的利润增长点，助力湛江市商业银行取得空前成功，在全国城市商业银行系统具有重要的示范意义。

所谓"借船"，指借其他银行的"资金""平台"及品牌影响力，通过大力开展各种代理业务，不断拓展业务范围，扩大湛江市商业银行的声誉，逐步打造湛江市商业银行的特色票据品牌。所谓"出海"，指避开竞争激烈的本土区域，在全国范围内选择潜在的票据业务"蓝海"，拓展业务领域，挖掘新的利润增长点。湛江市商业银行提出以银行承兑汇票等为载体，通过精心培育带动其他相关业务的发展。票据业务的突出特色为湛江市商业银行在业内赢得了"票据银行"的美誉，极大地提升了湛江市商业银行的品牌形象。

通过"借船出海"成功打造"票据银行"，迅速取得发展的湛江市商业银行在深入分析自身比较优势的基础上，进一步加大对票据、投资银行等业务的投入，建立专业化的人才队伍、专业化的运营模式，提质增效，不断提升自身金融服务能力，做强传统优势领域，细分客户市场，加大做深做透区域市场的力度，进一步深化打造业务专长，持续提升品牌形象和竞争力。

三、抓住政策机遇，大力开展跨区域经营

湛江市商业银行深知偏安一隅在本地发展因受外部经济总量和客户资源的限制而具有诸多局限，必须跨出湛江谋发展。因此，该行改革之初便提出了"跳出银行做银行，跨出湛江谋发展"的经营战略，致力于将业务拓展到湛江之外。2009 年，中国银监会大幅放开对城市商业银行跨区域发展的条件限制，湛江市商业银行率先抓住了这一政策机遇，同年 5 月便成功在广州开设首家异地分行，取得不俗发展业绩。此后，湛江市商业银行不断加快在全国开疆拓土的脚步，大力开展跨区域经营战略。2010 年，湛江市商业银行成功在重庆、长沙开设异地分行，成为全国第一家在外省开设分行的城市商业银行。自 2009 年以来，湛江市商业银行基本上每年都有新增异地分支机构，跨区域经营成效显著。截至 2014 年末，广东南粤银行共开设了 10 家异地分行或村镇银行，共有营业网点 88 家，资产规模及盈利能力得到大幅提升，位居全国城市商业银行前列。

四、深入推进企业文化建设，培育思想先进、独树一帜的湛商文化

俗话说，"三流企业做产品，二流企业做标准，一流企业做文

化"，湛江市商业银行这些年来飞速发展的内在原因，便在于其在业务发展中时刻不忘扎实推进企业文化建设，培育了一套思想先进且独树一帜的企业文化体系。

十年的改革发展路上，湛江市商业银行逐步培育形成了以"天道酬勤、和谐成长"为核心价值观的一整套企业文化体系，思想先进，独树一帜，形成了独特的湛商文化。包括但不限于："为股东创造收益，为客户创造价值，为员工创造未来，为社会创造效益"的企业使命，"敢想、敢为、敢当"的"三敢"精神、"忘来学习、思来学习、教来学习、做来学习"的"四种学习"，"发展、忧患、竞争、实干"的四种意识、"出售跟着标准走、一切跟着营销走、管理跟着发展走、责任跟着个人走、费用跟着业务走、分配跟着考核走、用人跟着业绩走"的"七个跟着走"理念、"正气立行、团结立行、激励立行、存款立行、质量立行、效益立行、服务立行、人才立行"的"八个立行"，"企业是在干事而不是在当官的观念"等"八大观念"，"贷款十不准"的信贷文化，培养"智商、情商、胆商"的"三商"人才，提升"自我管理、核心业务、组织管理、协调沟通"的"四种能力"，建立"想干事，敢干事，会干事，干成事"的"四干队伍"，颇具特色的"一对一谈心"和"家访"两项情感工程，形成制度的"退休员工座谈会、家庭困难员工座谈会、新入行员工座谈会、经警座谈会、外地员工座谈会、春节团拜会、员工生日晚会以及问题解决会"的"八会制度"等，充分彰显了"湛商文化"中浓浓的人文关怀与和谐理念，它们不仅是提升湛江市商业银行员工凝聚力的催化剂，更是催生"湛商精神"和"湛商速度"的内在源泉和动力。

五、未来发展方向

自 1998 年成立以来，湛江市商业银行经历了不少风雨，1998—2004 年，更是艰难地渡过了生死难关。2005 年，湛江市商业银行搭上改革重组的快车，走上了高速发展的轨道。改革重组十年间，湛江市商业银行更名为广东南粤银行，建立了涵盖贷款融资、票据业务、投资银行、国际业务、代客理财、资金同业、财务顾问、支付结算等满足客户多元化需求的业务格局，资产规模、盈利能力及风险防控能力得到大幅提升，资产质量得到全面改善，总体实力焕然一新，监管评级连续多年被评为"二级行"，迈入全国优秀城市商业银行的行列。这些成绩的取得既是广东南粤银行自身努力的结果，也离不开国家政策的支持及地方政府的大力扶持。

未来几年，广东南粤银行将继续发扬以"正气、责任、创新、超越"为核心的"湛商文化"和"湛商精神"，继续深化改革转型，锐意进取，不断创新，不断超越，力争用三到五年时间，逐步实现"立足广东、拓展泛珠、面向全国、放眼世界"的发展愿景，将广东南粤银行打造成"五化"银行。

（1）管理精细化。即通过专业的分工、规范的业务流程、科学的风险管控，不断提升金融服务质量和效率，力求达到国际先进银行的水平。

（2）经营特色化。即在"票据银行"、"商铺通"、理财、服务"三农"、服务欠发达地区五大拳头产品和服务方面继续深化，打造业务专长，实现经营特色化。

（3）服务多元化。即在现有银行业务的基础上大力开展混业经营，如信托、基金业务等，拓展经营领域和服务范围，实现金融服务多元化，满足客户多元化的金融需求。

（4）资本市场化。即通过资本市场募集资本金，完善资本金的补充机制，不断扩大自身影响力，提升广东南粤银行的品牌形象。

（5）发展国际化。即紧跟国际先进银行的发展步伐，逐步建成"资金实力雄厚、业务特色鲜明、经营效益良好、内部控制严密、公司治理完善、服务质量一流"的现代化商业银行，最终实现"根植湛江、发展广东、服务全国、面向世界"的伟大宏图。

第八章 东莞银行的改革发展之路

在广东地方商业银行重组、改革和发展的诸多案例中，东莞银行独具特色。该行自 1999 年 9 月 23 日成立以来，一直保持着稳健扎实、独立自主的经营风格并取得长足的发展。虽然到目前为止仍未实现上市公司的战略愿景，自成立至今这家银行从未发生过重大金融风险和经营管理困局，也未曾像广东省的其他地方商业银行那样被迫进行重大财务和战略重组，而且通过对其自身体制机制的不断完善，逐步发展建立起了现代银行公司治理体系，并斥资对省外银行业金融机构进行了战略重组。到 2016 年末，东莞银行拥有总资产 2320.88 亿元，存款余额 1575.61 亿元，贷款余额 924.83 亿元，2016 年实现净利润 19.07 亿元。在英国《银行家》杂志公布的 2016 年度全球银行 1000 强名单中，东莞银行排名第 374 位。

第一节 东莞市的经济社会发展状况与金融生态环境

东莞银行从成立以来一直未曾发生过重大风险事件，也从未被迫进行战略重组，而是一直在自己既定的轨道上稳步前行，与东莞市的经济社会发展状况以及金融生态环境质量有着密切的关系。在正式讨论东莞银行的改革发展道路之前，我们需要先了解一下东莞市的经济社会发展状况与金融生态环境。

一、从"三来一补、两头在外"到"腾笼换鸟、转型升级"

东莞市位于广东省中南部、珠江三角洲东北部，与广州、深圳与惠州接壤，处于穗深港黄金走廊中段，是岭南文明的重要发源地，也是中国近代史的开篇地①。东莞 1985 年撤县建市，1988 年升格为地级市。全市总土地面积 2460 平方公里，2016 年末常住人口为 824.16 万人，人口城镇化率达到 88.6%。在常住人口中，户籍人口只有 200.94 万人，有大量来自省外和境外（包括港澳台地区）的"新莞人"工作、生活在东莞②。

改革开放以来，东莞市抓住国际产业转移的历史契机，利用毗邻港澳的优势，积极发展外向型经济，取得了快速发展。从"三来一补"加工制造起步，十多年间发展成为"世界工厂"。"九五"期间，东莞市国内生产总值（GDP）以年均 22% 的增速

---

① 1839 年 6 月，清朝政府委任钦差大臣林则徐在东莞虎门海滩集中销毁鸦片，历时 23 天，共销毁鸦片 1188 吨，成为中国打击西方列强贸易入侵的重要历史事件。"虎门销烟"导致第一次鸦片战争的爆发和《南京条约》的签订，被史学家认为是中国近代史的开篇。

② 本节所用宏观经济和人口、社会统计数据均来自《东莞统计年鉴（2017）》《广东统计年鉴（2017）》和《中国统计年鉴（2017）》。

递增；"十五"期间，东莞市地区生产总值以年均 18% 的增速递增；在国内外经济形势起伏动荡的"十一五"期间，东莞市地区生产总值也以年均近 10% 的速度增长。图 8.1 对改革开放以来 40 年间东莞市与广东省、全国的经济增长速度进行了比较。从图 8.1 中可以看到，改革开放以来的 40 年间，东莞市的经济增长速度总体上不仅高于全国平均水平，也高于广东省的平均水平。特别是自 1992 年邓小平南方谈话至 2008 年国际金融危机之间的 16 年时间，东莞市的经济增长速度长期持续地远高于全国和广东省的平均水平。2017 年，东莞市实现地区生产总值 7582.12 亿元，经济规模排在广东省 21 个市第 4 位。

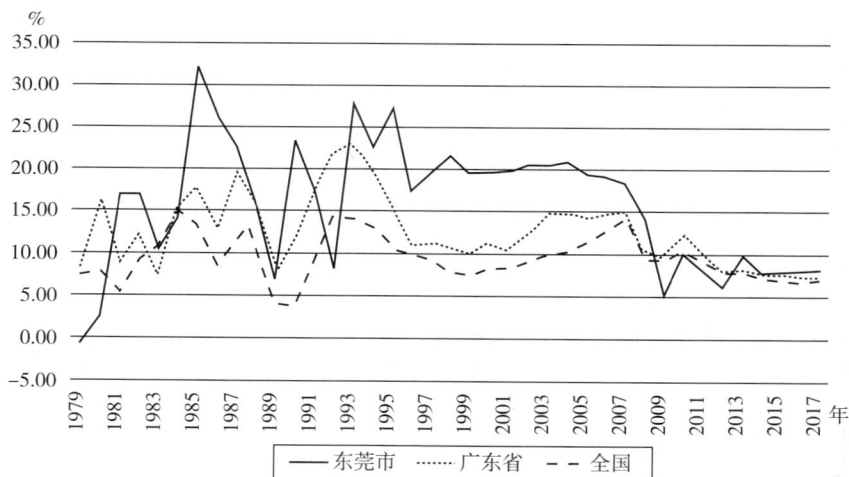

图 8.1　改革开放以来东莞市经济增长率与

广东省、全国平均水平的比较

从图 8.2 可以看出，改革开放之前东莞市的人均地区生产总值与广东全省和全国平均水平相差无几。到 2000 年，东莞市的人均地区生产总值达到广东省的 1.07 倍、全国平均水平的 1.74 倍；2011 年，东莞市的人均地区生产总值达到广东省的 1.13 倍、全国平均水平的 1.64 倍。2017 年，东莞市实现人均地区生产总值 91178 元，是广东省的 1.12 倍、全国平均水平的 1.53 倍。

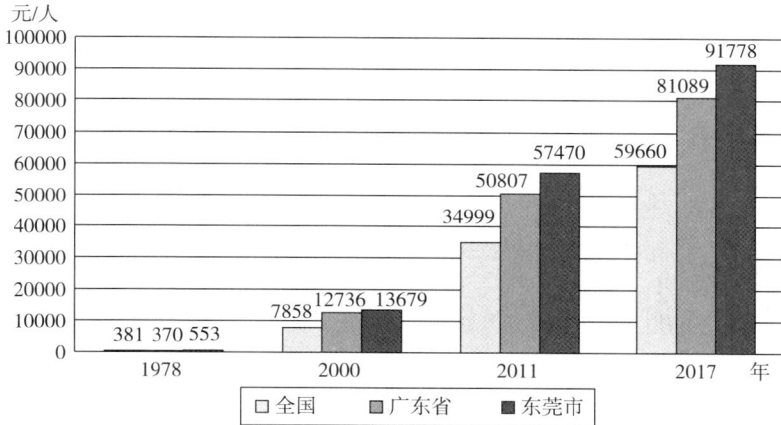

图 8.2　改革开放以来东莞市人均地区生产总值与

广东省、全国平均水平的比较

　　东莞经济以外向型为主，特别是制造业，大部分的资金和产品销售都与国际市场紧密相连，使东莞经济一度成为国际市场变化的风向标。同时，进出口贸易的发达也带动了相关产业链的发展，使东莞在短时间内形成了完善的工业体系和制造能力，成为国际加工制造业基地，享有"世界工厂"的美誉。2011 年东莞市进出口总额 1352.24 亿美元，增长 11.2%，其中进口 568.95 亿美元，增长 9.4%；出口 783.29 亿美元，增长 12.5%。东莞市的进出口额均占到广东全省的约 15%。

　　东莞这种"两头在外"、以加工制造环节为主的"纺锤形"

产业结构，对世界经济具有很大的依赖性。随着近年来国内生产要素价格的不断上涨，特别是 2008 年国际金融危机以来，东莞的这种发展模式面临巨大的挑战。东莞经济被迫加快"腾笼换鸟、转型升级"的步伐。

纵观改革开放以来 40 年的历史，东莞经济的发展大致经历了三个阶段：第一个阶段是以"三来一补"为突破口，鼓励来料加工、来件装配、来样加工以及补偿贸易等各种形式的外资进入，东莞经济完成原始积累。第二个阶段是先前的外资主导、低附加值、高资源消耗的增长模式遭遇资源、环境、成本等瓶颈时，东莞开始一方面加大吸收外源资本，另一方面推动内源资本的发展，东莞经济处于"对资本的截流和疏导"的阶段。第三个阶段是东莞加快转型升级步伐的时期，努力寻求产业结构由产业链低端向产业链中、高端发展，经济增长方式由粗放型向集约型转变。相应地，东莞三次产业结构也随着其经济结构的调整而不断变化。图 8.3 反映了 1978—2017 年东莞市的三次产业结构变化过程。第一产业占国民经济的比重由 1978 年的 44.6% 持续下降，至 2007 年后只有 0.4%；第二产业占国民经济的比重由 1978 年的 43.8% 经过略有上升再略有下降，而 2008—2011 年，稳定在 50% 左右；第三产业占国民经济的比重由 1978 年的 11.6% 持续上升，到 2011 年达到基本与第二产业相当的比重。东莞市已基本完成了由传统农业社会向现代工业社会的转变，进而向现代服务业转变，经济结构开始由外源型主导向内源型和外源型齐头并进的模式转变。

随着产业结构转型升级的推进，2017 年东莞市三次产业结构的比例为 0.3∶47.4∶52.3，服务产业所占比重达到历史新高。

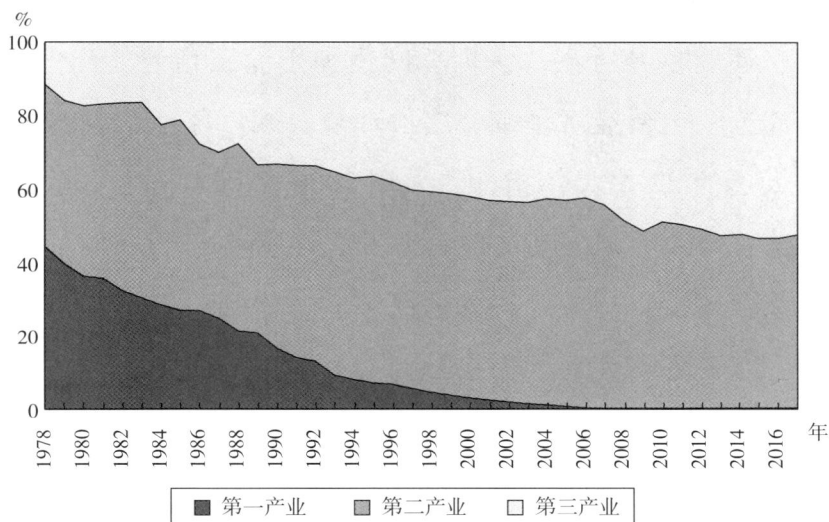

图 8.3 东莞市的三次产业结构变化（1978—2017 年）

二、广东的"金融绿洲"

东莞经济发达、历史悠久、民风淳朴、文化醇厚、社会稳定①，造就了良好的金融生态环境。发达的实体经济体系与金融业互相促进、互相支撑。在 1997 年亚洲金融危机之后，广东省各地出现金融信用风险集中爆发的时期，东莞能够独善其身，曾被誉为广东的"金融绿洲"。2009 年和 2011 年东莞市政府连续两届荣

---

① 东莞的城市精神被归纳为"海纳百川、厚德务实"。

获广东省"金融稳定奖"。在中国人民银行广州分行发布的《广东区域金融生态环境评估报告》中，东莞的金融生态环境指数位列广东各城市之首。陈伟光和刘姣的研究认为，广东省内各地方金融生态环境差异巨大，深圳、广州和东莞三市属于第一方阵。这项研究选取包括经济基础、法治环境、诚信环境、地方政治环境四个大类的 22 个具体指标，采用 2006—2009 年的实际观察数据，对珠三角和环珠三角的 11 个城市的金融生态环境质量进行了多指标综合评价。从最终得分情况来看，深圳、广州、东莞三个城市的金融生态环境评分很接近，但这三个城市远高于其他城市。图 8.4 显示了这项研究计算出来的珠三角各城市金融生态环境质量综合评分。

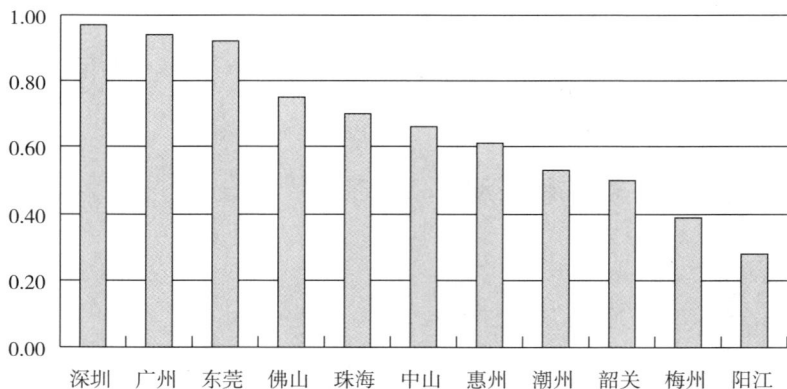

图 8.4　珠三角各城市金融生态环境质量综合评分

　截至 2011 年末，东莞市有各类金融机构 87 家，其中银行类机构 27 家（含 2 家代表处），证券期货类机构 22 家，保险类机构 38 家。年末全市银行业金融机构各项人民币存款余额 6609.39 亿元，各项人民币贷款余额 3716.08 亿元。年末全市各类证券公司共开户 89.48 万户，全年股票总成交额 8209.25 亿元。保险从业人员 2.8 万人，全年保费收入 163.65 亿元。2015 年，东莞成为全国非省会地级市中第四个各项存款余额突破万亿元的城市，全市经营性金融机构 130 家，密集程度居全国地级市前列，金融业增加值占 GDP 比重、保费收入、不良贷款率等指标在全省处于较好水平。

三、金融与实体经济相生相依

东莞金融业坚持服务实体经济发展，有力地促进了东莞的产业结构调整和经济社会平稳较快发展。在积极的改革和创新推动下，东莞地方金融机构的品牌效应增强，成为东莞的一大亮点和特色。东莞银行、东莞农村商业银行、东莞证券荣获广东省金融创新奖。东莞市政府积极出台相关配套政策，以进一步完善金融服务体系，优化金融生态环境。例如，围绕建设"六个东莞"的战略思想，进一步加快社会信用体系建设，建立全市金融信息联系机制，推动改善行政环境、信用环境和法治环境；出台支持东莞金融业发展的政策举措，积极发展与东莞经济相适应的各类金融组织，支持中小企业融资，完善普惠金融服务功能；研究出台促进股权投资、创业投资发展的有关政策措施，引导和鼓励东莞活跃的民间资本投资、参股，积极培育创业投资市场；提高政府服务效率，引导和扶持金融机构的制度、管理和服务创新，完善调控、监管体制和协调机制，健全金融突发事件的防范、预警和处置机制。东莞市银行业不良贷款率由 2006 年的 4.55% 下降至 2011 年末的 0.91%。为了进一步促进金融平稳健康发展，《东莞市供给侧结构性改革去杠杆行动计划（2016—2018 年）》提出四大重点任务 18 项具体政策措施。东莞将加强去杠杆工作的统筹和预警，全面摸清金融机构杠杆率及风险控制能力，推进金融产品去杠杆，强化交叉性、跨市场金融产品的风险监测和预警，敦促金融机构杠杆率达标；将降低融资成本与优化融资结构相结合，改善和优化融资结构和信贷结构，规范银行业服务收费行为，着力提高直接融资比重，鼓励银行机构建立服务小微企业的专职网点等，降低社会融资成本；此外，还将防范处置金融风险与促进改革创新相结合，建立跨部门、跨镇街的金融风险防范处置联动机制，积极防范和稳妥处理各类金融风险，守住不发生区域性、系统性金融风险的底线。

第二节　从城市信用社到城市商业银行

与国内其他城市商业银行一样，东莞银行也是从城市信用社改制而来的。由于事隔久远，对当年东莞城市信用社改制、城市商业银行成立前后各项具体事实和数据的收集和整理已经变得十分困难。但是，笔者对当初直接参与信用社改制、城市商业银行组建工作人士的访谈可以帮助我们还原一些历史的脉络①。

　　与广东省内的其他城市商业银行相比，东莞银行的不同之处在于，从城市信用社到城市商业银行的改制工作，做得相当扎实和彻底，最大限度地避免了信用社时期经营管理中的"积弊"和"恶习"延续到改制后的城市商业银行中。在调研中，经历过当年改制的东莞银行现任高管表示，正是由于在其"出生"时打下的良好基础，东莞银行从成立到现在一直保持着稳健扎实的经营风格并取得长足的发展，成立后未曾发生过重大金融风险和经营管理困局，也未曾对其自身进行过重大财务和战略重组。相反，在广东其他地方，在历次金融风波中，一些地方商业银行受到很大冲击，有的甚至发生严重支付危机，濒临破产倒闭，不得不进行重大战略重组和改革。这就是为什么本章一开头就讲到，在广东省地方商业银行重组、改革和发展的诸多案例中，东莞银行是极具特色的一个。

　　城市信用社出现在改革开放以后，是由城市居民集资建立，通过信贷活动为城市集体企业、个体工商业主及城市居民提供资金服务的合作金融组织。随着 20 世纪 80 年代中期以来城市信用社设立的速度加快，国家出于防范和化解金融风险的考虑，加大了对城市信用社的管理和调整力度，包括在注册资本、新设机构等方面，都出台了一系列整治通知，以配合国内金融秩序的全面

---

　　①　在我们的访谈对象中，东莞银行现任副行长张涛先生是东莞市商业银行筹备办的主要成员，他经历了事情的全部过程。

清理。自 1995 年起，部分地级城市根据国务院指示，在城市信用合作社基础上组建了城市合作银行，随后中国人民银行下发《关于进一步加强城市信用合作社管理的通知》，规定"在全国城市合作银行组建工作过程中，不再批准设立新的城市信用合作社"，此后全国基本停止城市信用社的审批工作，并加大了对城市信用社的合并。1998 年 10 月，中国人民银行出台了《整顿城市信用合作社工作方案》，要求各地在地方政府的统一领导下，认真做好城市信用社的清产核资工作，按照有关文件对城市信用社及联社进行规范改造或改制，并要求除对少数严重违法违规经营的城市信用社实施关闭或停业整顿外，将全国约 2300 家城市信用社纳入 90 家城市商业银行的组建范围。

按照国家有关金融政策的要求，东莞市于 1997 年决定对辖区内的 38 家城市信用社进行整顿清理，并在此基础上组建城市商业银行。清理整顿、重组改制工作经历了两年左右的时间，1999 年 9 月 8 日，东莞市商业银行宣告成立。在重组改制过程中，对原有信用社的清产核资是重头戏。1998 年初，东莞市由主管副市长牵头，成立了由人民银行、工商局等多家主管部门联合组建的东莞市商业银行筹备办公室，聘请四家著名会计师事务所对辖区内属于改制重组对象的 38 家城市信用社进行清产核资。

据有关人士回忆，在对信用社的清产核资过程中，信用社和镇街政府都自然地产生了把自己的经营成果最大化的企图，以期在新成立的银行中具有更多的发言权。但是，东莞市商业银行筹备办根据国家的有关政策精神，制定了一系列规章制度，保证各个信用社清产核资后折股率的公允合理，不让老问题带进新成立的银行。在清产核资的过程中，发现有四家信用社由于经营管理不善，存在资不抵债的问题，其中万江、中堂两家信用社的情况比较严重。对此，东莞市商业银行筹备办本着"风险充分披露、问题解决在商业银行成立之前"的原则，由市政府、镇政府出钱出地，将这四家信用社的资产负债水平提升到了准入的门槛。以1998年3月31日为基准日，开业时的东莞市商业银行总资产为100多亿元，其中存款90亿元。在人民银行总行的直接干预下，对营业网点进行了撤并重组，由原来的140个网点压缩保留下来98个，其中一级支行32个，二级支行66个。东莞市商业银行的初始资本金为11亿元，其中市政府财政占比28%，市属国有企业和民营企业占比大于51%。

成立之初，东莞市商业银行面临着巨大的人员磨合、业务重组难题，1000多名员工面临去和留的问题。新成立的银行领导班子在市政府的领导支持下，确定了用三年时间边磨合、边发展的战略，制定了统一法人、统一薪酬、统一清算、统一纳税等"七个统一"的原则。重组前的信用社主任能留下来担任支行行长的逐渐培养他们新的工作习惯，不能担任支行行长的调整适当的工作。2004年，对于全行员工进行"应知应会"考试，通过"买断分流"的办法将500多名信用社时期留下来的员工分流出去，并使这些人平稳进入社会，让他们有自己的出路。由于东莞地处经济社会发达地带，谋出路的机会很多，信用社下岗分流的500多名员工并没有出现一些地方常见的国企下岗职工集中"闹事"的现象。

在东莞市商业银行成立之初，另一个重要的工作就是计算机系统改造。信用社时期计算机都是单机操作，而改制后必须实现全行柜台交易系统的联网。在这方面，前三年花了很大的工夫。2003年，东莞市政府调整了东莞市商业银行的领导班子，廖玉林先生出任行长。到2004年底，东莞市商业银行的总资产规模超过200亿元，不良贷款率为10%左右。

第三节　东莞银行战略的演变

东莞银行从成立至今的发展历史中，其公司战略的演变大体可以划分为三个阶段。第一个阶段是从1999年宣告成立至2004年，完成了城市商业银行的初创，从信用社过渡到了城市商业银行；第二个阶段是从2005年至2008年实现更名前，基本完成了现代商业银行公司治理制度的建设；第三个阶段是从2008年实现更名至今，开始从一个地区性的城市商业银行向"跨区域有经营特色的上市银行"转变。从战略管理的角度来讲，公司发展的不同阶段必然体现为不同的发展战略，无论这种战略是公司管理层事先主动谋划的还是在经营管理的实践中逐步摸索和调整得来的。对研究者来讲，事后总结公司战略的演变过程及其得失，显然是一件很有意义的事情。

一、创立初期：边磨合、边发展

在初创阶段，东莞银行确立的是"边磨合、边发展"的战略。这一战略虽然限于当时的历史环境，没能形成清晰的文字表达以阐释其内涵，但所确定的统一法人、统一薪酬、统一清算、统一纳税等"七个统一"原则却是这一战略的具体落实措施，非常符合从城市信用社转制而来的实际情况。

秉承东莞人务实稳健的商业风格，成立之初的东莞市商业银行不求名大，但求绩优。从城市信用社成功改制为城市商业银行后，东莞市商业银行充分利用商业银行的新品牌，发挥优势，转变服务观念，以创建安全优质银行为中心，狠抓制度建设，完善内控管理，建立健全统一的法人治理结构，有效杜绝了信用社时期的"管理顽疾"和经营作风遗留下来，迅速走上稳健增长道路。当年就实现了服务方式由手工操作到电脑联网的转变，实现了客户结构从单个居民、乡镇企业等小额客户到包括大企业、政府部门等大额客户的转变，实现了资产质量从仅重视存款数量到重视存款的质量和负债成本的转变，并成功推出了汇通清算、整存整取、自动转存、代客打凭条以及各种"银通"业务，个人支票、自动柜员机、对公存款户业务、集中授权管理及公积金查询系统等新业务也逐步开发和推广，试办了担保、代理、咨询、楼宇按揭等业务，全面推广信贷资产的保险业务，大力开拓资金市场业务，被中央国债登记结算有限责任公司评为全国银行间债券市场十佳优秀结算成员。

从近二十年的发展过程来看，东莞银行之所以在历次金融风波中不受大的影响而稳健经营、持续发展，正是由于成立初期所确立的发展战略落实得力、行之有效，真正实现了从信用社到现代商业银行的质的飞跃，而这正是汕头、广州等地的城市商业银行发生重大金融风险原因之一。

二、2005 年至 2008 年实现更名前：珠三角主要的区域性商业银行

对东莞银行来讲，2005—2008 年，是现代银行制度的奠定时期。新组建的领导班子在战略管理上高瞻远瞩，逐步建立起了规范的现代公司治理机制。这个时期，东莞银行建立起了股东大会和董事会决策机制，对组织机构和业务运营系统进行了重构，建立了公司业务部、个人业务部、资讯科技部。实施客户经理制度、贷款独立审批人制度、员工绩效考核制度，引入非现场电子监控系统。2005 年，东莞银行监管部门兑现在我国加入世界贸易组织后对银行业监管指标的达标要求，增资扩股 16.368 亿元。2007 年，又发行了 10 亿元可赎回次级债，以进一步扩充资本金，对业务发展起到了有力的推动。

2007 年，东莞银行根据自身业务发展情况并结合国内城市商业银行的发展趋势，制定了新的五年发展规划（2008—2012 年），确立了"三年内成为珠三角主要的区域性商业银行，五年内成为具有竞争优势的全国区域性上市银行"的中期发展目标。为实现中期发展目标，东莞银行采取了以下四个层面的战略步骤：一是通过调整业务结构，强化中小企业业务优先发展的地位，加大零售业务和中间业务的发展力度，提高资金运用效率，加强业务和产品的创新以及营销体系的建设，为未来增长奠定基础。二是推进跨区域经营。东莞银行以东莞市为全面业务的核心发展地区，以深圳和广州等一线城市为重点推进地区，并以与东莞市经济发展有相似性和互补性的珠三角地区二线城市和全国部分地市级城市为重点立足地区。三是积极拓展中型客户，丰富优质客户群体。四是在传统商业银行业务的基础上，积极拓展混合金融业务，健全和完善风险管理体系，最终目标是成为具有竞争优势的全国区域性上市银行。东莞银行的五年发展规划采取的战略措施包括：提高公司治理水平，提高决策能力；强化资本约束理念，深化财务管理机制改革，提高资本营运效率；深化人力资源管理体制改革，建立有效的激励约束机制；建立健全风险管理体系，全面提高风险管理精细化水平；提高科技应用水平，提升信息技术对业务发展和管理的支持能力；大力推进结构调整，优化资源配置；完善产品二次开发（改良）与管理体系，增强市场灵活应变能力；加强不良资产管理，完善资产拨备制度，提高资产质量。

虽然上市银行的目标至今尚未实现，其诉求过程可谓一波三折，但是东莞银行的中期发展战略总体来讲是务实高效的，发展业绩可圈可点。从现有股东的角度来讲，实现了股东利益最大化的现代公司核心价值。

三、2008 年实现更名至今：向具有竞争优势的全国区域性上市银行迈进

2008 年 3 月 23 日，东莞市商业银行股份有限公司正式更名为东莞银行股份有限公司，简称东莞银行。更名后的东莞银行，经营范围、办公地址、办公电话、法定代表人、注册资本、股东或发起人名称及经营期限均未改变，并依法继承和延续与原公司相关的债权债务及有关业务往来。东莞银行的此次更名符合东莞银行制定的发展规划，同时也被认为是在为东莞银行上市铺路。其发展战略适时做出了调整，建设"具有竞争优势的全国区域性上市银行"的发展战略正式进入实施阶段。

为实现中期发展战略，东莞银行以"新经营"为重点，以"区域发展"为方向，以"快速成长"为目标，以市场为导向，以客户为中心，不断提升产品创新能力，完善业务种类；拓展区域渠道，提高区域银行的竞争实力；加强风险管理，推进管理的创新以及提升管理效率，进一步提高市场竞争力。在这个阶段，东莞银行试图通过以下发展策略推进中期目标的实现：一是通过

上市融资扩充资本，提高资本管理水平和使用效率，使资本规模能够满足业务发展需要，进一步提升经营能力和提高利润增长；二是继续加强区域布局，使"东莞—省内—省外"的发展规划逐步实现，并稳健推进村镇银行设立，使东莞银行优先立足于农村金融市场；三是深化公司治理，通过强化领导层管理职能、完善分支机构管理办法、改进银行章程和制度、创新风险管理办法和工具、优化内部控制流程等方法，继续完善风险管理和内控体系；四是加大科技建设投入力度，继续完善和整合各项业务系统，提高新产品的研发能力和创新能力，实现业务操作流程化，为客户提供更加高效、便捷、安全的服务。

实施跨区经营是在这个阶段实现银行发展战略的重要途径。2008年11月，东莞银行向河北邢台市商业银行实施战略投资，认购其15%的股份，成为邢台市商业银行的大股东之一。之后，邢台市商业银行也在东莞建立业务部，实现双向共赢。21世纪头十年，众多的广东省地方商业银行在摆脱亚洲金融危机后遗症、迎接中国加入世贸组织后金融监管达标新要求的大背景下，都在努力地寻找合适的战略投资者以实现自身的战略重组。对河北邢台市商业银行的这项战略投资，不仅是东莞银行自身跨区经营的实现案例，也被广东金融主管当局认为21世纪头十年广东银行业独树一帜的战略事件。

2008年12月，东莞银行首家异地分行广州分行开业，拉开了东莞银行跨区域经营的序幕。2009年11月，深圳分行开业。2010

年9月，惠州分行开业。2010年12月，长沙分行开业。2011年7月，佛山分行开业。2011年9月，合肥分行开业。截至目前，东莞银行下辖总行营业部、12家分行（东莞分行、广州分行、深圳分行、惠州分行、长沙分行、佛山分行、合肥分行、清远分行、珠海分行、韶关分行、中山分行、南沙分行）、香港代表处、49家一级支行、73家二级支行、13家社区支行、3家小微支行，发起设立6家村镇银行，参股河北省邢台银行。

回顾东莞银行公司战略的演变，特别是谋求上市过程中的得失，我们也许可以对它的未来发展给出一些建议。2008年，趁着监管部门对城市商业银行上市闸门的打开，东莞银行雄心勃勃地对外宣告了上市战略，并顺利呈报了上市申请材料。2009年10月取得中国证监会关于首发申请文件的反馈意见，上市工作取得阶段性进展。2010年3月初，东莞银行将更新的上市申请材料顺利呈报了中国证监会。媒体传出东莞银行的上市时间待中国证监会安排。然而，十年过去了，东莞银行的上市过程依旧是在路上。近年来，媒体已经鲜有对东莞银行上市进程的报道。公开发布的财务资料也显示，该行在资本实力、股权结构、风险监管指标、战略投资者等方面近几年有一定程度的下滑，公司管理层也出现了跌宕更换。2015年东莞银行计提资产减值损失大增，超过50%至16.6亿元；2016年其拨备覆盖率仅为155.24%，已经逼近150%的监管红线。这是否可以说，东莞银行一直以来稳健发展不搞伤筋动骨兼并重组的战略思路或许应该检讨一下得失了。自

2007 年北京银行等 3 家城市商业银行进入资本市场后，城市商业银行上市处于多年的空白期。2015 年，城市商业银行上市的闸门又重新开启。江苏银行、贵阳银行、杭州银行、上海银行先后登陆 A 股市场；天津银行在香港 H 股上市。截至 2016 年末，共有 7 家城市商业银行在 A 股上市，8 家在 H 股上市，主板上市的城市商业银行达 15 家，另有一家城市商业银行在新三板挂牌。但是，近年来随着我国经济结构转型升级和经济增长速度的调整，城市商业银行的业绩指标和风险指标自 2016 年之后出现了下滑，IPO 申请的文件比前几年失色不少。也许，东莞银行现有股东、东莞市政府、社会公众各自的利益诉求与得失考量又到了一个博弈与权衡的时间节点。

第四节　建立现代银行公司治理制度

一、现代银行的公司治理制度

国内外学者对公司治理的定义各有侧重，狭义的公司治理包括公司治理结构和公司内部治理机制。其中，公司治理结构是指股东大会、董事会、监事会、经理层等主体所形成的公司治理架构、各自的组织规则、议事规则、决策程序，以及董事、监事、高级管理层成员的权利和义务及为确保其权利、义务有效实施的制度安排。公司内部治理机制是指在一定的公司治理架构下，不同利益主体之间形成的相互制衡机制、对董事会和高级管理人员的激励约束机制、公司内部管理控制机制。

银行业的高杠杆财务特性及高风险的行业特征与一般的企业相比具有较大差异，许多银行的倒闭都是由公司治理不善所致，并且由于银行具有吸纳社会闲散资金的职能，其资金来源具有公众性的特征，因而银行的倒闭往往会波及整个社会，引起社会的不安定。银行业的特殊性导致了其公司治理与一般企业的差异，另一方面也说明公司治理对商业银行的特殊重要性。

商业银行内部治理结构优化的目标是建立股东大会—董事会—经理层—监事会的基本制衡机制。股东大会是权力机构，董事会是决策机构，经理层是执行机构，监事会是监督审计机构。这几个部门分工协作、相互制衡，保证商业银行决策的正确性、经营的高效性、监督的有效性，只有风险得到及时的关注和控制，商业银行才能够稳健经营。

要使银行保持长久竞争力，解决银行的根本问题，良好的公司治理是"治本之道"。其他的剥离坏账等治标措施，只能解决银行眼前的问题，无法解决银行的可持续发展问题，只有完善的公司治理制度才能解决银行长远的发展动力问题。

2005年之后，迈过了初创、改制、磨合期的东莞银行，在新一届领导班子的率领下，开始搭建现代公司治理的基本框架，使银行治理逐渐步入良性发展的轨道。

二、东莞银行现代公司治理制度的初步形成

2007 年，东莞银行修改了公司章程，同时修订了股东大会议事规则、董事会议事规则及监事会议事规则，调整了董事会下设专业委员会的构成，并重新修订了各专业委员会的议事规则，制定了独立董事制度和外部监事制度。到 2007 年末，东莞银行共有董事 15 名，其中 5 名独立董事；监事 11 名，其中 4 名职工监事，2 名外部监事。独立董事和外部监事的引入优化了董事会和监事会结构。同年，东莞银行制定了信息披露管理制度和新闻发布管理规定，进一步规范了信息披露工作。2007 年 3 月，东莞银行召开了 2006 年度股东大会。会议审议通过了发行次级债券议案、董事会 2006 年度工作报告等 7 项重大事项。2007 年 11 月，东莞银行召开了 2007 年第一次临时股东大会，审议通过了首次公开发行 A 股股票并上市的议案、修订章程、选举独立董事、选举外部监事等 15 项重大事项。2007 年，东莞银行先后召开 8 次董事会会议，审议通过了 50 项议案。2007 年，东莞银行召开了 5 次监事会，审议通过了《东莞银行股份有限公司监事会 2006 年度工作报告》《东莞银行股份有限公司外部监事制度》等 10 项重大事项。这些事件表明，东莞银行的现代银行公司治理制度已经初步形成。

在此阶段，东莞银行还对总行以及总行各部门制定的各项制度实施了全面清理，以确保规章制度的合法性、合规性和有效性。

同时，东莞银行制定了《关联交易管理办法》《市场风险管理暂行办法》等规章制度，并对部分信贷业务的管理制度进行了修订。在信息系统建设方面，2007年，东莞银行建立了客户档案系统、综合业务系统、国际业务系统以及信贷业务系统等业务信息系统，并聘请外部中介机构对信息系统进行了专项尽职调查和审计，增强了信息系统的风险管理能力。2007年，东莞银行稽核部开展了9个现场稽核项目和1个联合突击检查，稽核范围覆盖了资产保全业务、非信贷资产业务、信贷资产业务等重要业务风险点及内控环节，并对稽核中发现的问题提出了整改意见和建议。与此同时东莞银行进一步加强组织管理，加强企业文化建设。公司不断强化内部组织管理，规范运作，进一步树立组织架构，成立合规部，进一步加强对银行风险的管理。总体来看，2007年是东莞银行加强公司治理架构的建设、进一步完善现代企业制度、为其上市做好积极准备具有标志性意义的一年。

2008年，东莞银行进一步健全了以董事会为决策层，各级机构的管理层为建设执行层，内控风险、合规部门以及垂直独立的内部稽核部门为监督评价层的内部控制体系。东莞银行以风险控制为主线，进一步划分各经营管理部门的职责分工，加强各业务条线的内部管理、监督检查及信息传递。全面梳理了各项规章制度，完善《合规手册》内容。继续深化风险管理体制改革，初步建立了风险垂直管理和授信业务平行作业的配套规章制度、操作风险报告体系和监测指标体系、资金业务中台监控机制等风险管理制度和体系。

2008 年，东莞银行加强了内部稽核。东莞银行通过现场专项稽核、联合检查、后续稽核、调研等形式开展了多项稽核工作，对内控管理及制度执行情况进行了检查，就发现的问题进行了整改，有效地促进了内控管理水平的提升。

三、东莞银行现代公司治理制度的完善和发展

2010 年，东莞银行着重从组织架构设置、内控制度体系、风险管理、运营管理、内部稽核、案件防范、安防管理机制等方面，加强内控管理。主要体现在以下几个方面：一是为适应跨区域发展的要求，加快总行各部门的职能转变，实现从"总行—支行"到"总行—分行—支行"的管理模式的转变。二是修订《东莞银行规章制度管理办法》，以适应一级法人体制下的法人授权机制及分支机构等级管理体系；并按照制度要求，针对新业务、新风险、跨区域经营的需要以及新监管要求，对内控管理制度及操作规程进行全面梳理和补充，形成涵盖总行及各级分支机构的各项业务和管理活动的内部控制制度体系。三是加强柜台业务内控管理，开发对账集中管理系统、久悬未取账户管理系统，改造账户年检的系统功能，防范操作风险。四是修订了稽核工作管理制度，建立了适应跨区经营发展的总分行垂直管理的内部审计组织架构；同时，加大对稽核工作的科技投入，建立了非现场稽核系统，提

高内审工作的科技应用水平。五是加强信息风险管理系统建设，提升内部控制水平。

经过几年的努力，东莞银行已建立起包括股东大会、董事会、监事会和高级管理层在内的治理架构，并设立了多个专职委员会，形成"管理半径短、决策灵活"的公司营运管理体系。图8.5显示了东莞银行当前的公司治理结构。

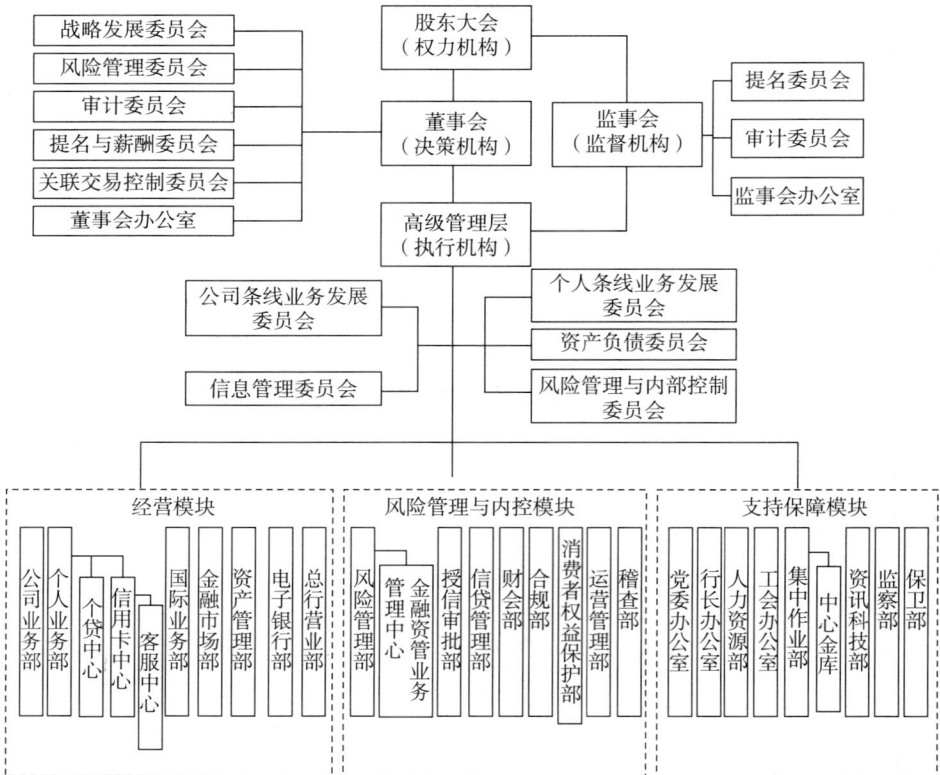

图8.5 东莞银行的公司治理结构

随着跨区域经营的开展，针对分支机构的不断扩张，管理半径的延伸，东莞银行根据自身需要对内控体系进行了改革，逐步实现从"总行—支行"到"总行—分行—支行"管理模式的转变。针对新业务、新风险、跨区域经营的需要以及新监管要求，东莞银行进一步对内控管理制度及操作规程进行了全面的梳理和补充，并以制度梳理为契机，进一步理顺及界定各部门职能，准确界定责任，强化内控风险管理。在稽核监督方面，东莞银行实现了总分行内部审计的垂直管理，强化了分行第三道防线，形成了垂直的稽核监督管理模式和多层次的稽核监督运作机制。

2011 年，东莞银行向原有股东定向增发，股本由 16.37 亿股增至 19.8 亿股，共募集资金 15.44 亿元。增资后，东莞银行前五大股东持股比例变化不大。第一大股东仍然为东莞市财政局，其持股比例为 22.22%。表 8.1 显示了 2016 年报告期末东莞银行的前十大股东持股数及持股比例。

表 8.1   东莞银行的前十大股东持股数及持股比例

股东名称	持股数量（股）	持股比例（%）
东莞市财政局	484396000	22.22
东莞市大中实业有限公司	108564000	4.98
东莞市虎门镇投资管理服务中心	108128000	4.96
东莞市鸿中投资有限公司	104274708	4.78
东莞市电力发展公司	77732254	3.57
东莞市兆业贸易有限公司	76422386	3.51
东莞金融控股集团有限公司	62623266	2.87
东莞市龙泉国际大酒店	61800284	2.83
东莞市中鹏贸易有限公司	57535726	2.64
东莞市利高贸易有限公司	56833334	2.61

资料来源：东莞银行 2016 年年度报告。

第五节　向"微金融"拓展

随着我国经济的快速发展，地区间的分工协作、贸易往来和技术转移越来越紧密，资金的跨地区流动日益频繁，客户对银行服务和产品的要求也日益多元化，特别是对跨区域金融服务的内容和质量提出了新的要求。另外，就我国目前的情况来看，经济欠发达地区的资金相对稀缺，沿海经济发达地区资金相对充裕，城市商业银行在经济相对欠发达的县市设立村镇银行既有利于资金的优化配置，同时也能为经济欠发达地区提供更多契合实际的金融产品。2006 年，为响应国家支持社会主义新农村建设的号召，中国银监会提出调整放宽农村地区银行业金融机构准入政策，目的是解决农村地区银行业金融机构网点覆盖率低、金融供给不足、竞争不充分等问题。这为地方性城市商业银行实施跨区经营战略提供了一个新的机遇。2008 年，江西九江银行发起成立了广东省内第一家村镇银行——中山小榄村镇银行。小榄镇与东莞隔江相望、近在咫尺，其成功的跨区经营模式启发了东莞银行。

在这一背景下，2009 年由东莞银行担当主发起人，筹备组建重庆开州泰业村镇银行股份有限公司，并于 2009 年 3 月 11 日收到重庆银监局的批复，正式展开筹建工作。2009 年 9 月 5 日，重庆开州泰业村镇银行正式开业，注册资本为 5000 万元人民币。重庆开州泰业村镇银行的设立也正式拉开了东莞银行向"微金融"

发展的序幕。

重庆开州被誉为重庆打工经济第一县，与广东东莞等沿海地区经济联系紧密，劳务、投资往来频繁。在重庆开州泰业村镇银行的开业筹备过程中，东莞银行作为主发起人，向重庆开州泰业村镇银行投入了大量资源，协助其顺利完成起步。东莞银行也将此事件作为自身跨区经营战略的延伸，在未来，东莞银行仍将全力支持重庆开州泰业村镇银行的发展，实现两家银行、两座城市的共赢发展。重庆开州泰业村镇银行是由重庆、东莞两地国有、民营资本组建的股份制村镇银行。以重庆开州城乡居民、中小企业和个体工商户为主要服务对象，目标是构建"村镇金融便利站"式的现代零售银行。

在国际金融危机和发达地区产业升级的背景下，重庆开州泰业村镇银行首先以支持开州农民工返乡创业和东莞相关产业向开州战略转移作为经营发展重点，探索开州、东莞两地异地资产抵押、资金便捷流通、城乡金融互补的发展新模式，为建立适应当地农村多元化金融需求的新型农村金融机构进行试点。重庆开州泰业村镇银行的开业，同时也抓住了农村地区开放金融机构试点政策的历史机遇，吸纳沿海发达地区的资金，并利用外部先进金融机构的制度和人才优势，促成沿海经济反哺西部经济，拓展开州农村金融业务。同时，重庆开州泰业村镇银行的成立能够更好地服务开州本土经济，增进开州与东部沿海经济发达地区的经济交流，增强开州金融实力。

2009 年，由东莞银行担当主发起人，借鉴中山小榄村镇银行的经营模式，组建东莞长安村镇银行，同年 12 月 31 日收到广东银监局批复同意。2010 年 3 月 8 日，东莞长安村镇银行正式挂牌开业，成为东莞市首家、全国注册资本最雄厚的村镇银行，注册资本高达 3 亿元。2011 年 8 月 30 日，东莞长安村镇银行乌沙支行正式对外营业，这是东莞长安村镇银行的第一家支行。2011 年 12 月 19 日，东莞长安村镇银行厦边支行正式开业，东莞长安村镇银行扩张迅猛。东莞长安村镇银行自 2010 年 3 月成立以来，不断开拓创新、优化服务，为长安镇广大市民、中小企业量身定做了多种授信产品，为丰富长安的金融业态、满足群众的多种金融需求做出了积极的贡献，在金融支农、服务新农村建设和解决中小企业融资难等方面发挥了积极的作用。

此后，由东莞银行担当主发起人，广西灵山县开发投资有限公司等企业和自然人共同出资发起设立的灵山泰业村镇银行得到中国银监会广西监管局的批准，注册资本为人民币 5000 万元。这是东莞作为主发起人设立的第三家村镇银行。东莞银行给予了灵山泰业村镇银行持续大力支持，协助其稳步发展，充分发挥城市金融的资金优势、制度优势和人才优势，用"城市金融反哺农村金融"，践行"以城带乡"的共同发展思路。同时，为加快建立健全适应"三农"特点的多层次、广覆盖、可持续的农村金融体系，灵山泰业村镇银行贴近灵山县当地城乡居民的实际需求，为他们提供优质、有特色的服务；坚持以服务"三农"和小企业、小微企业为根本宗旨，缓解"三农"和中小企业融资难题，重点为当地农民、农业和农村经济发展以及小企业、个体工商户提供金融支持和服务。

2011年3月25日，东莞作为主发起人开设的第四家村镇银行——安庆枞阳泰业村镇银行正式挂牌开业，注册资本为4000万元人民币。其服务定位与重庆开州泰业村镇银行一样，以安庆枞阳城乡居民、中小企业和个体工商户为主要服务对象，目标是构建"村镇金融便利站"式的现代零售银行。

2011年5月24日，东源泰业村镇银行在广东省河源市东源县正式挂牌开业。东源泰业村镇银行是经广东银监局及河源银监分局批准，由东莞银行作为主发起人设立的地方性银行业金融机构，注册资本为人民币1亿元。这是东莞银行继重庆开州泰业村镇银行、东莞长安村镇银行、灵山泰业村镇银行、安庆枞阳泰业村镇银行后发起设立的第五家村镇银行。

2012年3月29日，由东莞银行作为主发起人发起设立的厚街华业村镇银行正式挂牌开业。至此东莞银行发起设立的村镇银行达到六家。东莞银行积极响应东莞市委、市政府"建设金融强市""支持'三农'工作"的号召，坚持"服务地方、服务中小企业、服务市民"的市场定位，加快业务发展步伐，稳步推进跨区域经营战略，不断拓展新的发展平台，进一步拓宽东莞银行的发展空间，提升了东莞银行的综合经营能力，为东莞银行向具有竞争优势的全国区域性的商业银行迈进奠定了基础。

第六节 金融创新与体育营销

一、金融创新

加入世界贸易组织后，随着我国市场化进程的不断推进，我国金融业尤其是银行业面临更加激烈的竞争。外资银行在中国涉及的领域越来越广泛，以汇丰银行为例，已经涉足村镇银行领域。中国银行业面临着越来越激烈的以金融创新为核心的竞争。对东莞银行等城市商业银行来说，不仅面临着外资银行的竞争，就国内而言，五大国有商业银行在资产规模、机构网点、业务总量、人员队伍等方面依然占据着垄断地位和强大优势，城市商业银行的整体实力难以与之抗衡。因而对城市商业银行来说，金融创新尤其是与其自身特点相结合的金融创新显得格外重要，只有通过金融创新才能增强城市商业银行的竞争实力，这也是城市商业银行可持续发展的核心所在。

对西方的商业银行来说，中间业务的收入已经大大超过利息收入成为经营收入的主要来源。服务手段和科技的创新都推动了中间业务的发展，使银行可以通过网络在任何时候、任何地点、以任何方式为客户提供个性化的服务。国际上的先进银行中间业务收入占银行总收入的50%以上，而中国城市商业银行的这一比例尚比较低。因而对城市商业银行来说，大力发展中间业务是提升其竞争力的核心手段。面对激烈的竞争形势以及未来银行业的发展趋势，城市商业银行正在根据其自身特点，加强创新，积极发展中间业务。

为推进自身中间业务的发展，东莞银行积极开展与银行同业、信托公司、保险公司、证券公司等金融同业机构之间的业务合作。与此同时，东莞银行也积极促进个人中间业务的发展，不断完善理财卡服务功能，实现了理财卡自动转存、教师卡批量升级等功能；不断丰富借记卡的功能，推出首项行业卡——东莞中学校园IC卡业务，有效拓展学生群体客户；继续推动ATM、保险、基金业务的发展，积极投入与保险公司和基金公司之间的合作，丰富产品种类；加大个人理财产品的创新力度。东莞银行个人中间业务结构不断优化，取得了较快发展。到了2010年，东莞银行积极实行多品种、小批量的个人产品开发策略，陆续推出贷记卡消费灵活分期付款、个人网上银行、特色联名信用卡、自主研发的新型理财产品、代理黄金交易业务等新产品，以产品及服务创新推动业务发展，拓宽中间业务收入渠道。

随着我国高收入阶层的不断壮大，具有巨大的金融消费需求和消费能力的群体陆续出现，越来越多的人对个人资产中占有相当比例的金融资产的使用和增值需求不断增长，他们也成了各大银行竞相争取的高端客户。商业银行在增加中间业务需求点的同时，必须充分重视个人金融创新服务需求。东莞银行业正是按照这一思路在进行着创新。除了中间业务的创新,东莞银行在私人银行业务方面也取得了较大的创新。

2007年开始,东莞银行根据市场变化情况,调整了个人金融业务发展思路,坚持"以中间业务、资产业务带动负债业务的发展"策略,推动个人金融业务的发展。东莞银行初步确立"玉兰理财"为零售业务的核心服务品牌,并围绕这一服务品牌,推出了"恒通"贷记卡"快汇通""车易通""易托管"等系列产品,以满足不同客户群的特定需求,尤其是针对外来务工人员的点对点"快汇通"业务,对东莞这个打工人员众多的地区来说,充分体现了满足特定客户的需求这一宗旨。为提升零售业务的服务效率和质量,2007年东莞银行对营业网点进行了改造调整,网点分设现金区及非现金区,并增设VIP客户专柜和大客户室;加强了营销体系的建设,组建了个人金融业务营销团队,设立了营销经理及理财经理,制定了营销人员管理制度;并且,东莞银行积极推进客户关系管理系统(CRM)的建设。2009年,东莞银行依靠区域优势,与东莞市内多家单位保持良好关系,推出优质单位正式员工集体授信业务,拓展了个贷业务范围。2010年,东莞银行个人金融业务通过落实分区包干、加强"公私"联动和交叉销售、开展东莞地区"理财下乡"活动等措施,加快东莞银行营业网点由服务型向销售型、客户管理型的转变,强化基层营销的组织经营工作,提升营业网点的服务辐射范围,深入挖潜区域市场。2011年,东莞银行通过优化分支机构业务架构,加强产品服务创新、市场营销管理和存贷比考核力度等措施推动个人银行业务的较快发展。

2013 年以后，我国金融业迎来互联网金融发展的高潮，对传统银行业造成一定冲击。东莞银行积极应对，深度挖掘金融互联网渠道价值，加快推进业务、产品和渠道创新发展，保持和发展多年来打造的竞争优势。一是深化电子渠道建设。搭建电子银行账户体系，提供"钱莞家"、基金等购买功能。启动建设 STM 智慧柜台，着力促进柜面业务分流、提高业务处理效能。推进智能营业厅建设，全面铺设海报机、优化 WiFi 服务等渠道项目。增加在线客服、业务预处理等服务渠道。布设 R2 地铁七个站点的自助网点，提升自助银行服务水平。推动统一支付平台、柜员机跨行存款等项目建设。二是丰富电子渠道功能。积极创新手机银行与微信银行等移动渠道特色服务。着力丰富支付业务、电子渠道理财功能、自助渠道服务。结合业务需求，对网上银行、手机银行、微信银行、ATM 等多个系统进行优化，强化电子银行产品服务能力。三是推动渠道整合，提升客户体验。全面升级个人网上银行与手机银行服务，推出手机银行新 UI 界面，整合用户体系，提升用户体验。四是优化移动营销平台，创新业务办理模式。持续优化迭代移动营销平台，实现移动营销业务的远程复核与授权。

近几年来，东莞银行积极回应国家创新驱动发展战略和东莞产业转型升级的实施，打造科技金融特色品牌。一是制订落实专项产品方案。2016 年共推出专利权质押贷、高企信用贷、孵化快贷、拨贷联动、投联贷、三板贷、合同贷、置业贷、科保贷 9 项科技金融专项产品，加大对科技企业授信支持力度，提高业务办理效率。二是大力推进银企合作。结合银政、银保等合作模式，引入融资性担保公司、专利权评估公司、保险公司、孵化平台公司、融资租赁公司等第三方为科技型企业提供增信，有效满足科技企业的融资需求。三是积极推进银投合作。探索科技企业金融服务机制创新，设计研发"共享客户、独立投贷"的松散型投贷联动、"股权＋债权＋期权"的紧密型投贷联动业务发展模式，更有效地适应科技企业金融需求。

二、体育营销

体育营销就是以体育活动为载体来推广自己的产品和品牌的一种市场营销活动，是市场营销的一种重要手段。体育营销是围绕赞助而展开的，赞助能将运动项目形象与企业品牌形象有机结合起来，让受众形成认知、产生兴趣、依恋、增强渴望直至顾客购买。体育是人类共同的事业，赞助体育或者进行其他形式组合的体育营销，其观众注意力、品牌渗透力和影响力，是其他类型的广告所不能达到的。传播效果易被接受，受众的排斥阻力相对弱一些，商业性及功利性不明显。同时，它可以激发个人情感依恋以及群体性和晕轮效应。

2008 年，东莞银行冠名广东宏远男子篮球队，在国内首创了银行品牌冠名 CBA 联赛球队的营销案例。这一年，东莞银行队顺利夺得第五冠，产生了巨大的影响力。东莞银行借助蝉联冠军强大的辐射力，在全国范围内打响了知名度，为跨区域经营这一目标打响了头炮。一项冠名赞助，得到了"明星代言＋CCTV5 直播＋GDTV 直播"的立体传播效果。截至目前的 2017—2018 赛季，东莞银行一直持续冠名赞助广东宏远男子篮球队。全国各大媒体对东莞银行队的报道，转化为曝光率及宣传价值，提升了该行在全国，尤其是华南区的知名度。其成效之独特性，非同等投入的普通商业广告所能达到。

冠名期间，东莞银行通过 CBA 比赛门票背面广告、使用主力球员形象制作贺年卡、形象电视广告、平面广告、特色宣传品等进行宣传以外，更于 2009 年推出了明星信用卡和开展球票代售等业务。此外，还先后在广州、深圳、惠州、长沙、合肥、佛山、重庆开县、广西灵山这些有东莞银行分行及村镇银行的地方举办了篮球夏令营、球星见面会、产品上市活动、客户答谢会等公关活动，以增进客户对该行实力及竞争力、产品等优势的认知，进而服务该行跨区经营发展战略。客户对这一活动也非常追捧和赞赏，这一活动也为东莞银行吸引到了一大批年轻的潜在客户群体。

篮球运动所展现出来的积极、向上、激情、活力、团队精神等正面形象对东莞银行的品牌形象建设来说起到了良好的作用，对银行企业文化的展示具有积极作用。英国《银行家》杂志发布的世界著名品牌评估机构 Brand Finance 的 "2017 全球银行品牌500 强" 榜单中，东莞银行位列第 405 位，品牌价值 2.52 亿美元①。正是基于这种积极的影响力以及非常有价值的营销手段，越来越多的城市商业银行参与到 CBA 的冠名赞助中来。2009 年之后，浙江稠州银行、福建泉州银行、吉林九台农商银行、佛山友诚金融等地方金融机构纷纷加入冠名赞助本地 CBA 联赛球队的行列。

第七节 数说东莞银行改革和发展成就

在论述了东莞银行改革和发展过程中的主要事实后，我们再用财务数据来描述东莞银行十多年来改革和发展的成就②。

一、规模指标

2005 年至 2015 年是我国银行业快速发展的时期，借助于国际金融危机后世界各国的量化宽松货币政策，特别是我国政府推出的 "四万亿" 救市计划，在我国经济越来越多地融入国际经济金融体系的情况下，我国银行业的资产负债总额得到了快速扩张。

---

① 英国品牌评估机构 Brand Finance 每年发布 "全球银行品牌价值 500 强排行榜"（Top 500 most valuable banking brands）。

② 本节所引用的财务数据全部来自东莞银行历年的年度报告。

图8.6反映了2005年至2016年东莞银行主要的经营规模指标的变化过程。年末总资产余额从2005年的393.6亿元增加到2016年的2320.88亿元，扩大了近五倍；年末贷款余额从2006年的210.9亿元增加到2016年的924.8亿元，扩大了近四倍；年末存款余额从2005年的348.3亿元增加到2016年的1575.6亿元，扩大了近四倍。作为银行业金融机构，存贷款业务是其主要利润来源，特别是在2015年之前我国银行业总体处于利差比较固定的阶段，存贷款规模的迅速扩大为银行实现盈利增长奠定了基础。

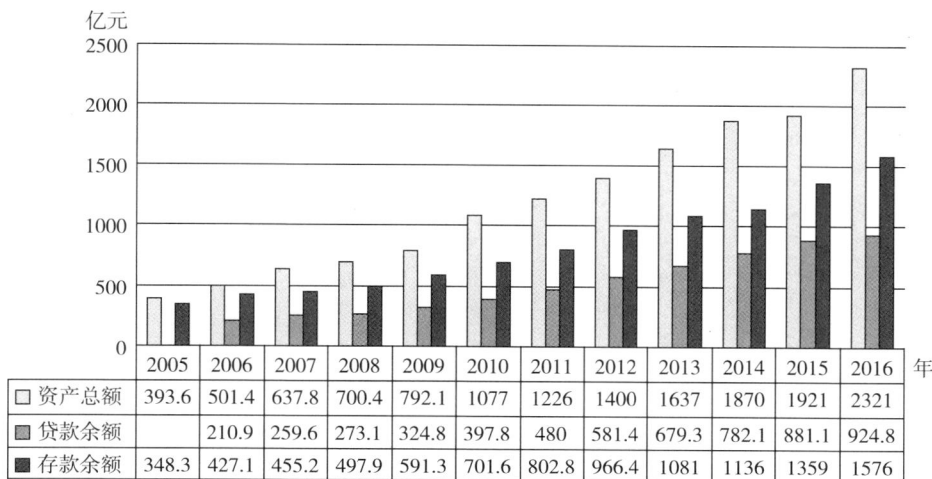

亿元

	2005	2006	2007	2008	2009	2010	2011	2012	2013	2014	2015	2016
资产总额	393.6	501.4	637.8	700.4	792.1	1077	1226	1400	1637	1870	1921	2321
贷款余额		210.9	259.6	273.1	324.8	397.8	480	581.4	679.3	782.1	881.1	924.8
存款余额	348.3	427.1	455.2	497.9	591.3	701.6	802.8	966.4	1081	1136	1359	1576

图8.6　东莞银行主要规模指标的演变（2005—2016年）

截至2017年12月末，东莞银行总资产达2602.82亿元，各项存款余额为1737.17亿元，贷款余额为1003.47亿元。在我国现有的134家城市商业银行中属于中等规模。

二、效益指标

为反映东莞银行十多年来经营效益的变化，我们选取能够反映银行效率的三个财务指标：（1）平均资产回报率（Return on Average Assets，ROA），它等于净利润除以银行平均总资产；（2）净资产收益率（Return on Average Equity，ROE），它等于银行的净利润除以股东权益；（3）年度实现的净利润。图8.7显示，东莞银行十多年来利润增长比较快的时期有两个，一是2005—2008年，年度实现净利润从2005年的3.72亿元增长到2008年的9.02亿元。受到国际金融危机时期经济下行的影响，2009年和2010年的利润增长幅度都比较小。二是2010—2012年，这段时间该行年度实现净利润从10亿元左右上升到20亿元左右。这段时间其实

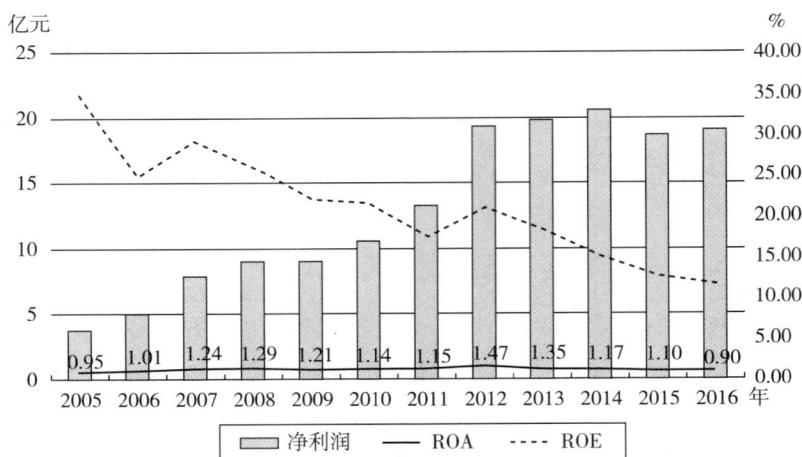

图8.7　东莞银行主要效益指标的演变（2005—2016年）

也是我国银行业整体高歌猛进的时期，"四万亿"投资为整个金融行业带来了巨大的业务增长空间。之后，随着我国金融体系的深化改革特别是利率市场化改革，对银行尤其是东莞银行这种中型城市商业银行的盈利产生较大影响，年度实现净利润一直在20亿元上下徘徊。

东莞银行在这十多年间的 ROA（平均资产回报率）在0.9%~1.47%的范围内波动，最低的是2016年，最高的是2012年。而 ROE 指标（净资产收益率）则呈现缓慢下降的趋势。这和这十余年时间的整体经济周期，尤其是我国银行业的经营环境变化是完全一致的。ROA 反映的是银行资产利用的综合效果。该指标数值越高，表明银行的资产利用效率越高，说明银行的获利能力越强，成本节约做得越好。也就是说，平均资产回报率可以用来检验银行的盈利能力和成本控制能力。图8.7中也显示出 ROA 和 ROE 的变化是相关的，虽然从总体趋势来看 ROA 的下降趋势更明显，但是在 ROE 最高的2007年和2012年，ROA 也表现出了明显的反弹。ROE 反映的是银行股本的扩张作用和财务杠杆效应。该指标数值越高，表明银行资本的扩张效果越好，财务杠杆越大，与此同时，银行所面临的经营风险也就越大。因此，在评价银行的盈利性时，不能认为 ROE 越高就越好，而应考虑该银行的高股权收益率水平是否是以承担较大的经营风险为代价得来的，是否是因为拥有较高财务杠杆的结果。

东莞银行自2005年到2008年的平均资产收益率是不断上升

的，说明东莞银行的获利能力在不断提升，而 2008 年之后略有下降，主要原因是 2008 年由美国次贷危机引起的国际金融危机对东莞外向型实体经济产生冲击，进而影响到东莞银行的平均资产收益率。东莞银行从 2005 年开始净资产收益率处于一个下降的过程，主要原因是基于《巴塞尔协议》，对银行的监管越来越严格，东莞银行的经营也越来越稳健。这一点也反映在该行的不良贷款率越来越低以及拨备覆盖率越来越大。

三、风险指标

我们选择不良贷款率、拨备覆盖率和资本充足率三项财务指标，来说明东莞银行的经营风险水平的变化。依据《股份制商业银行风险评级体系》，拨备覆盖率是实际计提贷款损失准备对不良贷款的比率，该比率的最佳状态为 100%。拨备覆盖率是银行的重要指标，这个指标考察的是银行财务是否稳健，风险是否可控。该指标与不良贷款率的变化是高度相关的，但由于各银行在拨备提取和不良贷款冲销政策上可能存在着差异，因此计算和衡量这两个指标的变化可以更全面地反映银行资产质量的变化。不良贷款率是衡量商业银行贷款损失准备金计提是否充足的一个重要指标。该项指标从宏观上反映银行贷款的风险程度及社会经济环境、诚信等方面的情况。表 8.2 显示，2005 年东莞银行的不良贷款率高达 12.06%，拨备覆盖率只有 53.29%，资本充足率只有

6.50%。这说明在当时广东银行业整体经营状况不善、风险水平
比较高的时期，东莞银行也没有完全独善其身，只不过它的数据
要比广东省内的其他银行好看一些，所反映的风险水平比其他银
行要低得多。为达到监管当局对我国银行业金融机构在加入世贸
组织后监管指标达标的要求，2005 年至 2007 年，东莞银行通过增
资扩股、加大新增授信的审查审批力度、加强贷后管理、加大贷
款损失准备计提力度和不良贷款清收与处置力度，实现了这三项
监管指标的逐步达标。2006 年 4 月 28 日，该行完成了新增资本金
缴款工作，新增资本金合计为人民币 547581277 元。该行本次增
资前的注册资本为人民币 1089218723 元，经本次增资后，该行累
计注册资本为人民币 1636800000 元。从 2008 年开始，这些风险
监管指标都处于比较好的水平。

表 8.2　东莞银行的主要风险指标演变（2005—2016 年）

年份	不良贷款率（%）	拨备覆盖率（%）	资本充足率（%）
2005	12.06	53.29	6.50
2006	8.15	55.13	9.61
2007	2.41	109.03	11.57
2008	1.88	157.81	14.37
2009	1.57	156.26	13.08
2010	1.09	220.88	11.70
2011	0.80	317.64	13.74
2012	0.80	337.97	13.43
2013	0.97	291.01	13.27
2014	1.33	216.34	13.61
2015	1.82	168.59	12.50
2016	1.69	155.24	14.43

东莞银行自成立以来，并没有引入战略投资者，反倒是以东莞市经济发展为依托，实现了自身的稳健经营与发展，东莞银行改革发展的成功离不开东莞市优异的金融生态环境——东莞实体经济的发达为东莞银行的快速扩张打下了坚实的基础，且东莞市政府在政策方面的积极引导和大力扶持为东莞银行的积极拓展创造了有利的发展空间，加之务实的地方文化为东莞银行自身的稳健经营提供了良好的人文环境。

在东莞银行组建和发展过程中，筹备办严格把关，目光长远，在重组初期就有充分的风险控制意识。尽管东莞拟重组的城市信用社整体发展不错，但是相对来说还是参差不齐的，筹备办在重组初期就严格把关，以"进来时就把病治好"为原则，进行充分的风险披露，这就确保了在筹建合作银行的过程当中，把风险降到了最低，这为东莞银行今后的平稳发展打下了坚实的基础。此外，东莞银行在重组后的发展过程中始终坚持稳健经营，重新设立银行战略目标，不断完善公司治理结构，高度重视金融创新和人才引进，并采取差异化的营销手段如体育营销、活动营销等扩大东莞银行的知名度，有效推动了东莞银行的跨地域业务拓展。

东莞银行良好的信誉和业绩，得到了来自业界、客户和权威媒体的广泛认可。2006 年 7 月 28 日，该行被评为全国"十大最具竞争力城市商业银行"。2007 年首次入围全球银行类 1000 强，并在 2012 年公布 2011 年度排名中，按一级资本排第 513 名，较上一年提升了 177 位，按资本回报率排第 205 名。2009 年中国《银行家》公布的"2008 中国商业银行竞争力评价报告"中，该行荣获"泛珠三角经济区域城市商业银行竞争力排名第一名""最佳品牌营销城市商业银行"。2010 年《理财周报》评选该行为"2010 中国十大最佳城市商业银行"。2011 年，荣获中国《银行家》杂志评选的"最佳企业社会责任奖"。2012 年，在"2012 南方金融年度系列评选活动"中荣获"最佳金融营销创意奖"；荣获广东省人民政府颁发的"金融创新奖"一等奖，该行是唯一荣获创新一等奖的法人银行。2013 年，荣获中国银监会颁发的"2012 年度银行业金融机构小微企业金融服务特色产品"奖；"机械设备按揭贷款"荣获 2012 年度东莞市金融创新成果奖一等奖；2014 年，该行"松湖烟雨"小微企业集合信贷产品荣获"2013 年度东莞市金融创新成果奖"一等奖；2015 年，被评为"2015 年广东省自主创新标杆企业"，入选中国银监会全国城市商业银行"领头羊"，是华南地区唯一入选行。

结束语　广东商业银行重组的
历史经验与启示

一、温故为知新

1998 年，广东遭受亚洲金融危机的猛烈冲击，爆发了严重的区域系统性金融风险，被迫实施广国投破产、粤海集团重组，对近 800 家地方中小金融机构实施停业整顿。在其后相当长的一段时间，广东省都被国内外金融界视为"高风险地区"。为解决亚洲金融风暴留下的严重后遗症，化解金融风险、完善金融体制、促进金融业健康稳定发展，广东省进行了历时长达十余载的地方商业银行重组。从 2000 年前后众多城市商业银行实行停业整顿开始，到 2011 年 9 月华兴银行挂牌，广东地方商业银行重组终于画上了圆满的句号。进入 21 世纪的第二个十年，广东省的金融业不仅在规模上全国领先，金融业发展的质量和水平也得到较大提升。2010 年，中国人民银行、中国社会科学院分别测评显示，广东省金融生态环境指标居全国第 6 位，认为广东金融已脱胎换骨。广

340

东这个曾经的金融高风险地区，在金融领域已跨进科学、快速发展的轨道，朝着金融强省的宏伟目标努力前行。

表1　　　　　　　　广东商业银行重组时间一览表

重组前名称	重组后名称	重组开始时间	重组结束时间
广东发展银行	广发银行	2005 年 5 月	2006 年 12 月
广州市商业银行	广州银行	2001 年 8 月	2005 年 12 月
珠海市商业银行	珠海华润银行	2000 年	2011 年 4 月
湛江市商业银行	广东南粤银行	2005 年	2006 年
汕头市商业银行	广东华兴银行	2001 年 8 月	2011 年 9 月
东莞市商业银行	东莞银行	2005 年	2008 年

2011 年，当浙江温州地区的民间借贷危机爆发，造成全国性重大影响时，一些了解广东金融发展历史的人们自然而然并且心有余悸地开始担心，民营经济同样发达的珠江三角洲地区的金融风险是否也会因为民间金融问题而爆发呢？但是，与浙江的情况截然不同，广东金融这次风平浪静，没有出现什么大问题。有业界人士评论，广东地区经历了 20 世纪末的东南亚金融危机痛楚后，金融界、企业界和民众都是吃一堑长一智，吸取了教训，知道那种投机泡沫的金融游戏不是好东西，不会再去玩了。也许这只是说明了问题的一个方面；另一方面，以广东商业银行重组为代表的广东地区金融体系的制度建设、文化建设、生态建设可能才是广东金融体系走上正轨的基本保障。

在不同的社会历史时期、不同的技术手段条件下，金融活动中的投机泡沫游戏总是以花样翻新的形式重现。在当今互联网金融时代，庞氏骗局也可能穿上金融科技的外衣在大庭广众下堂而皇之地招摇撞骗。总结广东商业银行重组的历史经验与启示，温故是为了知新，是为了发挥历史研究洞穿未来的力量，帮助我们看清问题的本质，在今后进一步的改革和开放中坚持真正的创新，促进金融业健康稳定发展。

二、不断创新处置区域系统性金融风险的思路

总结广东省内各个地方商业银行重组的历史，我们发现不同地区的城市商业银行在资产规模、经营效益、风险管理水平和历史包袱上的差异都非常大。这决定了各家城市商业银行未来的命运不同，有的要考虑跨地域经营，有的还需进一步规范，而有的则面临退出市场的抉择，这是重组的原始动因。城市商业银行的重组，密集发生在 2004 年之后，最直接的动因在于监管当局设立的在 2006 年这个银行业开放期限到来之前资本充足率达到 8% 的硬性指标规定，绝大部分的城市商业银行当时都是不良贷款比率高企，资本充足率严重不足，在短时间内无法根本性地改变资产质量情况，只能走改革重组的道路。

世纪之交，东南亚经济危机使广东区域系统性金融风险急剧增加，作为经济和金融大省，若广东的金融风险处置不力，或将触发全国系统性金融风险甚至金融危机。在过去相当长的一段时间内，广东的金融生态环境遭到人们的诟病，企业信用意识薄弱，

诚信守法经营观念不强，企业及个人逃废银行债务的现象时有发生，导致不良贷款比率高于全国水平，特别是远远高于北京、上海及江浙地区，导致广东一些城市商业银行的风险更为巨大和严重。这注定了广东商业银行重组中引进战略投资者、改革重组的道路比其他省市的更为复杂和艰难。2003 年，广东省重点解决广发行的 650 亿元不良资产问题，再逐步整顿其他金融机构风险。广发行 650 亿元的债务窟窿，考验着决策者的智慧和勇气。最终，广东省委、省政府的主要领导们用他们的聪明才智创造性地经受住了这份考验。

从我国国有股份制商业银行改革和发展的历史来看，在广发行之前进行的大型国有商业银行的股份制改造，都是先处置好不良资产，再引进战略或财务投资者，在达到监管标准后再谋求上市、建立现代公司治理体系，以实现银行现代企业运营的长效机制。这种模式被形象地称为"打扫干净屋子再请客"，而广发行的重组改造并未因循照搬这种业已得到广泛认可的模式。鉴于对改革开放以来广东经济发展业已取得的举世瞩目的成就和未来发展潜力的强烈自信，广发行的重组采取了"边打扫屋子边请客"的新模式。"要做就一起做，谁要进来就一起打扫屋子。"①也就是说，广发行重组是在不良资产尚未剥离的情况下便确定引进战略投资者，开创了投资者团队帮助弥补部分亏损的先例，对之后的国内外商业银行重组产生了深远影响。

①　广东金融业华丽转身的秘诀［N］. 上海证券报，2011 – 08 – 16.

20世纪以来国内其他省市城市商业银行重组的模式主要有三种：一是以徽商银行、江苏银行为代表的全省"抱团"式大规模、大范围内的合并重组。这种行政区内横向重组模式的特点是：业务规模相当，风险程度相近，内部管理相似的城市商业银行在政府主导下参与合并重组。而且，参与重组各方在各方资产质量都较好的情况下通过联合实现规模效应的内在要求较为强烈。二是以上海银行、北京银行、南京银行为代表的发展较快，资产规模、资产质量、经营管理都非常优秀的城市商业银行，通过优化股权结构，引进境外投资者，率先改制为全国性的股份制商业银行，实现了区域性经营。三是重庆三峡银行模式，对于地处经济欠发达地区，但有一定的经营基础，具有较强经营能力，在政府和银监部门的政策倾斜扶持下，尚有较大的发展潜力和空间的城市商业银行实施改革重组工作具有普遍的借鉴意义。

比照其他省市的城市商业银行重组案例，广东城市商业银行重组既有共性，也有其特点。概括而言，广东城市商业银行重组模式的特点：一是政府主导，体现在政府以控股股东的身份对不良贷款高企、债务缠身的城市商业银行进行注资置换不良资产，再通过自身影响力多方的联系国有企业、外企、名企等潜在投资者，确定重组发起人，并制订相应的重组方案；二是灵活选择重组发起人，特别是汕头、珠海的案例表明，虽然很多投资人都对城市商业银行的牌照价值有兴趣，但是受制于国家及部委的相关政策，以及自身的资金实力和重组决心，并不是所有投资者都能成为理想的重组发起人。广东通过重组改革实现发展壮大的城市商业银行主要有广州市商业银行、湛江市商业银行、珠海市商业银行和汕头市商业银行四家，广州银行的重组模式虽然也是跟北京银行、南京银行类似"引进战略投资者—跨区域经营—谋求上市"的模式，但是其成功的关键在于政府通过注资和剥离资产奠定了重组改革的基础。广东南粤银行通过"政府牵头、开行参与、平台运作"的重组方案实现了三方共赢。华润银行和华兴银行情况相似，都是通过政府主导剥离不良资产，引入民营资本作为重组发起人，最终实现了更名再经营。

经过重组和改革，解决了困扰广东金融业多年的三大主要矛盾：金融产业规模迅速扩大与核心竞争力不强的矛盾；金融资源快速集聚与金融资源配置能力不强、运用效率不高的矛盾；经济发展方式转变较快与金融发展方式转变相对滞后的矛盾。

这三个主要矛盾的解决是通过实现"三个转向"和"五个调整"来实现的。

"三个转向"：金融产业发展从规模扩张转向更加注重功能集聚和效率提高；金融产业发展从注重自身发展转向更加注重与经济转型升级的良性互动；金融服务从以经济领域为主转向支持经济发展与服务民生并重。

"五个调整"：一是推进金融产业结构调整。进一步优化金融产业内部结构，在支持银行业发展的同时，有效提升证券基金业、保险业的产业地位，加快发展金融后援服务产业，促进金融前后台产业协调发展。二是推进投融资结构调整。优化银行信贷结构，加大对中小企业和"三农"融资支持力度，大力发展多层次资本市场，拓宽企业直接融资渠道，有效提高直接融资比例。三是推进金融业务结构调整。创新发展现代金融业务，开展产业金融创新，有效发挥金融综合服务功能。四是推进金融所有制结构调整。拓宽民营资本进入金融服务领域渠道，大力发展地方中小金融机构，有效提高金融开放水平，实现全国性金融机构与地方金融机构、内资金融机构与外资金融机构协调发展。五是推进金融空间布局结构调整。推动金融功能区与产业布局优化发展，深化粤港澳金融合作，建设"两个区域金融中心"和推进珠三角金融一体化发展，促进珠三角与粤东西北金融协调发展。

三、优化金融生态是广东商业银行重组成功的重要环境条件

商业银行和其他金融机构的行为模式及其后果都是一定金融生态、社会环境下的产物。20世纪最后十年广东地区银行业和其他金融机构在发展中出现的问题，尤其是20世纪末在东南亚金融危机中爆发的区域系统性金融风险，是改革开放以来区域金融生态演变的必然结果。广东商业银行重组再生的过程，也是广东地区金融生态优化重塑的漫长过程。

总结广东优化金融生态环境的历程，可以分为两个阶段，每个阶段都有各自的工作重点和思路。第一阶段是1998年亚洲金融

危机之后到 2007 年第一次全省金融工作会议召开前，广东优化金融生态环境工作的重心是化解 1998 年亚洲金融危机带来的历史金融包袱。主要思路有两个：一是"输血"，通过将财政资金、中央银行票据、实物资产等各种形式的资本注入金融体系和进行财务重组，化解金融体系中的不良资产；提高资本充足率，确保金融体系正常的供血能力，维护金融稳定。在这十年间，广东为化解历史金融包袱，全省各级政府共计投入 1300 多亿元。二是"造血"，即通过推动地方金融机构改革，增强其自身经营能力，利用经营利润逐年化解历史包袱，实现可持续发展。

第二阶段是 2007 年第一次全省金融工作会议之后，将优化金融生态环境的重心逐步转到金融生态环境综合治理和整体优化上来。在继续推动化解历史遗留金融问题的同时，着力开展了以下四项工作：一是完善金融整体发展政策环境。2007 年，广东省委、省政府出台了《关于加快发展金融产业建设金融强省的若干意见》，制定了《广东建设金融强省"十一五"规划》，规划完善了金融发展的区域、城乡和前后台布局。二是结合本地区实际，在珠江三角洲地区和粤东、粤西、粤北地区大力开展信用体系建设、财政政策优惠、金融法治完善、政务服务优化等金融改革创新。三是以完善金融监管为重点，力保区域金融安全和稳定。四是以完善工作机制为着力点，增强地方政府优化金融生态环境的主动性和积极性。

总结广东优化金融生态环境的经验，主要有四点：一是地方党委、政府的高度重视、科学的金融工作指导思想是优化金融生态环境的重要保障。2007 年第一次全省金融工作会议提出了金融工作指导思想的三大转变：从片面求大求多的思想中解放出来，实现由注重发展规模、速度向追求规模、速度与效率相协调的转变；从惧怕风险的思想中解放出来，实现由注重防范风险向防范风险与注重科学发展并重的转变；从把金融仅仅作为投融资工具的思想中解放出来，实现由注重融资行为向发展金融产业的实质性转变。二是建立科学的金融工作新机制是维护地方金融安全、加快金融改革发展的基本要求。三是优化金融生态环境，要发挥市、县基层政府的积极性。四是胸怀全省大局，把握好优化金融生态环境工作的切入点。

四、地方商业银行在广东金融强省建设中肩负重任

2007 年，广东省委、省政府提出了加快发展金融产业、建设金融强省的重要发展战略。经过努力，"十一五"期末，广东金融产业实现了跨越式发展，金融产业增加值占 GDP 的比重提高到了6.1%；银行信贷、资本和保险市场规模继续保持全国领先；金融产业发展质量和效益显著提高，全省金融机构总资产超过香港，达到 11.54 万亿元，金融业连续四年利润超过 1000 亿元。

建设金融强省是一项长期、艰巨和复杂的工作，全面建设金融强省将是未来一段时期广东金融工作的核心。广东提出了全面

建设金融强省的主要目标：一是牢固确立金融产业在国民经济中支柱产业的地位。金融产业增加值占 GDP 的比重达到 8% 以上，金融资产规模、金融业务数额居全国首位，地方金融机构总资产占区域内金融机构总资产的比重达到 1/3 以上，拥有一批在国内乃至全球具有重要影响力的金融龙头企业。二是建设完善具有较强的资源配置能力和定价能力的现代金融市场体系，主要金融市场规模居全国先列。三是建设完善布局合理、结构优化、活力较强、运营安全、发展稳定的城市金融产业体系和多功能、广覆盖的农村金融服务体系，不同经济主体的金融需求得到有效满足。四是金融改革创新综合试验区建设成效显著，金融制度安排科学合理，金融改革创新能力较强，金融产品及服务技术创新活跃。五是广州、深圳区域金融中心建设成效显著，具有较强的区域影响力，对泛珠三角及东盟地区经济发展具有较强的辐射带动作用。六是金融合作开放水平明显提高，与香港国际金融中心紧密联系、融合发展，具有较强的国际竞争力。七是基本建成辐射亚太地区的现代金融产业后援服务基地。八是金融生态环境优良，保持全国最佳的金融生态环境水平，实现在更高开放条件下金融稳定与安全。九是金融人才队伍建设取得重大进步，基本适应建设金融强省的人才资源需求。

自改革开放伊始，广东诞生了全国第一张信用卡、第一家证券公司、第一个银行电子结算中心。"十一五"时期，在金融发展战略创新方面，率先在全国提出将金融作为一个产业来规划发展，第一个提出金融前后台协调发展的战略，建设了广东金融高新技术服务区。在地方金融工作机制创新方面，创新了金融工作领导机制、金融突发事件应急机制、粤港澳金融合作机制、地方金融机构市场准入机制。在金融产品和服务创新方面，招商银行创新了中小企业信贷新模式，中国人保广东分公司创新了医疗保险的"湛江模式"，平安保险创新了电子保单等。

在我国以银行业间接融资为主的金融体系长期存在的情况下，广东省要成为全国金融产业发展的领先地区、金融改革创新先行先试的核心地区、华南乃至东南亚重要的区域金融中心、辐射亚太地区的现代金融产业后援服务基地，总部在广东的金融机构包括商业银行的作用是不可或缺的。特别是，广东地区的城市商业银行、农村商业银行为主的地方商业银行，将在未来广东金融业的发展中继续扮演重要的角色。

参 考 文 献

［1］《银行家》研究中心中国商业银行竞争力评价课题组．中国城市商业银行竞争力报告（摘要）［J］．银行家，2005（8）．

［2］《银行家》研究中心中国商业银行竞争力评价课题组．2006—2007中国城市商业银行竞争力评价报告［J］．银行家，2007（9）．

［3］《银行家》研究中心中国商业银行竞争力评价课题组．2008中国城市商业银行竞争力评价报告［J］．银行家，2008（8）．

［4］《银行家》研究中心中国商业银行竞争力评价课题组．2009中国城市商业银行竞争力评价报告［J］．银行家，2009（8）．

［5］白钦先，马东海．中国中小商业银行发展模式研究［M］．北京：中国金融出版社，2010.

［6］陈凡．当代国际银行业并购与我国银行业战略选择研究［D］．沈阳：辽宁大学，2008.

［7］付平．以科学发展观为指导　进一步改善金融生态——首届"中国金融论坛"在京举行［N］．金融时报，2005 - 11 - 04.

［8］大连银行博士后工作站课题组．2013 年中国城商行发展评述［J］．银行家，2014（3）.

［9］广国投破产清算组．广东国际信托投资公司第三次债权人会议破产清算工作报告［R］.

［10］韩春剑，齐安甜，中国城市商业银行的生存与发展——写在湛江市商业银行二次改革之际［M］．北京：中国金融出版社，2010.

［11］胡滨．区域金融生态环境评价方法与实证研究［J］．经济管理，2009（6）.

［12］胡海峰．中国国有商业银行重组的成本估算［J］．经济学动态，2008（9）.

［13］胡海峰，刁硕．国有商业银行重组与政府公共成本付出［J］．改革，2008（11）.

［14］孔小伟．经济转型与金融发展：基于东莞的视角［J］．南方金融，2011（7）.

［15］李利明．背水一战：中国国有商业银行股份制改革［M］．北京：中信出版社，2008.

［16］李若虹．改革创新　持续发展　感恩社会——广东发展银行二十年发展历程［J］．南方金融，2008（12）.

［17］李友元．国有商业银行重组中的财政成本控制［J］．北京工商大学学报（社会科学版），2005（3）．

［18］李扬．"中国城市金融生态环境评价"报告［R］．北京：中国社会科学院金融研究所，2005. http：//www. china. com. cn/zhibo/2005 –11/05/content8784785. htm.

［19］刘凯文．东莞金融业可持续发展的思考［J］．南方金融，2006（2）．

［20］刘明康．新中国银行业发展历史回顾与未来展望［J］．中国金融，2009（19）．

［21］刘伟．东莞金融业发展现状及其金融风险问题探讨［J］．特区经济，2011（7）．

［22］刘媛媛．中国银行业引入战略投资者的作用、风险与策略［J］．时代金融，2011（7）．

［23］卢彦铮．广发行非常重组［J］．财经，2005（20）．

［24］卢彦铮．广发行简史［J］．财经，2006（24）．

［25］卢彦铮，龙雪晴．广发银行重组一波三折［J］．财经，2005（17）．

［26］陆跃祥，唐洋军．城市商业银行重组：诱致抑或整合［J］．改革，2010（4）．

［27］吕东．广州银行就 IPO 寻求地方政府支持　股权结构不合规障碍待清［N］．证券日报，2012 –08 –21.

［28］马经．建设广东金融强省关键在于改善金融生态环境

［J］．南方金融，2005（9）．

　　［29］马经．重中之重：完善区域金融生态环境［J］．广东经济，2005（11）．

　　［30］麦东燕．花旗银行入股广东发展银行案例研究［J］．消费导刊，2008（9）．

　　［31］皮特·诺兰，王小强．砍树救林：广东化解金融危机"三步走"［J］．中信泰富研究进展，2006（4）．

　　［32］钱伟艳．国有商业银行重组上市的若干问题探讨［J］．黑龙江社会科学，2004（2）．

　　［33］佘运九，严力群．客户价值视角下的商业银行重组［J］．经济社会体制比较，2005（2）．

　　［34］盛三化，曾宇平．中国商业银行引进境内外战略投资者比较分析［J］．特区经济，2008（10）．

　　［35］石静雅．商业银行全面风险控制与监管体系研究：国际经验比较及在中国的应用［D］．天津：南开大学，2010.

　　［36］师波，胡同捷．国有商业银行重组改革模式选择探析［J］．中国金融，2002（12）．

　　［37］舒箐，王烁，南洲．广信兴衰始末［J］．财经，1999（3）．

　　［38］舒元等．广东发展模式——广东经济发展30年［M］．广州：广东省出版集团、广东人民出版社，2008.

　　［39］宋洋．经济特区扩大后珠海经济发展的SWOT分析

［J］．特区经济，2012（3）．

　　［40］唐双宁．在股份制商业银行监管工作会议上的讲话［N］．经济观察报，2003 – 10 – 18．

　　［41］王广宇，江鹏程．我国商业银行重组的变革历程与未来路径［J］．金融论坛，2003（7）．

　　［42］王科进．中国银行业并购重组业务发展与并购贷款政策研读［M］．北京：中国金融出版社，2010．

　　［43］王立新，侯向京．商业银行重组、引资及上市实务指南［M］．北京：北京大学出版社，2011．

　　［44］王伟．广东城商行重组模式研究［D］．广州：华南理工大学，2013．

　　［45］吴敬琏．当代中国经济改革教程［M］．上海：上海远东出版社，2010．

　　［46］夏亮．国有商业银行重组战略探析［J］．国际金融研究，2001（5）．

　　［47］徐诺金．优化金融生态环境　促进广东金融强省建设［J］．南方金融，2005（9）．

　　［48］许天信，沈小波．产融结合的原因、方式及效应［J］．厦门大学学报（哲学社会科学版），2003（5）．

　　［49］杨有振，赵瑞．国内商业银行引进境外战略投资者的效应：实证分析［J］．财贸经济，2008（10）．

　　［50］杨再平．从整个银行体系的演变来看城商行的发展［EB/

OL］．http：//www.360doc.com/content/13/0404/11/10853593_ 27600
4441.shtml.

　　［51］姚建军．十年历程——广州市商业银行发展之路［M］．
北京：中国金融出版社，2007.

　　［52］姚建军．城市商业银行跨区域经营分析［J］．南方金
融，2008（1）.

　　［53］姚建军．广州银行战略重组的案例研究［D］．广州：
中山大学，2010.

　　［54］姚建军．银行经营策略的选择［J］．中国金融，2011
（17）.

　　［55］于宁，季敏华．热战广发行［J］．财经，2006（24）.

　　［56］湛江市商业银行课题组．十年磨一剑　逆势铸辉煌——
湛江市商业银行改革发展的经验和启示［J］．南方金融，2009
（4）.

　　［57］湛江市政府研究室．湛江市商业银行的经验与启示
［J］．广东经济，2010（8）.

　　［58］张方杰．城市商业银行的重组模式比较［J］．上海金
融，2005（3）.

　　［59］赵锡军，陈丽洁．地方经济增长对中国城市商业银行绩
效影响研究［J］．辽宁大学学报（哲学社会科学版），2012
（2）.

　　［60］郑兰祥，李效英．关于加强城市商业银行战略重组的探

讨［J］．特区经济，2006（2）．

［61］中国金融发展战略总体研究课题组．中国金融发展战略总体研究［R］．国家发改委网站，http：//www. sdpc. gov. cn/zjgx/t20070424_ 131243. htm.

［62］中国社会科学院金融研究所"中国城市金融生态环境评价"课题组．地方政府行为模式及其对地区金融生态的影响［J］．新金融，2008（3）．

［63］中国社会科学院金融研究所"中国城市金融生态环境评价"课题组．中国城市金融生态环境评价报告（摘要）［N］．金融时报，2005 - 11 - 05（B5）．

［64］钟振汉．股份制商业银行重组并购的战略思考［J］．金融经济学研究，2003（2）．

［65］朱盈盈，曾勇，李平，何佳．中资银行引进境外战略投资者：背景、争论及评述［J］．管理世界，2008（1）：22 - 56.

［66］庄毓敏．商业银行业务与经营（第三版）［M］．北京：中国人民大学出版社，2010.

［67］Akhigbe, A. and J. E. McNulty. The profit efficiency of small US commercial banks［J］．*Journal of Banking & Finance*，2003，27（2）：307 - 325.

［68］Berger, A. N. , Clarke, G. R. G, Cull, R. , Klapper, L, and Udell, G. F.. Corporate governance and bank performance：A joint analysis of the static, selection, and dynamic effects of domestic, foreign, and state ownership [J] . *Journal of Banking & Finance*, 2005, 29 (8 –9): 2179 –2221.

[69] Bossone, B. and J. Lee. In Finance, Size Matters: The "Systemic Scale Economies" Hypothesis [J] . *IMF Staff Papers*, 2004; 51 (1): 19 –46.

[70] Brickley, J. A. , J. S. Linck and C. W. Smith. Boundaries of the firm: evidence from the banking industry [J] . *Journal of Financial Economics*, 2003, 70 (3): 351 –383.

[71] Ferri, G.. Are new tigers supplanting old mammoths in China's banking system? Evidence from a sample of city commercial banks [J] . *Journal of Banking and Finance*, 2009, 33 (1): 131 – 140.

[72] Jayaratne, J. and P. E. Strahan. The Finance – Growth Nexus: Evidence from Bank Branch Deregulation [J] . *The Quarterly Journal of Economics*, 1996, 111 (3): 639 –670.

[73] King, R. G. and R. Levine. Finance and Growth: Schumpeter Mightbe Right [J] . *The Quarterly Journal of Economics*, 1993, 108 (3): 717 –737.

[74] Levine, R.. Financial Development and Economic Growth: Views and Agenda [J] . *Journal of Economic Literature*, 1997, 35 (2): 688 –726.

[75] Hughes, J. P. and Mester, L. J.. Bank Capitalization and

Cost: Evidence of Scale Economies in Risk Management and Signaling [J]. *The Review of Economics and Statistics*, 1998, 80 (2): 314 – 325.

[76] Jayaratne, J. and Strahan, P. E.. Entry Restrictions, Industry Evolution, and Dynamic Efficiency: Evidence from Commercial Banking [J]. *Journal of Law and Economics*, 1998, 41 (1): 239 – 274.

后　记

　　本书策划于 2011 年 9 月，也就是广东华兴银行挂牌成立、广东最后一家城市商业银行重组完成之际，调研工作启动于 2012 年初，初稿撰写完成于 2013 年。经过长达 4 年的沉淀和提炼，于 2017 年底完成终稿。其间，我国银行业格局发生了很大的变化。但是，发生于 2003—2011 年的广东商业银行重组是奠定当前广东商业银行体系具有里程碑意义的重大历史事件，也是广东商业银行发展翻开新篇章的历史起点。经过这次重组和改革，化解了广东金融体系长期积累下来的历史遗留问题和区域系统性风险隐患，解决了困扰广东金融业多年的三大主要矛盾：金融产业规模迅速扩大与核心竞争力不强的矛盾；金融资源快速集聚与金融资源配置能力不强、运用效率不高的矛盾；经济发展方式转变较快与金融发展方式转变相对滞后的矛盾。广东商业银行从此走上了现代商业银行发展的正轨，为广东建设金融强省补齐了最重要的短板。

　　温故是为了知新。我们希望通过对这段历史的梳理、总结和探讨，发挥历史研究洞穿未来的力量，帮助我们看穿金融和银行问题的本质，为防范和化解区域系统性金融风险提供有益借鉴，从而在进一步的改革开放中坚持真正的创新，促进我国金融业健康稳定发展。

　　此项研究的过程也是研究生的科研训练过程。华南理工大学经济与贸易学院的博士、硕士研究生肖勋勇、雷超超、梁华杰、张林、周游、文波、高帅、宋艳红参加了前往广州、珠海、汕头、湛江、东莞的调研活动，以及资料的收集整理和部分初稿的撰写工作。

　　此为后记。